KB164735

김용구
연구 회고록

한국 국제정치학 발전을 위한
60년의 사색

김용구
연구 회고록

―

김용구 지음

연암서가

김용구

1937년 인천에서 태어나 서울대학교 외교학과와 같은 대학원을 나왔다. 서울대학교 문리과
대학 교수를 거쳐 같은 대학교 사회과학대학 외교학과 교수로 재직하다가 2002년 정년퇴임
했다. 서울대학교 사회과학대학장, 한국국제정치학회장, 한림대학교 한림과학원장을 역임했
고 현재 서울대학교 명예교수, 대한민국학술원 회원이다.

저서로는 『소련국제법이론연구』(1979), 『세계관 충돌과 국제정치학』(1997), 『장 자크 루소와
국제정치학』(2001), 『세계관 충돌과 한국외교사, 1866~1882』(2001), *The Five Years Crisis:
Korea in the Maelstrom of Western Imperialism*(2001), 『외교사란 무엇인가』(2002), 『임오
군란과 갑신정변−사대질서의 변형과 한국 외교사』(2004), *Korea and Japan: The Clash of
Worldviews, 1868~1876*(2006), 『세계외교사』(1988, 2006), 『만국공법』(2008), 『거문도와 블
라디보스토크−19세기 한반도의 파괴적 세계화 과정』(2009), 『근대한국외교문서』 1~5(공편,
2009~2012), 『약탈제국주의와 한반도』(2013), 『러시아의 만주·한반도 정책사, 17~19세기』
(2018) 등이 있다.

김용구 연구 회고록

2021년 8월 15일 초판 1쇄 인쇄
2021년 8월 20일 초판 1쇄 발행

지은이 | 김용구
펴낸이 | 권오상
펴낸곳 | 연암서가

등록 | 2007년 10월 8일(제396-2007-00107호)
주소 | 경기도 고양시 일산서구 호수로 896, 402-1101
전화 | 031-907-3010
팩스 | 031-912-3012
이메일 | yeonamseoga@naver.com

ISBN 979-11-6087-084-8 93340
값 20,000원

머리말

　통상적인 의미의 회고록을 쓸 경력, 재주, 의사도 없었다. 1946년 월남한 이후 서울중학교 국어 교사로 10년 재직한 황순원黃順元 선생을 처음 뵙는 1953년 고등학교 1학년 첫째 시간을 나는 늘 잊지 못한다. 선생은 학생들에게 모두 글을 적어 제출하게 했다.

　나는 노트 쪽지에 1950년 한국전쟁 피란 시절의 애환을 적었다. 그 다음 주 수업시간에 황 선생은 교단 앞으로 나와 내 글을 읽으라고 엄명하였다. 그리고는 결론이 "자네 글은 신파조야." 나의 글 마지막에 "피란 생활을 마치고 인천 앞바다에 이르니 갈매기들이 나를 반겼다."라는 글귀를 적은 것이 화근이 되었다. 이때부터 쓸데없는 낱말 사용을 자제하려는 습관이 몸에 배었다.

　하지만 평생 연구 생활을 지켜 온 처지에 '연구' 회고록을 적는 것이 도리일 것이라는 생각이 문득 들었다. 이런 용기를 나에게 불어넣어 준 것은 폴란드 태생의 저명한 피아노 연주자 루빈스타인Rubinstein, A.(1887~1982)의 추억이었다. 1976년 1월 2일 프랑스 제1 국립방송에서 신년 특집으로 루빈스타인 부부를 초청해 간담회를 개최하였다. 이들 부부는 나오자 곧 논쟁을 시작하였다. 서로 먼저 발언하겠다는 열정을 보여주었다. 루빈스타인은 "자신은 고령高齡âgé이지만 노령老齡vieille이 아니기에 할 일이 너무 많다는 점"을 강조하였다.

오랜 연구 생활을 정리하는 이 글에서 평생 처음으로 '나'라는 1인칭 단어를 사용하기로 하였다. 나는 이 회고록을 쓰면서 루소가 익명의 한 프랑스인과의 대화 형식[1]으로 적어놓은 "루소가 장 자크를 심판한다 Rousseau Juge de Jean-Jacques"라는 글을 생각하였다. 독자들은 나의 업적들을 엄격하게 비판해 수준 높은 한국의 연구 풍토를 조성해 주길 기대한다.

---

1 『루소 전집Oeuvres compètes』, Pléiade I, pp. 667-989.

차례

머리말 • 5

제1장 스승 • 10

　　동주東洲 이용희李用熙 • 10

　　기당箕堂 이한기李漢基 • 24

　　청명靑溟 임창순任昌淳 • 25

　　방은放隱 성낙훈成樂熏 • 30

　　방휘제方暉濟 • 32

　　길영희吉瑛羲 • 33

　　농석濃石 이해영李海英 • 33

　　백사白史 전광용全光鏞 • 36

제2장 외교사 • 38

　　중국 외교문서 색인 작업 • 40

　　습작 시절의 글들 • 45

한국 관련 일본 미간 외교문서 • 47

일본 외교문서 현황, 학계에 알리다 • 52

세계외교사 • 56

제3장 『세계외교사』(2006) 내용에 관한 새로운 생각들 • 63

제4장 국제정치학 • 119

호프만과 아롱 • 119

장 자크 루소 • 124

민족개념 • 127

외교개념 • 129

동·서양의 충돌과 국제정치학 • 139

제5장 국제법 • 144

소련 국제법 • 144

소련 대외정책사 연구 계획 • 152

러시아 국제법 • 153

중국 국제법 • 155

만국공법 • 158

제6장 강연록 • 171

제7장 강연 및 연구 노트 • 185

일본에서 연구를 위한 연구계획서 • 185

국제법의 조선 전래에 관한 문제들 • 207

19세기 유럽 공법의 동양 전파자들 • 207

외교사란 무엇인가? • 219

『만국공법』초판본과 『공법신편』에 관하여 • 239

국제정치와 오해 • 244

'창조'의 국제정치학-한국외교사 연구의 새로운 방향을 위하여 • 262

거문도 점령과 유럽 공법 • 274

국제질서와 동북아의 미래 • 283

한국 인문·사회과학의 개념사 연구, 왜 필요한가? • 291

조선·이질 문명권의 충돌과 열강의 외교문서 • 296

용재 백낙준 박사와 대외관계사 • 313

유럽의 외교 용어와 동북아 3국 • 317

영국의 거문도 점령 재고 • 327

1793년 중국 파견 매카트니 사절단 • 333

제8장 저술과 논문 목록 • 340

해제: 담여 김용구 교수와 한국외교사 • 358

찾아보기 • 373

제1장
스승

60여 년 동안 한국 국제정치학에 관한 글을 쓰고 국제정치학 발전에 조금이나마 보탬이 되었다면 그것은 모두 스승들의 영향이었다. 스승은 본문에 적은 몇 분에 국한되지 않는다. 나는 많은 동료, 후배 교수들과 학문적인 교류와 토의를 경험하면서 이들에게서 귀중한 학문적인 지적을 받아 왔다. "셋이 걸어가면 그중에 반드시 나의 스승이 있다三人行必有我師."라는 공자의 말씀을 다시 생각한다.

1. 동주東洲[1] 이용희李用熙(1917~1997)

(1) 지적 배경

동주는 한국 근현대사의 최고 지성인들로부터 직접 학문과 인생의

1　아호雅號 동주는 위창葦滄 오세창吳世昌 선생이 지어주신 것이다. 위창에 관해서는 한국 회화사와 관련해 후술한다.

수업을 받은 행운아였다. 역사와 한학은 위당爲堂 정인보鄭寅普(1893~?)로부터, 그리고 미술사는 오경석吳慶錫의 아들 위창葦滄 오세창吳世昌(1864~1953)으로부터 전수받았다.

동주는 3·1 독립선언 33인의 한 사람인 연당研堂 이갑성李甲成(1889~1989)의 차남으로 서울에서 출생하였다. 1934년 중앙고등보통학교를 졸업하면서 역사, 철학을 비롯해 사회과학 분야의 여러 서적을 탐독하는 다독의 시기를 거쳤다고 글과 대담에서 밝혔다.[2]

동주는 1936년에 연희전문학교 문과에 입학하여 같은 해 연희전문학교 교수로 부임한 정인보 선생의 깊은 영향을 받게 된다. 동주는 위당에 대한 학문적인 존경심을 일생 잃지 않았다. 동주는 남다른 지적 자존심을 지녔으나 위당을 언급할 때는 언제나 자세를 가다듬고 경의를 표하곤 하였다.

1936년은 다산茶山 정약용丁若鏞(1762~1836) 서거 100주년이었는데, 동주의 사상 체계에도 획기적인 해였다. 위당은 용재庸齋 백낙준白樂濬(1896~1985)과 함께 실학연구 운동을 전개하였다. 당시 실학연구는 독립운동이었다. 또한 이를 계기로 본격적인 다산 연구가 시작되었다. 다산 연구의 시작을 알리는 사건이었다. 동주는 평생 다산 연구의 중요성을 강조하였고 만년에는 다산 연구에 몰입하기도 했다. 후일 대우학술재단 이사장을 맡아 학술총서를 발간할 때 다산학연구를 시리즈로 출간하기도 했다.

2　『서울평론』에서 1974년 1월 10, 17, 24일 3일에 걸쳐 동주가 노재봉 교수와 가진 대담 참조. 『동주 이용희 전집』 6(서울: 연암서가, 2017. 이하 『전집』으로 약칭), 「독서연대기로 돌아보는 젊은 정신의 회억」, pp. 11-69. 이 대담록을 보면 동주가 젊은 시절 난독亂讀한 저서들의 양은 엄청나고 경이롭다. 예를 들면 Shirokogoroff, S. M. 1924. *Social Organization of the Manchu: A Study of the Manchu Clan Organization*(Shanghai: Royal Asiatic Society)까지도 번역했다고 한다. 『전집』 6, p. 44. 이 책은 1967년에 일본어로도 훌륭하게 번역되었다. 김용구(2018), p. 339 참조

동주는 1940년 연희전문학교를 졸업하자 만주로 건너간다. 그곳에서 입학한 학교가 신경新京에 1938년에 설립된 건국대학建國大學이 아닌가 한다. 이 대학은 일본이 만주국을 이끌어갈 엘리트 양성을 목적으로 설립한 교육기관이었다. 동주가 나에게 직접 이렇게 말하였다. "만주에서 입학한 학교가 친일파 양성소였는데 부친이 만주에 오셨다가 이 사실을 알고 크게 질책하여 곧 그 학교에서 나왔다." 건국대학은 위당 정인보와의 일화도 있다. 육당六堂 최남선崔南善이 1939년 건국대학 교수가되자 위당이 서울의 육당 집에 찾아가 대문에 막걸리를 뿌리고 "육당이 죽었노라"고 대성통곡한 바 있다.

동주는 잠시 일본 세무서에도 근무하였다. 그러나 "일반 상인들이 세무서 직원들을 너무나 환대하여 젊은 나이에 타락(?)할 것 같아 사직"하였노라고 나에게 농담 삼아 말하였다.

동주는 결국 만철滿鐵 도서관 사서司書로 정착해 해방될 때까지 이곳에서 역사와 언어 탐구에 매진하였다. 동주는 이때 이미 영어, 독일어, 프랑스어, 그리스어에는 익숙해 있었고 만주어와 러시아어를 새로 배우기 시작하였다. 언어는 젊은 원어민 여성에게 배워야 한다고 동주는 늘 농담하였다. 러시아어는 백계 러시아인 여성에게 배웠는데, 한참 열심히 배우던 어느 날 그 여성이 간첩 혐의로 일본 경찰에 체포되었다고 동주는 애석해하였다. 러시아어를 더 완벽하게 습득할 기회를 놓쳤다고.

역사 분야에서 특기할 만한 일은 동주가 원대사元代史의 권위였던 당시 중국 길림성吉林省 부주석副主席[3]과 정기적으로 만나 몽골 역사에 관해지도를 받았다는 사실이다. 동주는 일생 칭기즈 칸에 관심을 놓지 못하였다.

---

3 1940~1945년 부주석을 지낸 추작화鄒作華가 아닐까 추정해 본다.

해방 후 귀국한 동주는 1945년 9월 용재庸齋 백낙준白樂濬(1895~1985) 선생이 미군의 서울 입성을 환영하기 위해 창간한 영어신문 *The Korea Times* 발간에 잠시 참여하기도 하였다.

1948년에는 서울대학교 미술대학에서 춘향전을 강의하면서 서울대학교와 인연을 맺게 되었다. 동주가 춘향전을 강의한 것은 특이한 일이 아니었다. 그는 문학 동인회에 관여해 평생 서정주徐廷柱(1915~2000), 김광균金光均(1914~1993)과 친분을 가졌다. 특히 김광균은 시인이자 실업가였다. 동주는 1956년에서 1967년까지 오랜 시간 한국국제정치학회의 회장을 역임하였다. 내가 1962년에 대학원에 입학하자 동주는 국제정치학회의 간사로 나를 지명하였다. 그 당시 미도파 백화점 뒤편에 12층의 '태양빌딩'이란 건물이 있었다. 그 빌딩 8층 전체를 김광균 선생이 운영하는 건설회사 '현대건설'이 임대해 사용하고 있었다. 선생은 8층 입구 오른쪽 큰 사무실을 한국국제정치학회가 사용할 수 있게 동주에게 편의를 제공하였다. 내가 매일 이곳에 출퇴근하게 되자 김광균 선생을 자주 뵙게 되었다. 선생은 언제나 따뜻하고 인자하게 나를 대해주셨다. 간혹 동주 선생을 위한 식사 자리에도 동석을 허락해 주셨다.

(2) 주요 정치학 연구들

① 『국제정치원론』(서울: 장왕사, 1955. 필명 '이동주'로 출판, 『전집』 1)
1956년 외교학과에 입학하자 나는 이 저서에 곧 심취하게 되었다. 그러나 몇 차례 읽어도 이해할 수 없는 곳이 한두 군데가 아니었다. 새로운 이론을 전개하는 동주의 견해를 제대로 이해하지 못하였다.

동주는 1949년 서울대학교 문리과대학 정치학과 조교수가 되면서 우리나라에서 국제정치학이라는 새로운 학문체계를 정립하였다. 그는 외국 이론의 단순한 전달에 만족하는 학자가 아니었다. "국제정치학의 국제정치적인 성격"을 규명하는 작업부터 출발하였다. 강대국 정치학 비판과 한국의 역사적 위치 규명, 두 가지 문제에 집중하였다. 그의 학문적인 입장은 이 책 서문에 잘 나타나 있다.

> 내 정치학은 내가 살고 있는 고장 또 내가 그 안에 살게 되는 나라의 운명과 무관할 수는 도저히 없었다. 그런데 나는 왜 우리 겨레가 이다지도 취약하냐 하는 문제를 헤아려 보려는 동안에 …. 그 까닭을 알려면 … 구주에서 발달한 근대정치의 성격과 내용을 알지 않으면 안 되는 것을 깨닫게 되었다. 나에게 있어서는 구주 정치 및 그것을 중심으로 한 국제정치의 연구는 곧 우리의 현상을 … 이해하는 것을 의미한다. … 또 하나의 의문은 … 종전의 일반 정치학은 누구를 위한 것이냐 하는 것이었다. … 서양 정치학은 그것이 내세우는 듯하는 사실 인식의 효용보다는 오히려 서양적인 정치 가치를 체계화하는 효용이 더 크다는 것은 나에게 일대 충격이 아닐 수 없었다. 이리하여 나는 종래의 연구 방법을 다시 고치어 나대로 '장소의 논리'라고 부르는 새 견지를 취하게 되었다. 무엇이냐 하면, 정치학이 성취한 일반 유형, 그리고 서양의 정치 가치가 개별적 지역에 있어서는 어떠한 변이를 일으키며 또 어떠한 '권위'적 역할을 하느냐 하는 것을 검색하자는 것이었다.[4]

그의 논리 체계는 처음부터 반反외세적인 것이었다. 정치학은 누구를 위한 학문이어야 하는가 라는 문제의식에서 이른바 '장소topos의 논리'라는 새로운 방법론을 제창하게 된다. 연희전문학교 시절 탐독했던 소

---

4 이동주(1955), pp. 1-2; 『전집』 1, pp. 4-5.

쉬르F. de Saussure, 그의 제자 바이Ch. Bailly, 그리고 만하임K. Manheim의 입장과 같은 것이다.

『국제정치원론』의 또 다른 특징은 국제정치 행위자의 문제였다. 1950년대에 이미 근대국가의 변형을 예측하고 지역연합의 구상을 밝힌 것은 놀라운 일이다. 유럽연합의 탄생을 알리는 마스트리트Maastricht 조약이 1992년에 체결되자 동주는 서울대학교를 떠난 1975년 이후 처음이자 마지막으로 서울대학교 외교학과에서 지역연합에 관해 연속 강의를 하고 이듬해 『미래의 세계정치』(서울: 민음사, 1994. 『전집』 5)를 세상에 내어 놓았다.

② 『일반국제정치학(상)』(서울: 박영사, 1962. 『전집』 3)

1962년 내가 대학원에 입학하고 얼마 안 된 어느 날이었다. 동주는 나를 연구실로 호출하더니 이 책을 건네주면서 책 제목에 왜 '일반'이라는 형용사를 사용했는지 긴 강의를 시작하였다.

당시 세계 국제정치학계의 전반적인 관점에서도 이 업적은 주목받아야 한다. 이 저서는 몰沒역사적이고 몰장소적인 일반 이론을 창조하려는 강대국 국제정치학을 비판하려는 문제의식에서 출발하고 있다. 그러면서도 이 저서의 제목에 "일반국제정치학"이라고 '일반'을 붙인 것은 국제정치학이 지닌 국제정치적인 성격이 '일반적'이란 것을 뜻을 강조하기 위함이었다. 특히 당시 미국 학계에서 돌풍을 일으키고 있던 '행태주의적 접근론'의 허구성을 폭로하려는 것이었다. 다음해에 동주는 행태주의와 외교정책의 저서를 발표한 스나이더Snyder, R. 저서를 중심으로 대학원에서 한 학기 강의도 하였다.

『일반국제정치학』의 핵심은 '권역圈域' 이론과 '장소'의 논리에 있다. 유럽 국제사회가 역사적으로 유일한 것이 아니고 여러 문명권 또는 국제사회의 유형들이 존재했다는 것이 권역 이론의 출발점인데 동주는 특히 유교 문명권, 이슬람 문명권, 그리고 기독교 문명권의 본질을 분석하고 있다. 이 저서는 「예비적 고찰」, 「국제정치권의 이론」, 「근대적 국제정치에의 경험」, 「근대국가의 국제정치사적 여건」, 「국제정치의 자기 전개적인 여건」으로 구성되어 있는데 이 장·절을 보더라도 상권은 미완성의 저서임을 알 수 있다. 동주가 하권을 계속 집필하지 못한 것은 매우 아쉬운 일이다. 학계에 계속 머물지 못하고 정계에 진출한 것은 시대적 여건이기도 했지만.

권역 이론은 동주가 젊은 시절 탐독했던 도서 목록을 보면 당연한 논리적 귀결로 여겨진다. 이런 구상을 '권역'이란 이름으로 이론화한 것이 이 저서의 특징이기도 하다.

1955년 첫 저서를 발표한 이후 동주는 이른바 비교문명권 이론에 관심을 갖게 된 것으로 여겨진다. 러시아의 급진사회주의자이자 비교문명권 이론을 체계화한 다닐렙스키Danilevsky, N. Ya.를 자주 언급하였다. 동주는 평소 토인비Toynbee, A.(1889~1975)의 『역사 연구』에 큰 관심을 갖고 있었다. 한번은 토인비가 연구 생활로 일생을 보낸 런던 시내의 채텀하우스Chatham House로 그를 예방한 적이 있었다. 내 기억으로는 1972년경이 아닐까 한다. 귀국 후 동주는 토인비가 노쇠하여 토론은커녕 소통할 수도 없었다고 나에게 술회한 바 있다.

사실 토인비는 1970년부터 치매로 고생하였다. 그러면서도 집필한 책이 1976년에 출판되었는데 나는 이 책을 보고 깜짝 놀란 기억이 난다. 도대체 무슨 내용인지 알 수가 없었고 책 제목도 특이한 것이었다.[5] 이

---

5 *Mankind and Mother Earth : A Narrative History of the World* (New York : Oxford University Press, 1976, 641 pp.)

책을 학계에서 인용한 경우는 거의 없다.

③ 한국외교사 연구들

동주는 한국외교사와 대외관계에 관해 상당한 글을 발표하였다. 『전집』4는 이를 모아놓은 것이다. 그 중에서 중요하다고 생각하는 논문들을 발표 연도에 따라 서술한다.

동주는 1955년 1~2월에 언론 매체[6]를 통해 38선 획정 문제에 관해 논쟁을 제기하였다. 우리나라에서 이 문제에 관한 최초의 논쟁이다. 38선 획정은 1945년 8월 11일 맥아더 사령관의 일반 명령 1호에 의해 결정되었다는 것이 미국 정부의 공식 견해였다. 그러나 동주는 이 견해를 액면 그대로 수용하는 것은 소박한 일이며 38선은 얄타 또는 포츠담 회담에서 이미 미소 양국 사이에 합의되었을 것이라고 추정하였다.

이때부터 야기된 38선 문제는 한국전쟁 기원 문제로 이어졌다. 이는 다시 북한 문제로 연결되어 한국 국제정치학계가 지금까지 숙명적으로 지니고 있는 냉전 시대의 유물이다. 이 지적유산은 통일이 이루어져야 청산되겠지만 그때까지 우리 학계가 짊어져야 할 지적 멍에가 아닐 수 없다.

동주는 1964년에 「거문도점령외교종고綜攷」라는 논문을 발표하였다.[7] 이 글은 영국 문서고Public Record Office(현재 The National Archive)의 미간문서를 조사한 최초의 학술 논문으로 지금도 인용하지 않을 수 없는 훌륭한 논문이다.

---

6   『조선일보』, 1955년 1월 26일, 『서울신문』 1955년 2월 17~19일. 그리고 동주는 1965년 9월 17일 한국국제정치학회 월례발표회에서 이들 기사를 크게 보완하였다. 『이용희저작집 1』(서울: 민음사, 1987), pp. 11-73; 『전집』 4, pp. 134-211.

7   『이상백박사회갑기념논총』(서울: 을유문화사, 1964), pp. 459-499; 『한영수교 100년사』(서울: 한국사연구협의회, 1984), pp. 69-106. 『전집』 4, pp. 75-133.

영국의 거문도 철수과정을 다루려면 러시아 문서의 검색이 필수적이기 때문에 동주는 그 점령에 국한하여 긴 글을 집필하였다. 당시 한국인은 러시아에 입국해 그 문서를 검토할 수 없었다. 영국의 기간 문서인 Parliamentary Papers에 의존하던 시절이었다.

동주는 유엔 총회 한국 대표의 자문 교수로 미국을 가는 길에 여러 차례 런던의 Public Record Office에 들러 영국의 미간 문서를 검색해 이 논문을 완성하였다. 그러나 장시간 런던에 체류할 수 없었으므로 F.O 17과 F.O 405의 모든 문서를 섭렵하기에는 시간의 한계가 있었다. 동주가 인용한 자료 중에는 외교문서 난외欄外에 적힌 영국 외무성 관계자들의 의견 등 현재도 공개된 문서집에 실려 있지 않은 귀중한 문서들이 있다. 이 논문을 구상하기 시작한 1959년에 동주는 거문도 문제를 서울대학교 문리과대학에서 한 학기 강의하였다. 나도 이 강의를 들었다.

동주는 1966년에 한국외교사 연구에 필수적 길잡이라고 할 수 있는 『근세한국외교문서총목(외국편)』(4×6배판, 총 1,287면)을 펴냈다. 일본 정부가 메이지 시대(1868~1912)의 외교문서를 30년에 걸쳐 1963년에 총 75책으로 완간한 사실에 자극을 받아 한국외교사 연구에 박차를 가하기 위해 시도한 선구적인 작업이었다. 이 총목을 작성하기 위해 당시 나는 5명의 외교학과 대학원생으로 연구 그룹을 구성하고 이를 주관하였다. 이 책에 관해서는 제2장에서 자세히 설명한다.

동주는 1973년에 「동인승東仁僧의 행적(상): 김옥균과 개화당의 형성에 연沿하여」라는 실로 놀라운 논문을 발표하였다.[8] 이 논문은 히가시혼간지東本源寺 부산 별원을 창설한 오쿠무라 엔신奧村圓心의 일기를 참조한 최초의 글이다. 일본 불교계는 『진종사료집성眞宗史料集成』(1975)의 편찬을 위해 일본 각지에 흩어져 있던 불교 사료들을 교토의 히가시 혼간지東本願寺에 수집하고 있었는데, 동주는 이들 사료 중에서 오쿠무라의 일기를 찾아내었다. 1970년 이른 봄이라고 기억한다. 일본을 여행하고 돌아온 동주는 그 일기를 찾아내어 차가운 날씨에도 불구하고 노트에 필사한 일들을 나에게 설명한 바 있다. 이 일기를 원용해 동주는 이동인의 행적을 철저히 추적해 귀중한 연구 결과를 세상에 내어놓았다.[9]

(3) 한국 회화사

동주는 한국 회화사 분야의 대가였다. 『한국회화소사』(1972), 『일본 속의 한화韓畵』(1974), 『우리나라의 옛 그림』(1975), 『한국 회화사론』(1987), 『우리 옛 그림의 아름다움』(1996)의 업적을 세상에 내놓았다.[10] 한국 회화사 연구는 한국 문제를 천착하기 위해 연구하기 시작한 것이었다. 정치사도, 외교사도 근본적으로는 문화의 역사다. 이런 뜻에서 동주는 부르크하르트Burckhart, J.를 늘 언급하면서 회화사에 관심을 가질 것을 나에게 강조하였다.

동주는 역매亦梅 오경석吳慶錫(1831~1879)의 아들 위창葦滄 오세창吳世昌(1864~1953)으로부터 서화의 감식안을 전수傳受받았다. 오경석은 19세기 중반 조선의 지식인 중 가장 서양문물에 밝은 인사였다. 대표적인 증거

---

8 먼저 연도의 착오를 바로 잡는다. 이 글은 서울대학교 문리과대학 부설 국제문제연소 논문집 창간호(1973)에 실린 것으로 되어있다. 국제문제연구소 설립은 1972년에 이루어졌으나 학술지 창간호는 서울대학교 문리과대학이 관악 캠퍼스로 이전한 이후 1975년 6월경에 발간하였다. 국제문제연구소가 1972년에 설립되자 곧 논문집을 발간한 것으로 선전하기 위해 조작된 것이다. 1972~3년은 서울대학교의 관악산 이전문제로 학문적인 활동을 할 수 없는 분위기였다. 당시 나는 문리과대학 학생과장의 보직을 맡고 있었다. 그리고 동주의 이 논문을 1975년에 논문집에 게재할 때 내가 직접 교정 작업을 하였다.

9 『전집』 4, pp. 9-74. 이 논문에 힘입어 나도 이동인과 서양 국제법에 관해 글을 발표한 바 있다. 김용구(2001), pp. 263-273.

10 동주의 회화사 저서들은 『전집』 7~10에 재구성해 게재하고 있다.

로, 마틴Martin, W. A. P.은 휘튼Wheaton, H.의 저서를 한역漢譯해 1864년에
『만국공법』이란 제목으로 출판하였는데, 이 책을 조선인으로서 제일 먼
저 손에 넣은 사람이 역매였다. 1876년 일본과 강화도조약을 체결하기
전이었다.[11]

역매는 골동, 서화의 수집가로도 잘 알려져 있다. 위창은 어려서부터
가문의 분위기로 이 분야의 대가가 되었다. 위창의 서화에 관한 박학다
식함은 『근역서화징槿域書畫徵』(1928)에 집약되었다. 잘 알려져 있다시피
이 책은 신라의 솔거率居로부터 조선 후기의 임진수林珍收에 이르는 371명
의 화가 인명록 사전이다.[12] 근대 미술사의 고전으로 누구라도 한번 훑어
보면 탄복을 금할 수 없을 것이다. 동주의 부친 이갑성과 역매의 가문은
매우 친밀하여 동주는 젊은 시절부터 위창을 알고 지냈으며 정기적으로
만나 서화에 대한 지식을 익혔다.[13]

(4) 정부 요직과 교육 행정

1974년 10월경으로 기억한다. 동주는 서울 시내 개인 연구실로 나를
불러 헤겔Hegel, G. W. F. 연구의 필요성을 강조하면서 헤겔 저작들을 강독
하고 연구할 젊은 교수들로 팀을 구성할 것을 지시했다. 나는 난감하였
다. 곧 프랑스로 떠나 수년간 연구할 계획이었기 때문이다. 다행히(?) 동
주는 다음 해 봄에 대통령 특별보좌관으로 임명되어 학계를 떠나게 되
었다. 그것이 동주와의 마지막 학문 인연이었다. 지금 돌이켜 보면 그때

---

11 자세한 내용은 제4장 5 참조.
12 위창의 저서는 1988년에 한국미술연구소가 기획하고 동양고전학회가 한글로 옮겨 2책으
     로 출간하였다.
13 유홍준, 「나라의 큰 어른 위창 오세창」(『경향신문』 2016년 7월 18일) 참조.

헤겔 저술들을 익히지 못한 일이 퍽 아쉬움으로 남는다. 나는 2005년부터 한림대학교 한림과학원에서 40명 남짓한 연구원들과 개념사 연구를 수행한 바 있는데, 헤겔 연구를 천착했다면 큰 도움이 되었을 것이다.

동주는 1976~1979년 통일원장관, 1981~1982년에는 아주대학 총장, 그리고 1980년 이후에는 대우학술재단 이사장을 맡아 한국 학계의 연구 진흥에 헌신하였다. 1981년에는 대한민국학술원 회원으로 선출되었다.

(5) 동주와 나의 긴 인연

동주를 1956년에 처음 만난 후 41년이란 긴 세월 가까운 거리에서 모시게 되었다. 1955년 10월 서울고등학교 3학년 2학기 서울대학교 입학 지원서가 고등학교에 배포되었다. 그 지원서에는 정치학과 60명 정원 이외에 외교학 전공 20명을 모집한다는 내용이 있었고, 외교학에 지원하려는 학생은 "외"자를 적으라고 하였다. 나는 즉각 "외"를 적어놓았다. 이 글자 하나가 내 인생 방향을 결정해 버렸다.

훗날 안 일이지만 이승만 대통령이 변영태卞榮泰 외무장관에게 서울대학교에 전문 외교관을 양성할 학과를 개설하라고 지시하였다고 한다. 서울대학교에서는 어느 단과대학에 설치하느냐를 두고 논의하다 결국 문리과대학으로 결정하였다. 그런데 외교학과의 창립은 1959년에야 법적 조치가 이루어졌으니 나는 졸지에 불법(?) 외교학과의 제1회 입학생이 되어 버렸다.

20명의 학생으로 시작한 외교학과는 처음에 이용희 교수[14] 한 분이 한동안 운영하였다. 1956년은 이용희 교수 개인에게도 큰 의미를 지닌 해였다. 동주는 1949년에 서울대학교 문리과대학 정치학과 조교수가 되었다. 신도성愼道晟(1918~1999), 민병태閔丙台(1913~1977), 신기석申基碩

(1908~1989) 교수들과 함께 정치학과를 운영하면서 여러 어려움이 있었을 것이라고 추측된다. 그러던 차에 정치학과에서 분리되어 새로 창설된 '외교학과'를 운영하게 되어 야심에 찬 학문 발전계획을 수립하게 되었다.

동주 선생을 더 열광시킨 일은 1956년 첫 신입생의 입학 성적이 당시 서울대학교에서 수위를 차지한 사실이었다. 1956년 4월 초로 기억한다. 외교학과 신입생은 모두 문리과대학 제8강의실로 외교학과 신입생은 모두 집합하라는 통고를 받았다. 옛 문리대 정문에서 정면으로 보이는 붉은 건물 왼쪽이 제7대형 강의실, 오른쪽이 제8대형 강의실이었다. 이윽고 40대의 영국 신사처럼 보이는 한 분이 두 조교를 대동하고 들어오셨다. 두 조교는 훗날 서울대학교 총장을 지낸 박봉식朴奉植, 국방대학원 교수를 역임한 이기원李基遠이었다.

동주 선생은 먼저 신입생에게 칠판에 자신의 이름을 한문으로 적으라고 말하고는 한명 한명의 이름을 꼼꼼히 눈여겨보셨다. 그리고는 국제정치학은 매우 어려운 학문이니 힘에 부칠 경우 언제든지 자신에게 알려주면 다른 학과로 전과시켜주겠다고 협박(?)을 덧붙였다. 그리고 두 조교에게 도서관 열람증을 받아 우리들에게 보여주면서 오늘 당장 열람증을 신청하고 내일부터는 도서관에서 살 것을 명령(?)하였다. 나는 동주의 그 날 명령을 일생 지켰다고 자부한다.

누구나 겪는 일이지만 학부 4학년 2학기는 고민의 시간이었다. 무엇을 어떻게 연구할 것인가? 절실한 문제가 아닐 수 없었다. 학기 중간쯤

---

14 이용희 교수에 관한 나의 다음 글들을 참조하길 바란다. ① 「동주학東洲學의 전통을 이으렵니다」, 『중앙일보』, 1997년 12월 22일, ② 「이용희 회원」, 『앞서가신 회원의 발자취』(서울: 대한민국학술원, 2004), pp. 337-341, ③ 「동주 이용희의 생애와 업적」, 『서울대학교 대학원 동창회보』 19호(2013), pp. 24-28.

이 아니었는가 싶다. 밤중에 불쑥 혜화동 언덕 위의 동주 선생 댁을 예고도 없이 찾아갔다. 범접할 수 없는 동주 선생 아닌가. 이 어처구니 없는 당돌한 짓에 선생은 의외로 매우 반갑게 맞아 주셨다.

나는 국제정치학을 5년 정도 공부하면 한국의 앞날이 훤히 보일 것으로 생각했다. 이날의 방문은 그에 관한 동주의 의견을 알기 위해서였다. "무슨 문제를 공부할 것인가?" 동주는 반문하였다. 동주의 서고는 별채에 있었고, 본채에는 손님을 맞는 작은 서재가 있었다. 그 작은 서재에서 내 눈에 들어온 한 책이 고려시대 대외관련에 관한 저서였다. 그래서 한다는 대답이 "고려, 조선시대의 대외관계를 공부하겠다."였다. 동주는 매우 상기된 표정을 지으시면서 책을 산더미같이 내어놓고 사대질서에 관한 강의를 시작하였다. 그것이 지금 내 전공의 씨앗이 되었다.

대학원 진학 후 첫째 시간, 동주는 다음 시간에 무슨 주제로 발표할 것인가라는 질의에 나는 빈Wien 회의 시기의 세력균형 개념이라고 무심코 말했다. 이것이 계기가 되어 나의 석사논문 제목을, 동주의 동의를 얻어, "카슬레이Castlereagh, R. S.의 외교정책"으로 정하였다. 근 1년 동안 나폴레옹 전쟁 시기 영국 외교정책에 관해 카드를 작성하는 데 정력을 쏟았다.[15] 기본 자료인 카슬레이의 서한집[16] 고려대학교 도서관에 소장되어 있다는 확실한(?) 정보를 맹신하고 마지막으로 이 서한집을 검토하기로 하였다. 그러나 이 무슨 변고인가? 고려대학교 자료실을 아무리 뒤져도 이 서한집은 없었다. 석사학위 논문 주제를 변경하지 않을 수 없었다. 장 자크 루소와의 만남이 시작되었다.

---

15 지금 생각나는 당시 조사한 자료집으로는 Webster, C. K.(1921)의 문서집과 그의 연구들. 『세계외교사』(2006). pp. 84-95 참조.

16 *Memoirs and Correspondence of Viscount Castlereagh*, 그의 동생이 1848~1853년에 걸쳐 편집.

1964년 석사학위를 받은 다음 해 동주는 나를 조교로 임명했다. 그리고 1966년에는 한국국제정치학회 간사가 되었다. 당시 나는 한국외교사 연구에 매진했는데, 동주는 서울대학교 규장각 문헌을 검토할 것을 지시하였다. 규장각 장서의 목록은 경성제국대학 시절 사서들이 육필로 작성한 1,500페이지 분량의 두툼한 낡은 문서철이었다. 이 목록을 뒤져 한국외교사에 관련이 있다고 추측한 서책들 제목을 카드로 작성해 매주 월요일 오전에 동주댁으로 갔다. 동주는 붉은 펜으로 내가 제출한 카드들에 필요하고 불필요한 문헌을 O, X로 순식간에 구분하였다. 그 서지학 수준에 감탄하고 매주 초 하숙방으로 돌아오곤 하였다.

1956년에 대학에 입학하자마자 미국으로 유학을 떠나기로 결심, 부모님의 허락까지 받았다. 텍사스 대학에서 박사학위 논문을 준비하고 있던 선배에게 부탁하니 대학 2학년에 미국으로 오는 것이 좋겠다는 회신을 보내주었다. 그러나 유학의 길은 동주와의 학문적인 교류로 늦어지게 되었다.

대학원 2학년 시절 어느 날 혜화동 자택으로 오라는 동주의 전갈을 받았다. 나의 유학 계획을 어떻게 감지하셨는지 미국으로 유학 가는 것보다 자신과 함께 연구를 계속하자는 제안을 주셨다. 미국의 어느 교수보다 학문적으로 손색이 없는 학문적 전수를 할 수 있다는 것이었다. 참으로 의외의 일이었다. 동주는 이 약속을 지켜주었다. 1969년에 외교학과 출신 최초의 전임강사로 나를 지명한 것이다.

2. 기당箕堂 이한기李漢基(1917~1995)

기당은 1943년 일본 동경대학 법학부를 졸업하고 귀국해 1949년 서울대학교 문리과대학 강사와 동국대학교 교수를 역임하였다. 1954~56년 컬럼비아 대학에서 1935년부터 이 대학 국제법 교수로 재직한 저명한 국제법 학자 제섭Jessup, P. C.의 지도를 받았다. 기당은 미국에서 연구한 결과를 『국제법학(상)』(1958), 『국제법학(하)』(1960) 두 책으로 세상에 내놓았다. 이 책은 국제법에 관심이 있는 학생에게는 필독의 교과서였다. 나도 이들 책 전체, 그리고 기당의 박사학위 논문 「한국의 영토」(1969)도 모두 꼼꼼히 읽은 기억이 생생하다.

기당은 1958년부터 서울대학교 법과대학 교수로 재직하기 시작하였다. 외교학과에는 강사로 출강하였다. 시간은 언제나 월요일 9시, 첫째 시간이었다. 1962년 대학원에 진학한 이후에도 기당의 강의에 계속 참여하였다. 대학원 강의는 기당의 법과대학 연구실에서 진행되었다. 이때부터 기당을 가까이서 모시게 되었다.

기당은 1960년대 초부터 독도 문제를 두고 한국과 일본 사이에 문서 교환이 이루어질 때, 외교부의 자문을 맡은 바 있었다. 간혹 기당 자택을 저녁에 방문하면 일본에 보내는 문서를 초안하고 있었는데, 독도 문제를 나에게 소상히 설명하기도 하였다. 이런 연고로 나의 소련 국제법 관련 박사학위 심사위원회 위원장을 흔쾌히 맡아주었다.

3. 청명靑溟 임창순任昌淳(1914~1999)[17]

청명은 어려서부터 신동神童이라고 소문나 있었다. 4살 때 부친으로부터 매 맞으면서 당시의 상황을 한문으로 생각했다고 한다. 청명이 나에

---

17 청명의 생애에 관해서는 『청명 임창순 10주기 기념 유묵전』(2009), pp. 8-23 참조.

게 오래전에 전한 얘기다.

청명은 한시漢詩에 능해서 매우 시적詩的인 직관을 지녔다. 1965년경이라고 기억한다. 청명과 광화문 근처를 산책한 적이 있었다. 당시에는 다방이 참 많았는데 다방 이름을 모두 한자로 적어놓기도 했다. 한 다방이름이 '水蓮(수련)'이라고 적혀 있었는데, 이것을 보고는 "수련 '睡蓮'이라고 해야지"하고는 나를 보고 웃었다. '잠자는 연꽃'이라는 농담을 문학적으로 즉석에서 표현한 것이다.

1960년대 후반으로 기억된다. 여름방학이 시작할 무렵 청명은 방학동안 한 사찰寺刹에서 같이 지내자고 제안하였다. 탁본하는 방법을 가르쳐 주시겠다는 것이었다. 천재일우의 이 기회를 나는 거절하고 말았다. 지금도 알다가도 모를 건방지고 당돌한 태도였다.

나의 아호 '담여澹如'는 청명이 지어주셨다. 우리 내외는 늘 그러하듯 물골안(경기도 남양주시 수동면에 자리 잡은 지곡서당)으로 청명을 자주 예방하였다. 어느 날 청명은 '담인澹人', '담여' 중에 어떤 아호가 마음에 드느냐고 물었다. 즉각 담인을 선택하였다. 무슨 연유에서 그렇게 얘기했는지 지금도 모를 일이다. 청명은 즉각 아호의 뜻을 적었다. "노자는 말하길 담담하길 바다와 같고, 제갈량은 말하길 담박하지 않으면 뜻을 밝힐 수 없다.(老子曰澹兮其若海, 諸葛亮曰非澹泊無以明志)". 나에게는 너무나 분에 넘치는 글귀였다. 일주일 후에 다시 찾아뵈니 담인은 이미 다른 사람이 쓰고 있으니 담여로 하자고 하여 결국 담여가 나의 아호로 되었다. 여담 한가지. 담여로 결말이 나자 내자內子 통쾌하듯 말하길, 자신은 처음부터 '담여'가 마음에 들었다고.

나는 장 자크 루소 연구로 석사학위를 받은 그 날부터 깊은 회의와 고민으로 며칠 밤을 지새웠다. 한국에서 서양 정치사상을 연구하면서 과

연 세계 수준의 연구 결과를 낼 수 있을까? 또 세계학계에 공헌할 수 있는 길은 무엇인가? 한국의 지식인은 강대국의 그들과 무엇이 다르며 또 어떻게 달라져야 하는가?

며칠 후 매우 초보적인 결론을 얻었다. 한국에서 국제정치학자로 남아 공헌할 수 있으려면 세계적인 학문 수준을 터득함과 아울러 한반도 문제의 역사적 성격을 규명할 수 있는 능력을 겸비해야 한다는 평범한 사실에 눈을 뜨게 되었다. 그리고 그런 능력의 첫째 조건은 한문 지식이어야 한다는 생각이 떠올랐다. 이때가 1964년 2, 3월경이라고 기억한다.

다음날 광화문에서 효자동으로 빠지는 골목길 왼편에 있는 한 한문학원을 찾았다. 며칠 전 우연히 지나치면서 학원의 모습을 곁에서 눈여겨보았기에 발길을 그곳으로 옮겨놓게 되었을 뿐이다. 그러나 이런 우연한 일이 나의 학문 방향을 크게 변혁시켰다.

허름한 건물 2층, 한 사람이 겨우 올라갈 수 있는 좁고 가파른 계단, 10평 정도의 일본식 다다미방, 15~20명에 이르는 청년들의 진지한 얼굴들, 그리고 꼿꼿한 기립 자세로 열강하시는 한 중년의 선비, 나는 제일 어린 수강생이었다. 후에 알게 된 일이지만 청명은 1963년에 종로구 수표동에 태동고전연구소를 설립, 일반인에게 한문강좌를 개설하였고 이듬해 당주동으로 이전했었다. 내가 찾은 곳이 바로 당주동 강의실이었다.

나이 든 수강생들의 한문에 대한 열의에 우선 놀랐다. 그뿐만이 아니었다. 그 방에 들어서면서 나에겐 묘한 이질감과 함께 귀소歸巢 의식 같은 것이 선뜻 다가왔다. 서양 서적에 익숙한 학생이 느낀 소외감을 느끼면서도 어딘가 모르게 친근감이 함께 일어난 이상한 감회라고나 할까. 그때의 장면을 아직도 생생하게 그릴 수 있다. 한문 교재는 『맹자』였는데 처음 들어선 날은 이미 1/4 분량을 배운 이후였다. 『맹자』 교실은 청명이 처음으로 학원을 시작하면서 개설한 반이었다. 곧 한문에 매료되어 나름대로 정열을 쏟았다. 사서四書, 사기史記, 정인지鄭麟趾의 『고려사』를 배웠다.

1964년 8월 14일 오후 여느 때처럼 2층 계단을 올라가는데 갑자기 불길한 예감을 본능적으로 느꼈다. 다다미방에서 풍겨 나오는 적막과 고요함 때문이었다. 여느 날이었다면 수강생들의 웅성거림이 있었을 것인데. 난간과 다다미방을 연결하는 좁은 공간에서 근무하던 중년의 여사무원이 석고상처럼 앉아 있었다. 묻지도 않았는데 "오늘 선생님께서 급한 일이 생기셔서 수업이 없습니다."라고, 나를 쳐다보지도 않고 힘없이 말했다. 그날 저녁 온 나라를 뒤흔들었던 이른바 '인혁당 사건'이 발표되었고, 청명은 그에 연루되어 영어圄圄생활을 하게 되었다.

나는 한 달쯤 지나서 청명을 면회하려고 서대문 형무소를 찾았다. 면회를 기다리는 시간은 4~5시간. 그러나 정작 돌아온 회답은 면회 불가. 법정에 출두하셨다는 것이었다. 그래도 면회 간 사실은 청명에게 전달되었던 모양이다. 영어생활이 끝나 곧 찾아뵈었더니 "면회 와서 고맙네."라는 말부터 시작하셨다.

청명의 영어생활이 끝나고 드디어 본격적으로 한문 공부를 시작할 수 있었다. 삼경三經의 내용을 대충 훑은 다음 청명에게 강청强請을 드렸다. 한학자가 될 것도 아니고 한국외교사 연구에 불가피해서 배우는 것이니 다른 교재를 사용하자고. 그래서 우선 오여륜吳汝綸(1905)이 편찬한 『이문충공전집李文忠公全集』을 읽기로 하였다.

내가 해석을 하고 청명은 듣고 계시는 형식으로 개인 교습은 진행되었다. 내가 엉뚱하게 해석하여도 곧 고쳐주시지 않았다. 그리고는 농담조로 하시는 말씀이 "한참 다른 방향이군."

나는 1971~72년 동안 일본에 머물면서 복사해 온 미간 일본외교문서를 1995~1996년에 50책으로 출간한 바 있다. 여기에는 교토京都 대학 국사학과에 소장된 요시다 기요나리吉田淸成의 초서草書로 쓴 서한들이 실려 있는데 이것은 모두 청명이 탈초해 건네준 것이다.

일본에서 돌아오면서 붓, 벼루, 화선지등을 청명에게 드렸다. 청명은 "급히 가지 말고 작은 이익을 보지 말라. 급히 가려면 도달하지 못하고 작은 이익을 보면 큰일을 이루지 못한다.(無慾速 無見小利 慾速則不達 見小利則 大事不成)"라는 공자의 말씀을 적어주셨다. 아마 이 글씨는 청명의 초기 작품일 것이다.

그 후 다시 수년간 외국에 나가 있게 되었고 또 지적인 관심도 한국외교사에만 머물지 않고 여러 분야를 넘나들었다. 그러나 한적漢籍을 뒤지다가 모르는 것이 있으면 매번 청명에게 달려가 배웠고 그래서 청명을 늘 가까이 모실 수 있었다.

한학자로서 청명의 명성이 가히 세계적이었음은 모두 아는 일이다. 한번은 이런 일도 있었다. 파리 7대학에 지금은 성姓만을 기억하는 마르탕Martin이라는 한학 전공 교수가 있었다.

1984년 영국 더럼Durham 대학에서 유럽 한국 학회AKSE가 폐회하던 날, 마르탕 교수는 한시漢詩를 자작, 낭독해 참석자들로부터 열광을 받았고 나도 그의 한문 실력에 놀란 바 있었다. 그 마르탕 교수가 한국에 온 일이 있다. 나는 청명을 만날 것을 제의해서 그와 함께 물골안을 방문했다. 한문에 관해 몇 마디 필담을 나누더니 마르탕은 두 손을 들고 말았다. "이런 대단한 분이 한국에 계시다니." 그가 전한 말이다.

1993년인가 오래간만에 다시 청명에게 두어 달 동안 한문을 배운 적이 있었다. 임오군란 연구에 필수적인 장건張謇의 『유서초당일기柳西草堂日記』를 해독하기 위해서였다. 또 다른 이유는 내가 학생 시절 청명에게 하찮은 수업료를 내고 공짜로(?) 공부한 것을 이제 경제적으로 어느 정도 여유가 생겨 보답해야겠다는 동기도 있었다.

장건의 일기는 나의 눈에는 추상화 그림같이 보이는 난해한 서체이면서, 축소해 영인한 까닭에 문외한들은 도저히 접근할 수 없는 사료였다. 이 일기를 청명에게 배우는 그날 복사해 드리고 그 자리에서 해독을 청하였다. 그런데 청명은 이 어려운 글들을 아무 거침없이 읽어 내려가는 것이 아닌가? 나는 정말 운이 좋은 국제정치학자이다. 청명과 같은 한학자로부터 아주 가까운 자리에서 배울 수 있었으니.[18]

4. 방은放隱 성낙훈成樂熏(1910~1977)

청명의 서대문 형무소 영어생활이 의외로 길어져 한문 공부 중독에 걸린 나는 참을 수가 없었다. 어느 교수에게 배우는 것이 좋을지 수소문하니 누군가 성균관대학교 문리과대학 동양철학과 교수 방은 선생을 추천해주었다. 선생을 뵙고 가르침을 청했는데 흔쾌히 승낙하셨다. 그리고 교재는 『고문관지古文觀止』로 하자고 하셔서 다음날부터 수업이 시작되었다. 장소는 선생의 안암동 자택이었다.

첫 수업부터 나는 압도당하였다. 둘만의 수업이었는데 큰 소리로 열강하시는 모습이었다. 한문 교육에 모든 열정을 바치신 분임을 곧 알 수 있었다. 훗날 안 일이지만 방은 선생은 5남 1녀를 두셨는데 내가 집안에 들어서면 마치 절간같이 조용하였다.

두 달 정도 지났을 때 방은 선생은 저녁을 들고 가라고 제의하셨다. 사모님이 정성스런 상을 들고 들어오셨다. 아뿔싸, 이를 어쩌나. 사모님이 '청국장'을 준비하셨으니. 나는 청국장에 대해서는 알레르기 반응을 갖

---

18 김용구(2000), 「도인에 이른 청명 선생님을 기리며」, 『학의 몸짓으로 높이 멀리. 청명 임창순 선생 추모집』, pp. 137-141.

고 있었다. 우선 냄새를 견디지 못했다. 그런데도 일본 된장국은 즐겨 했다. 이 때문에 친구들은 친일파라고 조롱하곤 하였다.

선생은 곧 나의 태도를 감지하셨다. 그리고 수업 장소를 방은 선생 자택과 멀지 않은 노산鷺山 이은상李殷相(1903~1982) 선생의 안방 건너방으로 옮겼다. 노산 선생의 자택은 큰 한옥이었다. 노산은 한문 해석에 문제가 있으면 방은에게 물어보기가 일쑤였다. 방은의 묘비墓碑는 노산이 지었다. 노산은 매우 인자하신 분이었다. 내가 들어서면 언제나 웃으시면서 반기셨다. 아마 국제정치학을 공부하는 박사과정의 젊은 학생이 한문을 배우는 것을 기특하게 생각하신 것 같았다.

세월이 어느 정도 지난 2004년 9월인가 나는 합포合浦문인회의 초청으로 마산을 찾은 일이 있었다. 합포란 마산의 옛 이름이며 합포문인회는 1977년 3월 노산이 주축이 되어 결성한 동호인 모임이었다. 마산 비행장에 나를 마중 나온 자동차에 타자마자 노산의 "가고파"가 흘러나왔다. 노산의 모습이 떠올랐다. 회의장에 들어서니 역시 노산의 고향이라 문인회의 활기가 대단하였다. 문인회의 총무를 맡았던 천하장사 이만기 교수가 회원들에게 유인물을 배포하고 있었다.[19]

1965년 5월 드디어 청명의 영어생활이 끝났다. 징역 1년, 집행유예 5년의 법원 판결이 났다. 이제 나는 청명으로 돌아가지 않을 수 없었다. 방은 선생께 이런 의향을 말씀들이자 불호령과 탄원이 돌아왔다.

---

19 이 교수가 배포한 글은 2004년 1월 17일자 조선일보에 내가 기고한 "자주와 동맹은 보완 관계"라는 기사였다. 윤영관尹永寬 당시 외무부장관이 갑자기 자리에서 물러나자 조선일보의 이선민 기자가 이틀 안에 글을 부탁해 인천 서재 지하실 골방에서 써 내려간 글이었다. 추측하건대 당시 정부 안에서는 미국과의 동맹을 중시하는 측과 이를 반대하는 세력 사이의 충돌에서 윤 장관의 거취가 거론된 것 아닌가 한다. 당시 나는 좀 한심한 생각이 들었다. 19세기 중엽에나 있을 법한 이런 현상이 아직도 청산되지 못한 현실이 안타까웠다. 이 짧은 글에서 나는 동맹과 자주를 대립 개념으로 여기는 현실을 역사적으로 야유하였다.

"내 한문 수업에 불만이 있는가?" 결코 아니라고 하니 수업료는 받지 않을 테니 같이 공부나 하자고 강권하셨다. 나는 실로 좌불안석이었다. 당시 방은 선생은 민족문화추진회(현 한국고전번역원) 설립의 중추인물이었다. 이런 선생의 간청을 뿌리친다는 것은 인간적으로 가슴 아픈 일이 아닐 수 없었다.

나는 방은 선생으로부터 오래 배우지 못해 제자라고 말할 수 있는 형편이 아니다. 그러나 방은 선생과 마지막 만난 일은 내 가슴에 언제나 무거운 돌로 남아있다. 방은 선생을 감히 스승이라고 적는 이유이기도 하다.

5. 방휘제方暉濟(?~1956)

인천중학교 영어 담당 선생은 모두 일본식 영어 발음으로 수업하였다. 1952년 중학교 3학년에 새로운 영어 담당 선생이 부임하셨다. 영어 교과서를 읽는데 이것이 진짜 영어로구나 감탄하였다. 방 선생은 미군부대 통역을 하시다가 인천중학교 교사가 되었다. 방 선생한테 영어를 배우기로 작심하고 부탁을 드렸다. 흔쾌히 응낙하셨다.

방과 후에 신흥국민하교 옆 공용계단에서 선생님으로부터 홀로 배웠다. 교재는 John Lubbock(1894), *The Use of Life*였는데 이 책은 1950~60년대에 한국 중고등학교에서 부교재로 널리 사용되었다. 그러나 이 계단의 수업이 불가능하게 되었다. 건축 공사가 시작되었기 때문이다. 인천 만국공원 중앙의 인천중학교 교사는 미군이 사용하고 있어서 인천 시내 신흥초등학교 교실을 빌려 수업하고 있었다.

할 수 없이 아침 일찍 방 선생 댁에서 수업하고 집으로 다시 돌아와 식사하고 학교로 등교하였다. 방 선생 식구에게 얼마나 불편을 드렸는지 철이 들고 나서 이때를 회상하면 송구스럽기 그지없다. 방 선생은 1954년 4월에 오산五山 고등학교 영어 선생으로 전직하였다. 오산학교에 자주 찾아가 방 선생에게 영어를 배우곤 하였다.

1956년 4월 서울대학교 외교학과에 입학해 오산학교로 인사를 갔었다. 한 달 후 방 선생은 생生을 버리고 하늘로 떠나가 버렸다. 선생은 이 세상에 존재하는 것 자체를 크게 혐오하였다.

6. 길영희吉瑛羲(1900~1984)

길영희 선생은 인천중학교 교장이었는데, 김원규金元圭 서울고등학교 교장과 평양고보 동창이었다. 1953년 인천중학교를 졸업할 당시 김 교장이 길 교장에게 인천중학교 졸업생 중 공부깨나 하는 학생을 서울고등학교에 보내 줄 것을 부탁하였다. 그 부탁의 결과로 나는 졸지에 서울고등학교 학생이 되어 버렸다.

길 교장은 인천 송도에 큰 과수원을 갖고 계셨고 또 근처에 다른 별채를 갖고 계셨다. 대학 시절 방학 때마다 이 숙소를 이용해 공부를 할 수 있도록 배려해 주셨다. 나도 지금 송도에 서재를 갖고 있으니, 이것은 또한 무슨 연고인가.

7. 농석儂石 이해영李海英(1925~1979)

농석은 흥선대원군의 종증손從曾孫으로 널리 알려져 있다. 1974년 3월 농석이 갑자기 나에게 전화를 걸어 미아리 고개 근처 다방에서 만나자고 연락이 왔다. 이때부터 농석과 긴 인연이 시작되었다.

1974년은 서울대학교 역사의 중요한 시점이었다. 내가 다녔고 봉직하고 있던 문리과대학은 인문, 사회, 자연과학으로 분리, 재편되고 캠퍼스는 관악산으로 옮겨가게 되었다. 개편과 이전 문제를 관장할 새로운 학장에 농석이 임명된 직후의 일이었다. 약속한 다방에 들어서자 농석은 미리 와 기다리고 있었다. 농석은 가풍의 영향으로 카리스마가 대단하였다. 약속 장소도 내 집 근처로 미리 정해 놓았다.

농석은 불문곡직하고 나에게 문리과대학 학생과장을 맡아 달라고 했다. 나는 1956년 문리대에 입학하면서 교수님들, 그리고 학교 분위기에 심취하였다. 교내를 산책하시는 교수님들은 그 존함만 들어도 감명, 그자체였다. 입학한 며칠 후 교정에 들어서자 이희승李熙昇(1896~1989) 선생님은 어느 학생을 크게 질책하고 계셨다. "이 놈, 어떻게 책을 깔고 앉아?" 나는 농석에게도 교정에서 줄곧 인사만 드리는 정도의 친분만 있었을 뿐이다. 다만 내가 1962년 대학원 1학년 시절 광화문 네거리 국제극장에서 "대원군"이라는 한국 영화가 상영되고 있었다. 극장 안 휴게실에 들어서자 농석이 나를 보고 "자네 웬일인가?"라고 물었다. 이것이 농석과의 최초의 사적 대화였다.

1974년은 학생들의 시위가 한창이었다. 내가 학생과장 제의에 망설이자 농석은 "자, 이제 나가지."하면서 학장 차 기사에게 "학생과장 댁으로 가자."라고 했다. 그날 저녁은 뜬눈으로 밤을 지새웠다. 젊은 교수들의 찬, 반 의견으로 내 전화는 뜨거웠다.

다음 날 아침 농석의 자택으로 직행했다. 연구 관계로 학생과장을 사양하겠다는 말씀을 드리기 위해서였다. 농석은 들은 척도 아니하고 "자네, 우리 집 어떻게 알았나?"라고 물었다.

사실 나는 농석의 집 위치를 몰라 동료 교수의 안내로 갔었다. "그 친구 지금 어디 있나?" 밖에서 대기하고 있다고 이실직고하자, "좀 들어오라고 해." 그 교수가 들어오자 불호령이 떨어졌다. 나는 민망해 학생과장 사양 운운할 수가 없었다.

1974년 학생운동은 지금 생각하면 매우 낭만적이었다. 학생과장실에 첫 출근을 하자 문리대 학생회장 박 군이 들어섰다. "어제 대구에서 아버님에게 한국의 민주화를 위해 목숨을 바치기로 말씀드리고 서울에 왔습니다." 섬찟한 감이 들었다. 그러나 그는 매우 합리적이고 학교 사정을 잘 이해하는 학생이었다. 훗날 그는 정계에 투신하였다.

1975년의 새해가 밝았다. 곧 관악산으로 이전할 시간이 다가왔다. 농석이 나에게 은밀한 얘기가 있다고 하였다. 둘이서 조용한 곳에 앉았다. "나보고 서울대학교 총장 하래." 농석의 말에 나는 적극적으로 찬성하였다. 사실 농석과 같은 원칙주의자가 학교 총책임자가 된다는 데 나는 매우 고무되었다. 그러나 정부 내 특정 부처의 반대로 농석의 총장 계획은 무산되었다. 하지만 농석의 학교 행정 수행을 적극 지지했던 한심석韓沁錫 당시 총장은 문리과대학 해체에 따른 3개 대학 학장 임명에 농석의 의견을 그대로 수용하였다. 인문대 학장 송욱宋稶, 사회과학대 학장 조순趙淳, 자연대학장 조완규趙完圭.

드디어 문리과대학 해산식이 거행되었다. 나는 38세 젊은 나이에 이 역사적인 모임을 주관하는 한 사람이 된 것에 무척 고무되었다. 해체 당시 문리과대학 교수는 모두 124명이었고 나의 서열은 120번째 정도였을 것이다.

나는 곧 프랑스로 떠났다. 다음 해 4월이라고 기억한다. 농석이 파리로 온다고 나에게 편지를 보내었다. 농석은 런던 근교 브라이튼Brighton 소재 인구학 연구소와 학문적인 교류를 늘 갖고 있었다. 영국을 가는 길에 일부러 파리에 들른 것이었다.

농석이 런던으로 떠나는 날 나도 자료 조사로 런던에 가겠노라고 말하였다. 런던대학 도서관과 서점들을 순방하고 대영박물관 근처 호텔로 밤 10시경 돌아왔다. 호텔 방문 앞에서 나는 너무나 경악하였다. "나, 건너방에 있네. 이해영." 농석이 내가 머문 호텔을 수소문해 먼저 호텔에 도착, 내 방문에 메모 쪽지를 붙여 놓은 것이었다.

농석이 나를 보려고 대영박물관 근처의 모든 호텔을 뒤진 것이 아닌가? 문득 대원군의 인간 관리 모습이 떠올랐다.

8. 백사白史 전광용全光鏞(1919~1988)

전공이나 연배의 큰 격차에도 불구하고 내가 소설 「꺼삐딴 리」로 저명한 한국 문학의 거목 전광용 선생과 오랜 세월 가까운 인연을 맺어 온 것은 테니스 덕분이었다. 외교사 연구에 몰두하던 나에게 '인간적인' 문학의 정서를 일깨운 이는 백사였다.

1971년 7월 일본에서 돌아온 얼마 후였다. 버스로 귀가하던 중 현기증으로 졸도 직전의 경험을 체험하였다. 그때 심경은 처참하였다. 30대 초반에 무슨 변고인가. 다음날 새벽 통행금지 시간(당시 저녁 11시부터 다음날 새벽 4시까지 일반인의 시내 통행이 금지되는 기상천외의 제도)이 끝나는 오전 5시부터 테니스를 배우기 시작하였다. 문리과대학 테니스 선수인 학생으로부터 교습을 두 달 정도 받고 나서 문리과대학 교수 테니스 클럽(당시 '문테클'이라고 약칭)에 합류하였다.

문테클에 가입한 당일로 백사를 알게 되었다. 백사는 테니스의 후위後衛였는데 전위를 물색하고 있었다. 내가 젊은 교수로 신장이 커서 전위에 적합하다고 백사는 생각한 모양이다. 이때부터 그와의 긴 인연이 시작되었다. 일주일에 한 차례 테니스장에서 만나게 되었다. 당시에는 교수 사회에 테니스 열풍이 불어 여러 테니스 대회가 개최되는 등 매우 활발한 분위기였다. 백사와 함께 빈번히 대회에 출전하였다. 백사의 맥주 실력은 대단하였고 취중에 흘리는 천재적인 한국어 구사로 나는 한글을 새로이 배우게 되었다.

백사는 혜화동 로터리 근처에, 나는 정릉에 살고 있었다. 우리는 혜화동에서 정릉으로 가는 마지막 버스 시간을 알고 있었다. 그 시각까지 버스 정류장에서 맥주병을 비우곤 하였다. 나는 인천 서재로 이사 간 이후 문테클 모임에 참석할 수 없었다.

1975년 4월 서울대학교가 관악산으로 이전해서 문리과대학이 해체하기 직전에 백사는 서울대학교 전체 교수협의회 부회장을 맡게 되었다. 그리고는 나에게 협의회 간사가 되어 줄 것을 청했다. 하지만 곧 파리로 떠난다고 답변하자, 백사는 세상만사가 계획대로 되지 않는다고 하면서도 임명을 강행하였다. 덕분에 프랑스로 가기 전에 간사 급여를 받게 되었다.

이런 일도 있다. 내가 파리 교외 아파트에서 살고 있던 1976년 봄 어느 일요일이 아닐까 한다. 외교학과 제자가 백사를 모시고 나타나는 것이 아닌가? 백사가 파리로 떠나는 네덜란드 공항에서 여권, 수첩을 포함해 모든 것을 분실하였다. 백사는 파리에 도착해 특유의 재치를 발휘하였다. 파리 시내 외국인 학생 기숙사들(통칭 씨테Cité)에 나아가 동양 학생들이 지나가면 "여기 한국 학생 없나?"라고 혼자 말을 하였다는 것이다. 우연하게도 내 외교학과 제자를 만나게 된 것이다. 백사는 나를 보자 무슨 구세주를 만난 표정이었다.

1984년 정년 퇴임한 백사를 오래간만에 만나자 몰라볼 정도로 체중이 줄어 있었다. 인생의 허망함이 내 가슴을 엄습하였다.

제2장
외교사

　1963년 조교 시절 동주 선생이 한국외교사 관련 열강의 외교문서 색인 작업을 시작하라고 지시하였다. 처음에는 이 작업이 얼마나 고된 일인지 전혀 몰랐다. 이때부터 근 2년 동안 4~6명의 대학원 학생들과 조교 사무실에서 주야 겸행으로 카드 작성에 들어갔다.

　나는 열강의 외교문서 중 중국문서 색인 작업을 담당하였다. 색인 작업을 하면서 여러 애환을 겪었다. 중국 문서집은 다른 열강의 경우와는 달리 문서명칭이 없는 경우가 허다하였다. 특히 자주 인용하는 『주판이무시말』, 『중일교섭사료』에 수록된 전보電報들은 문서명칭이 없어서 문서 전체를 숙독하고 문서 제목을 한문으로 내가 작성하였다.

　열강의 외교문서 색인 작업이 종료되자 동주 선생은 국회도서관에 출판을 부탁하였다. 당시 도서관 관장은 강상운姜尙雲(후에 강주진姜周鎭으로 개명) 선생이었는데 서울대학교 외교학과 대학원에 강사로 출강한 적이 있었다. 1965년 봄이라고 기억한다. 우리가 작성한 색인 카드 3만 5천 매 정도를 외교학과 사무실로 찾아온 국회도서관 직원에게 건네주었다. 그 직원은 인수한 카드에 일련번호를 찍었기에 그 분량을 기억한다. 이날의 감회는 이루 말할 수 없을 정도였다. 옆에서 지켜본 동료는 내가 카드를 넘겨주면서 손을 크게 떨고 있었다고 훗날 농담할 정도였다.

이들 카드의 인쇄가 진행되자 모든 인명, 지명, 사항의 한, 일, 영 색인을 작성하지 않을 수 없었다. 당시에는 컴퓨터가 사용되기 이전이어서 수천의 카드로 이들 색인을 내가 홀로 작성하였다.

인쇄소로부터 모든 작업이 완료되었으니 대표자가 출판사에 와서 서명해 달라는 통고가 왔다. 1967년 1월 4일 오전 10시 30분 서울역 뒤편 광명光明 인쇄소 사무실에 나 혼자 도착하였다. 그 사무실 규모에 놀랐다. 지금 기억에도 100평이 넘고 직원들이 50~60명 근무하고 있었다. 후에 알게 되었지만, 그 인쇄소는 5·16 군사혁명의 공약을 인쇄한 회사였다.

인쇄소에 들어서자 맨 윗자리에 서명하는 책상으로 안내되었다. 30세 애송이에 불과한 내가 사무실에 들어서니, 직원들이 놀라워했던 모습이 아직도 생생하다. 1966년 12월 31일자로 『근세한국외교문서총목-외국편近世韓國外交文書總目-外國篇』이 발간되어 크게 고무되었다.

그러나 얼마 후 외교사의 한 원로교수가 신문 지상에 『청광서조중일교섭사료淸光緖朝中日交涉史料』에 70개 문서가 누락되었다는 친절한 충고를 발표하였다. 사실 나는 문서 색인을 작성하면서 한국외교사에 관한 중요한 문서에 중점을 두고 색인을 작성하였다. 그러나 다른 견해도 중요하기에 동주 선생과 함께 『국제정치학논총』에 누락되었다는 문서를 보유補遺하는 논문을 게재하였다.[1]

---

1 이용희, 김용구 편(1969), 「附錄: 淸光緖朝中日交涉史料 韓國關係補遺」, 『국제정치논총』, pp. 102-107.

1. 중국 외교문서 색인 작업

이용희 편, 『근세한국외교문서총목 — 외국편』(4/6배판, 1267쪽, 광명인쇄소, 1966)의 다음 중국문서들 색인 작업은 내가 담당하였다.

(1) 『주판이무시말籌辦夷務始末』

도광道光 16년(1836)~동치同治 13년(1874) 중국 대외관계에 관한 기본 사료이다. 도광, 함풍, 동치 3조朝에 걸친 대외 문서라고 하여 『삼조주판 이무시말』이라고도 부른다. 이 시기 청국의 대외관계에 관한 상유上諭, 정기廷寄, 주접奏摺, 조회照會의 문서들을 수록하고 있다.

1929~1930년 북경 고궁박물원이 영인하였고 1963년에는 대만臺灣 의 국풍國風출판사에서 7책으로 영인 발간하였다. 소책자이기에 이용하 는 데 여간 불편한 것이 아니었다. 이에 2007년에 상해 고적古籍출판사 가 4×6배판으로 다시 영인하였다.

1963년에 색인 작업을 시작한 나는 1963년 대만에서 출간된 7책을 이용하지 않을 수 없었다. 그러나 이들은 문서의 목록, 제목이 없고 문 서들이 북경에 도착한 날을 기준으로 배열하였기에 발송 일자가 나타 나 있지 않고 오탈자가 많아 이용하는 데 불편한 점이 많았다.

이에 2008년에는 북경 중화서국中華書局에서 동치조同治朝의 문서들을 문건별로 제목을 작성하고 문서번호를 새로 첨부해 기존의 모든 결함 을 보완해서 10책으로 발간하였다. 앞으로는 이 판본을 사용하지 않을 수 없게 되었다.

콜로라도Colorado 대학 쉬이셔 경Earl Swisher卿의 저서(1953)[2]는 1841~1861년 청국과 미국 관계의 『주판이무시말』 문서들을 모두 영어로 번역한 귀중한 연구서이다.

(2) 『청계외교사료淸季外交史料』

1875년~1911년 청국의 대외관계에 관한 이 문서집은 편집과정부터
그 신빙성이 매우 의심스럽다. 우선 시기적으로 보아『주판이무시말』의
속편임을 알 수 있다. 1875년~1904년의 184권은 군기처軍機處에서 근
무했던 왕언위王彦威가 편집한 것으로 되어있다. 그러나 일설에는 그가
베이징대학 도서관에 소장되었던 1875년 이후 시기의『주판이무시말』
의 자료를 대출해 자료들을 재구성한 것이 바로 이『청계외교사료』라는
것이다. 1904년~1911년의 문서는 그의 아들 왕량王亮이 편집하였다.

이 사료집은 오기誤記가 많아 원용하는 데에 신중해야 한다. 1931~34년
문해文海출판사에서 9책으로 나왔고 대만에서도 1964년에 영인본 7책이
출간되었다.

(3) 『청광서조중일교섭사료淸光緒朝中日交涉史料, 1875~1908』, 2책 (북경:
고궁 박물원, 1932; 대만: 문해출판사, 1963),『청선통조중일교섭사료淸宣統朝中日交
涉史料, 1909~1911』, 1책, 동상.

이들 문서집은 군기처 당안檔案에서 무작위로 선정, 발간한 것이다. 물
론 선정된 문서만으로도 한국외교사 연구에 중요한 자료들이다.

청사공정淸史工程 시기(2002~2009)에 발간한 여러 자료 중에『청대군기

---

2 *China's Management of the American Barbarians: A Study of Sino-American*
   Relations, 1841-1861, with Documents. (New York: Octagon Books, 1972 Reprint)

처전보당휘편淸代軍機處電報檔彙編』 40책이 있다.[3] 이 자료를 검색하면『중일교섭사료』의 실상이 판명될 것이다.

(4)『이문충공전집李文忠公全集』

이 전집은 조선 외교사에 큰 영향을 미친 이홍장의 문집이다.

① 오여륜吳汝綸 판본

나의 색인 작업 저본은 1905년 이홍장의 막료幕僚 오여륜(1840~1903)이 편찬, 간행한『이문충공전집』이었다. 그러나 청사공정의 일환으로 2008년에 4×6배판으로 39책으로 된『이홍장전집』이 출간되어 이제 이홍장에 관한 기왕의 모든 기록들은 그 역사적 소명을 다하였다. 오여륜의『이문충공전집』은 100년을 넘도록 학자들이 애용한 자료였다.

2008년『이홍장전집』이 발간되기 이전에 유사한 명칭의 저술들이 여럿 있어서 세인들의 혼동을 일으키고 있다. 주요한 예를 보면 다음과 같다.

오여륜이 편찬한 전집은 양장본 7책으로 문해文海출판사(대만)에서 1962년에 복간하였고 1980년에 이 출판사가 다시『이문충공(홍장)전집李文忠公(鴻章)全集』이란 제목으로 복간(심운룡沈雲龍 주편主編,『근대중국사료총간속편近代中國史料叢刊續編』제70집)하였다.

1997년에는 해남海南출판사(대만)가『이홍장전집李鴻章全集』 9책을 발간하였다. 1~8책은 오여륜의 1905년 판을 그대로 영인한 것이고, 제9책은 이홍장의 적손嫡孫 이국걸李國杰이 편집한『합비이씨삼세유집合肥李氏三

---

3 中國第一歷史檔案館編 (北京: 中國人民大學出版社, 2005年 9月)

世遺集』 중 『문충공유집文忠公遺集』을 영인한 것이다.

고정룡顧廷龍, 협업렴叶業廉이 편집한 『이홍장전집』이 1985년 이후 5책
이 인민출판사(상해)에서 발간되었는데 이 저작물에 관해서는 다시 언급
한다. 그리고 오여륜이 『이홍장전서』 3책을 길림吉林에서 1999년에 편집
하기도 하였다.

②『이홍장전집』 39책의 출간 배경과 주요 내용

오여륜이 1905년 판본을 편집하면서 보관한 문서들은 합비合肥의 이
홍장 가문에 소장되었었는데 그 후손들이 해외로 반출하려고 1949년
상해로 이송하였다. 그러나 여의치 못해 상해 도서관의 고정룡顧廷龍이
이 도서관에 보관토록 하고 1985년부터 『이홍장전집』 5책을 발간하였
으나 곧 중단되었다.

39책의 편집은 1992년에 시작해 다음 해 편집위원회가 구성되었
고, 2002년부터 시작한 청사공정清史工程의 일환으로 14년의 작업 끝에
2008년 1월에 4×6배판에 구두점을 찍어 39책으로 출간하였다.

이 전집은 주의奏議, 전보電報, 신함信函, 시문詩文 4개 분야로 구성되어
있다. 모든 문서들의 제목 뒤에는 아라비아 숫자로 1~15가 표시되어있
다. 이들 숫자는 그 문서의 출처를 나타내 주고 있다. 전집은 15개 출처
의 자료들로 구성되어 있음을 알 수 있다.[4]

---

4 ① 第一歷史檔案館 자료, ② 第一歷史檔案館에서 吳汝綸이 검색한 자료, ③ 第一歷史檔
   案館 자료 중 吳汝綸이 정리하지 않은 자료, ④ 이미 발간된『李鴻章致潘鼎新書札』, ⑤ 이
   미 발간된『捻軍史料叢刊』중 李鴻章 書札, ⑥ 이미 발간된 于式枚 編『李文忠公尺牘』중
   李鴻章의 信函, ⑦ 復旦大學 圖書館 소장 李鴻章 文稿, ⑧ 中國社會科學院近代史研究所
   所藏 李鴻章 文稿, ⑨ 이미 발간된 湖南省 社會科學院 所藏 李鴻章 文稿, ⑩ 李鴻章이 張
   佩綸에 보낸 信函, ⑪『順豊文史』에 수록된 李鴻章 信函, ⑫『安徽史學』에 수록된 李鴻章
   信函, ⑬ 安徽省圖書館에 소장된 捻軍史料에 있는 李鴻章 信函, ⑭『北洋紀事』에 수록된
   李鴻章의 批札, ⑮『清實錄』에 수록된 李鴻章의 上諭. (전집 凡例, pp. 15-16 참조).

그리고 전집은 모든 문서들을 독특한 번호로 배열하고 있다. 예를 들어 G12-07-020 번호를 가진 한아韓俄밀약 사건의 한 전보를 보자. G는 광서光緒, 07은 음력 7월, 20은 7월에 발송한 전보들의 20번째 전보를 의미한다.

(5) 『장문양공전집張文襄公全集』

장지동張之洞(1837~1909)의 전집이다. 1928년에 초간初刊, 1963년에 양장 영인본 6책이 발간되었다. 나는 이 판본을 저본으로 색인 작업을 하였다. 그러나 중국은 청사공정의 일환으로 『장지동전집張之洞全集』 12책[5]을 다시 발간했으므로 앞으로는 이 전집을 이용해야 할 것이다.

장지동은 이홍장과 비견되는 인물이었으나 대외문제에서는 그와 달리 매우 강경한 입장을 취해 장패륜張佩綸 등과 함께 청류淸類로 불렸다. 그의 의견은 당시 청 조정의 분위기를 살피는 데 도움이 된다.

청국은 아편전쟁 후 대외업무가 급증하자 1861년에 총리각국사무아문總理各國事務衙門(약칭 총서總署)을 설립하고 천진天津과 상해에 지방기관을 두었다. 천진의 기관은 직예총독이, 상해의 지방기관은 양강총독兩江總督이 겸임토록 하였다. 따라서 이홍장이 겸임한 전자를 북양대신으로, 장지동이 겸임한 후자를 남양대신이라고도 불렀다. 두 대신은 업무분담이 되어있지 않고 청국의 대외관계 일반을 나누어 관장했으므로 그 전집들을 보면 대외관계에 관한 의견 대립이 첨예하게 나타난다.

5　趙德馨 主編 (武漢: 武漢出版社, 2008年 11月)

(6) 『우재존고愚齋存藁』

성선회盛宣懷(1844~1916)는 이홍장의 막료로 우전郵電, 해운海運, 철도鐵道 등의 주요 업무를 담당하였다. 그의 문집인 『우재존고』 2책은 1939년에 처음 발간되었고 1963년에 영인, 양장본으로 출간되었다. 이 책이 나의 색인 작업 저본이었다.

그러나 그가 담당했던 업무의 중요성에 따라 청사공정의 일환으로 그의 문서들이 무려 100책으로 세상에 나왔다. 『성선회당안선편盛宣懷檔案選編』이 그것인데, 상해 도서관이 편집하고 고적출판사古籍出版社가 2014년 12월에 출간하였다.

(7) 『중아회상교수동삼성전보휘초中俄會商交收東三省電報彙鈔』

러시아 주재 중국 공사였던 양유楊儒가 1901년 러시아에서 10여부를 발간하였다. 모두 9장으로 구성되어 있는데 1~8장은 왕운생王芸生의 잘 알려진 『육십년래중국여일본六十年來中國與日本』에 이미 수록되어 있어서 색인 작업에서는 이들 8개장을 제외하였다. 따라서 내가 색인 작업을 한 것은 제9장 「여동삼성장군왕래전보與東三省將軍往來電報」였다.

2. 습작 시절의 글들

1967년 조교 시절에 처음으로 글을 발표한 것은 이홍장에 관한 글이었다. 청명 선생으로부터 오여륜이 편집한 『이문충공전집』을 교재로 한문을 배우고 있을 때였다.

1968년에는 1905년 포츠머스 강화회담에 관한 글을 신문에 기고하기도 하였다. 1968년은 미국과 월맹越盟이 파리에서 평화협상을 시작한 때였다. 한국일보가 협상의 역사를 연재할 계획 중 하나로 포츠머스 회의에 관한 글을 나에게 부탁하였다. 훗날 나는 포츠머스 현장을 찾은 적이 있었다. 두 편 모두 습작에 불과한 글들이다.

(1) 「중당中堂 이홍장李鴻章, 청조말淸朝末 국보간난國步艱難에 화국지성和局之成을 위하고 동양을 응시하며 스러져간 정치가」[6]

내가 세상에 처음 발표한 이 글은 학문적인 모습으로 위장된 어설픈 습작이었다. 이홍장에 관한 짧은 잡문이었는데 너무나 한문을 많이 사용해 갓 서른 살 시간강사의 치기稚氣를 엿볼 수 있다.

(2) 「세계의 협상사—68년 파리까지… 역사를 매듭진 순간들: 러일전쟁과 포츠머스 강화회의」[7]

1968년 시간강사 시절 또 하나의 습작이다. 한국외교사에 관해 글 연습을 한 것이었다.

---

6 『정경연구』(1967년 10월), pp. 106–110.
7 「露日戰爭과 포츠머스 강화회담」, 『한국일보』, 1968년 5월 18일.

3. 한국 관련 일본 미간 외교문서

　나는 하버드 대학 옌칭燕京Yenching연구소의 연구비를 지원받아 일본 동경의 동양문고東洋文庫에서 1970~1971년 객원 연구원으로 연구 활동을 시작하였다. 동양문고 연구원 쵸 마사츠네長正統 박사(1933~1987)의 주선이었다.

　동양문고는 1917년 9월 미쓰이三菱 제3대 회장 이와사키 히사야岩崎久彌 남작이 모리슨G. E. Morrison(1862~1920)이 이전에 수집한 방대한 장서를 매입해 1924년에 설립한 동양학 관련의 세계적인 연구소다. 내가 객원 연구원이 되자 연구소 구성원들은 한적漢籍이 100만권이라고 자랑하였다.

　모리슨은 영국 에든버러Edinburgh 대학의 의학박사 출신으로 북경 주재 런던 타임스 특파원(1895~1912)을 거쳐 1911년 신해혁명辛亥革命 이후 혁명 인사들과 가까이 지냈다. 1916년 원세개袁世凱가 사망하자 대총통이 된 여원홍黎元洪의 정치 고문이 되었다. 그는 한문을 모르면서도 100만 권에 이르는 서재를 갖고 있었는데 사람들은 그의 서고를 "중국의 도서관"이라고 부르기도 하였다.

　나는 일본에 도착하자 곧 이발소를 찾았다. 머리를 미국 영화배우 율 브리너Yul Brynner 같이 밀어달라고 부탁하였다. 이발사는 놀라 몇 장의 짧은 머리 사진을 들고 나왔다. 이 중에서도 대머리에 가까운 사진을 선택하였다.이날 저녁 중국 음식점에서 고故 김윤식 교수와 식사를 하려는 중에 일본의 TV 방송들이 큰 뉴스를 생중계하기 시작하였다. 일본 방위청 건물 2층 베란다에 나와서 일본의 군사 강화를 열변하는 청년, 미시마 유키오三島由紀夫(1925~1970)였다. 그는 곧 베란다에서 사라져 건물 안으로 사라져 자결하였다. 나의 충격은 말할 수 없었다. 마치 1930년대 일본으로 회귀하는 느낌이 들었다. 그날 저녁 동주 선생에게 긴 편지를 적었다. 동주는 회신이 없었다. 나의 치졸한 현실 감각에 침묵하신 것이리라.

　일본에서 상당한 분량의 일본 문서의 복사물과 필름을 갖고 귀국하였다. 일본외교사료관에서 문서를 필름으로 복사한 비용이 당시 35만엔이라는 엄청난 금액이었다. 원화로는 350~500만원의 거금이었다. 하버드 옌칭연구소에서 받는 월 연구비는 일본의 부교수 봉급인 8만엔 정도였다. 일본 공항을 떠날 때 문서의 양이 너무 많아 일본 공항 직원으로부터 운송료를 더 내라고 요구받은 기억이 난다. 운송료도 지금 기억으로는 상당한 액수였다.

(1) 동양문고東洋文庫

　동양문고에 소장된 문헌 카드를 조사하기 시작, 한국외교사에 관련된 상당한 양의 자료들을 복사하기 시작하였다. 당시 동양문고에서는 사진 복사만 가능하였다.

　동양문고 출근 4개월 정도 지났을 무렵 연구부장이 직원을 통해 나를 만나기를 요청해 왔다. 당시 동양문고 연구부장은 도쿄대학 교수가 겸직하고 있었다. 내가 혼자 외국 생활을 하는 데 불편이 없느냐는 말부터 시작하였다. 남의 사생활에 관여하지 않는 것이 일본인들의 특징이므로 다소 놀라운 일이었다. 그는 이어서 나의 내자內子를 일본에 초청해 줄 수 있다는 제안을 했다. 당시에는 한국과 일본 사이에 영사협정이 체결되어 있지 않아서 잠시 여행만 할 수 있는 시절이었다. 동양문고의 초청으로 내자는 일본에 오게 되어 나는 안정된 연구 생활을 할 수 있었다.

　당시 동양문고의 연구부장은 에노키 가즈오榎一雄(1913~1989) 교수였

다. 훗날 동양문고 이사장을 지낸 세계적인 중앙아시아 역사학자였다.[8]

(2) 헌정자료실憲政資料室

동양문고의 한국외교사 관련 자료들을 어느 정도 섭렵한 이후 일본 국회도서관 6층의 헌정자료실憲政資料室을 찾았다. 이 자료실은 1969년에 일본 국회도서관 부속 자료실로 출발하였다. 일본의 정치인, 관료, 군인, 실업가 등 각계 인사들의 개인 문서를 소장하고 있다. 이토 히로부미문서伊藤博文文書, 이노우에 가오루문서井上馨文書등의 명칭으로 구분되어 있었다. 내가 이 자료실의 문서들을 조사할 때에는 이 자료실의 개설 초기로 한국외교사에 관한 개인 문서로는 16종의 목록만이 완성된 상태였다.[9]

내가 헌정자료실 문서들을 먼저 조사한 것은 야마베 겐타로山邊健太郎 (1905~1977)의 영향이었다. 그는 일본의 조선 침략 본질을 파악하는 일에 주력하였는데 그가 주로 원용한 자료는 헌정자료실의 개인 문서들이었다. 그는 일본외교문서는 그 자체가 일본의 침략을 옹호하는 자료로 치부하여 도외시하였다. 그러면서도 19세기에 조선이 이루어 놓은 개혁들은 일본이 박영효, 김옥균과 같은 '친일파'를 이용해 성취한 결과라고 해석하였다. 내가 일본에서 돌아오자마자 발표한 글에서 야마베를 신식

---

8 그는 무엇보다 중앙아시아 역사의 사료 분석에 충실한 세계적인 학자였다. 돈황敦煌 문헌, 포르투갈의 야소회 문헌, 모리슨Morrison, G. E.의 고향 호주 시드니 도서관에 소장된 모리슨 자료들을 섭렵하였다.

9 일본외교사료관의 경우와는 달리 이 자료실의 문서들은 온라인 검색이 아직도 불가능하다. 이 자료실의 문헌에 관해서는 日本國立國會圖書館月報, nos. 274(1984. 1), 334(1989. 1), 409(1995. 2) 참조. 한국의 국사편찬위원회에서는 이 자료실 자료들을 수집하고 있는데 자세한 사항은 동 위원회 홈페이지를 참조할 것.

민주의사관新植民主義史觀의 대표자라고 비판한 이유이다.[10]

야마베는 특이한 학자였다. 학력이라고는 소학교小學校 졸업이 전부였다. 그의 나이 18세 되던 봄에서 다음 해 1월까지 모친과 함께 서울에 머무른 적이 있었다. 조선과의 첫 인연이었다. 그 후 그는 노동조합 운동에 매진하였고 공산당에 입당해 활동하였다. 이로 인해 30세에 징역 3년 형을 받았고 41세에 다시 투옥되기도 하였다. 이런 역경 속에서 1947년부터 많은 글들을 남긴 것은 매우 이례적이다.[11] 야마베가 쓴 조선 관련 최초의 글은 1954년 4월 『역사학연구』에서 하타다 다카시旗田巍의 『조선사朝鮮史』 서평이다. 그는 이후 수많은 조선 관련 글을 세상에 남겼다.

(3) 일본외교사료관日本外交史料館

제2차 세계대전 직후 미 당국은 일본의 외무성, 육군성, 해군성 문서들을 마이크로필름으로 복사했다. 그 중에 외무성 문서는 2,116릴reel, 육군성과 해군성 문서 163릴에 달한다. 이들 필름은 한국의 국회도서관도 소장하고 있다.

나는 한국외교사 관련 자료들도 이 필름에 있을 것으로 착각하고 있었다. 그러나 실제로 일본외교사료관에 가 보니 생각했던 것과 사정이 달랐다. 미 당국은 중국 자료들은 복사하였으면도 바로 옆에 비치된 같은 명칭의 조선 관계 자료들은 그 양이 훨씬 적음에도 불구하고 복사에서 배제하였다. 조선 자료의 경시 태도를 알 수 있다. 이런 사정을 나는 여러 글에서 이미 자세히 밝힌 바 있다.[12]

---

10 김용구(1972), 「한말의 정치적 상황」, 『지성』, p. 46.

11 1947년부터 작고하기 1년 전 1976년까지 그가 남긴 글들의 완벽한 목록은 遠山茂樹 外 (1980), 『山邊健太郎: 回想と遺文』, 東京: みすず書房, pp. 347-363 참조.

일본외교사료관의 관계자들은 여러 가지로 내 연구를 배려해 주었다. 특히 이 사료관에 파견된 일본 외교관으로 조선 대외관계에 여러 글을 발표한 가와무라 가즈오河村一夫 선생이 큰 배려를 해 주었다. 일례로 외교문서 사료실 안에서 작업하는 것을 허락해 주었으며, 복사량이 많아지자 복사회사 직원이 사료실 옆에 앉아서 내가 건네주는 자료들을 복사토록 조치해 주었다.[13]

(4) 일본 자위대自衛隊 자료실

미 당국의 일본외교문서 복사 태도에 실망한 후, 그들이 육군성과 해군성 문서들은 어떻게 복사했는지 호기심이 들었다. 나는 이들 문서를 일본 자위대가 보관하고 있을 것으로 잘못 판단해서 자위대 자료실을 방문키로 하였다.

도쿄 중심지역의 자위대 본부 건물은 언덕을 따라 올라가게 되어있다. 한참 언덕을 올라가니 멀리서도 한자로 자료실이라고 쓴 고색 찬연한 큰 간판이 눈에 들어왔다. 좀 야릇한 느낌이 스쳐 갔다.

자료실에 들어서니 50대 중반의 실장이 기다리고 있었다. 이곳을 찾은 목적을 말하자 실장은 곧 열변을 토해냈다. 일본의 패전 직후 미국 헌병들이 헬리콥터를 타고 이곳에 내려 문서들을 가지고 갔다고 분노를 토했다. 그리고 헬리콥터가 착륙한 '자료실' 간판 앞 지점을 가리켰다.

---

12 김용구(1996), 「자료해제. 한일외교미간극비사료총서」, 『동북아』(동북아문화연구원), 제3집 (봄/여름), pp. 277-301; 제4집, pp. 289-296 참조.

13 일본외교사료관에 문의한 결과 가와무라 교수는 1926년생으로 이미 별세하였다고 한다. 그의 조선 관련 논문으로는 「朝鮮に於ける我が領事館警察史」(1969), 「李鴻章と金玉均との關係」(1975)등이 있다.

그러자 나는 좀 장난기가 도졌다. 미 당국이 복사한 일본의 외교문서, 육해군 문서의 모든 자료들을 한국 국회도서관에 보관되어 있다는 말을 꺼내자 실장은 아연실색, 흥분의 절정에 이르렀다. 자신의 문서들을 한국 기관이 보유하고 있다니! 한참 침묵이 흘렀다.

흥분을 어느 정도 진정시킨 그는 자료실을 보여주겠다고 안내하였다. 자료실은 너무나도 방대하였다. 일본 군대가 중국, 동남아 지역에 진출하면서 생산한 부대의 문서들이 매우 잘 보존되어 있었다. 심지어 중대 단위의 일기까지. 아마 전투사 전공자에게는 보물일 것이다. 그러나 육군성 문서는 다른 곳에 보관되어 있다는 사실을 알게 되었다.

4. 일본 외교문서 현황, 국내 학계에 알리다.

일본의 여러 문서고에 소장된 한국외교사 관련 자료들의 현황을 1971년 『한국국제정치논총』에 처음 발표하였다. 일본에서 외교문서를 나름대로 조사한 것이 한국외교사의 전문가가 된 것처럼 선전되어 발표회와 좌담회에 자주 참여하였다. 지금 생각하면 송구한 시간이었다. 이들 모임을 간추려 보는 것도 당시 상황을 회고하는 데 도움이 될 것이다.

1971년 가을 서강대학교에서 일본의 미간 자료에 관해 발표회가 있었다. 한국 역사학회 주최가 아니면 이광린李光隣 교수가 마련한 모임이 아니었나 생각한다. 발표가 끝나자 한국사를 전공하는 선배 중견 교수가 "일본외교사료관의 자료들은 열람할 수 없다는데 사실인가?"라는 질문을 한 바 있었다. 당시까지 일본 문서들의 소개가 전혀 이루어지지 않았다는 한 증거이다.

일본에서 복사한 미간 자료 15개 릴reel의 마이크로필름을 발표하지 않고 한국외교사 통사를 먼저 집필한다는 계획으로 오랫동안 내 서재에 잘 모셔놓고 있었다. 그러나 세월은 시석矢石과 같이 흐르고 나의 학문적인 관심도 여러 분야를 넘나들게 되었다. 이에 오래 내 곁에 두었던 미간 자료들을 공개해 관련 연구자들이 이용케 하는 것이 도리라고 생각하였다. 나는 그 자료들을 1995~1996년에 걸쳐 50책으로 발표하였다.

(1) 「일본소재 한국외교사관계 주요미간문서목록」『국제정치논총』, 제11집(1971), pp. 59-84.

이 논문에 소개한 문서들은 다음과 같다.

① 일본 외무성 외교사료관(pp. 60-62)

미국 정부가 제2차 세계대전 후 일본의 외교문서를 복사하였으나 조선 관련 문서 상당량을 복사에서 제외한 문제점에 관해서는 전술한 바 있다. 그러나 이제 이런 문제는 모두 해결되었다. 외교사료관 문서들이 모두 온라인으로 공개되었기 때문에 외교사료관의 총목록[14]을 참조하면 모든 문서에 접근할 수 있게 되었다.

그러나 발간된 『일본외교문서』의 자료도 일본외교사료관 원문서와 대조해야 할 경우가 있다. 예를 들면 세종조世宗朝 이래 조선의 고유영토였던 녹둔도鹿屯島 문제에 관해 『일본외교문서』 20책과 23책은 여러 자료들을 싣고 있다. 그러나 외교사료관에 보존된 원문서에 있는 녹둔도에 관한 지도들을 싣고 있지 않다는 점에 유념해야 한다.

---

14 일본 외무성 외교사료관 편(1992~1993), 『外務省記錄總目錄』, 3책, 東京.

② 헌정자료실 문서(pp. 62-82)

이들 자료는 아직도 온라인으로 검색할 수 없다. 그러나 전술한 바 같이 한국 국사편찬위원회에서 수집한 자료를 참조할 수 있다. 1971년 내가 검색할 당시 이 자료실에 비치된 목록은 대목별大目別 목록에 불과하였고 한국외교사에 관련된 문서로 완전한 목록이 출판된 것으로는『헌정편찬회수집문서』(1960),『이도 미요지伊東巳代治 문서』(1962),『가쓰라 다로桂太郎 문서』(1965),『무쓰 무네미쓰陸奧宗光 문서』(1966),『삿사 도모후사佐佐友房 문서』(1969) 등에 불과하였다.

그러나 현재 한국 국사편찬위원회는 사료계열 총 88개의 문서들을 보유하고 있다.

③ 요시다 기요나리吉田淸成 문서(p. 83)

교토대학 국사학과에 소장되어 있다. 나는 1971년에 이 학과 사무실을 방문해 목록 카드를 검색하고 한국외교사에 관련된 문서들을 복사하였다. 이들 문서 중 김옥균金玉均, 서광범徐光範, 지운영池運永, 장순규張淳奎 등이 요시다와 왕래한 초서草書로 쓴 서한들은 훗날 청명 선생이 탈초해 주었다.

야마모토 시로山本四郎 등이 완전한 목록으로『吉田淸成關係文書目錄』을 1983년에 나라奈良교육대학부속도서관에서 출판하였다. 이 목록은 서한과 서류로 구분해 작성되었는데 서류 중 조선과 중국관계(pp. 133-136)는 참조해야 한다.

④ 오쿠마 시게노부大隈重信 문서(pp. 83-84)

와세다 대학에 소장된 이 문서는 마이크로필름으로 구입할 수 있었다. 내가 작성한 목록은 이 필름에 따라 작성한 것이다.

⑤ 이노우에 고와시#上毅(p. 84)

국학원國學院 대학 소장의 이 문서도 1970년에 이미 마이크로필름으로 구입할 수 있었다.

(2) 「좌담: 한국의 사상. 김옥균과 서재필」, 『한국일보』, 1972년 7월 12일. 참석자: 이광린, 김영모, 김용구.

김옥균, 서재필 그리고 개화파와 불교에 관한 시민 계몽 수준의 대담이었다.

(3) 「창간 26돌 기념 대담: 역사에 비춰본 우리의 위치. 내일의 활로는?」, 『경향신문』, 1972년 10월 6일. 참석자: 홍이섭洪以燮, 김용구.

경향신문이 창간 특집으로 "근대의 한국을 진단하고 민족의 활로를 찾아보기 위해 노장과 소장 학자의 대담"을 마련하였다. 홍 선생 같은 대가와 한자리에 앉은 것이 무척 자랑스러웠다. 더구나 홍 선생은 연희전문학교 문과 출신으로 동주 선생과 친근한 벗이었다. 대담은 현재 상황이 19세기 중엽 조선의 국제적인 상황과 유사하다는 전제하에 서로 열변을 토하는 자리였다. 대담을 끝내고 택시를 타고 안암동(?) 근처 선생의 자택으로 모셔드린 것이 어제의 일인 양 생생하다.

(4) 「구한말 외교」, 『서울평론』, 1974~1975, 총 6회.

서울신문사 남재희南載熙 당시 편집국장이 구상하고 조직한 본격적인 학술토론의 좌담회였다. 한국외교사 연구의 당시 수준을 나타내 주는 귀중한 자료라고 생각한다.

- 제1회 「구한말 외교의 재평가」, 1974년 8월 22일 제41호, pp. 14-26. 참석자: 박준규, 이광린, 김용구, 신승권.
- 제2회 「구한말 조정朝廷 외교의 다원화」, 1974년 9월 19일 제45호, pp. 14-27. 참석자: 박준규, 이광린, 김용구, 최창규.
- 제4회 「청일전쟁과 경제관계의 다변화」, 1974년 12월 12일 제57호, pp. 36-49. 참석자: 박준규, 이광린, 김용구, 안병직.
- 제5회 「한반도에서의 로露·일日의 각축」, 1975년 1월 23일 제62호. pp. 20-31. 참석자: 동상.
- 제6회 「로일전쟁과 한정韓政의 종언」, 1975년 2월 20일 제66호, pp. 36-49. 참석자: 동상.

(5) 『한일외교미간극비사료총서韓日外交未刊極秘史料叢書』 (성남: 아세아문화사, 1995~1996, 50책).

50책을 내면서 이들 자료의 해제를 몇 차례 발표했는데 그 중 중요한 것은 다음 두 가지이다. ⓐ 50책 중 제1책 별권 『해제와 목록』, ⓑ 「자료 해제: 한일외교극비사료총서」, 『동북아』, 제3집(1996년 봄/여름), pp. 277-301; 4집, pp. 289-296.

5. 세계외교사

1985년 2학기부터 세계외교사 과목을 담당하게 되었다. 2학기 첫 시간 강의실에 들어서자 경악을 금할 수가 없었다. 학생들은 내가 1950년대 대학생 시절 교재로 사용했던 200페이지 내외의 간략한 지침서를 아직도 교재로 사용하고 있었다. 자괴감에 큰 충격을 받고 세계외교사 교재 집필을 다짐하게 되었다. 1980년대까지도 미국이나 프랑스의 교과서를 번역한 것을 교재로 쓰고 있는 실정에 대해 한국의 교수로서 학자의 수치심을 도저히 참을 수가 없었다.

혼신의 노력으로 집필하기 시작하였다. 외교사에 관해서는 기본적인 자료들은 보유하고 있지만 체계적으로 다시 자료들을 구입, 수집하였다. 경기도 곤지암의 작은 한옥에서 주로 집필하고 피곤하면 경기도 부천의 수도원과 안성의 칠장사에 원고지 뭉치를 들고 며칠씩 체류하면서 글을 썼다.

1989~1990년 세상에 나온 『세계외교사(상)』, 『세계외교사(하)』 두 권은 200자 원고지 3,000매 정도의 분량으로 컴퓨터를 사용하지 않고 육필로 쓴 나의 마지막 책이다. 두 책을 한 책으로 통합하면서 약간 보완을 하고는 평생 처음으로 병원을 찾은 적도 있었다.

『세계외교사』 상, 하권이 나오고 두어 달 정도 지났을까 한 외교학과 학생이 나의 연구실로 찾아왔다. 들어오면서 A4용지 5~6매를 건네주었다. 『세계외교사』의 오자, 탈자를 철저히 교정한 것이었다. 고마운 마음을 아직도 지니고 있다. 그 학생이 현재 성균관대학교 정치외교학과 윤비 교수이다.

상, 하 합본이 나오자 세계외교사의 전체 흐름을 10부작으로 집필할 계획을 세웠다. 10부작의 첫 출발을 빈Wien 회의로 시작하지 않을 수 없었다. 1970년대 파리에서 연구생활을 했으나 오스트리아를 방문한 적이 없었다. 빈을 찾았다. 호후부르크Hofburg와 쉰브룬Schöbrunn 궁전의 아름다움에 도취되었다. 그러나 10부작 계획은 곧 포기하게 되었다. 외교사 연구 이외에 천착해야 할 다른 분야의 과제가 산적했기 때문이었다.

2003년 한림대학교 특임교수로 부임한 후 세계외교사를 다시 강의하게 되었다. 내 책을 전면 개정하지 않을 수 없었다. 2006년 판본이 나오게 된 배경이다. 이제 다시 이 판본을 읽어 보니 부족한 점이 없지 않아 "세계외교사(2006)에 관한 나의 새로운 생각"이란 항목을 설정해 내가 그동안 느낀 점을 적어놓았다.

(1) 『세계외교사(상)』(1989), 『세계외교사(하)』(1990), 『세계외교사』(상, 하 합본, 서울: 서울대학교출판부, 1993).

식자植字로 인쇄한 나의 마지막 저술이다. 이때 서울대학교 출판부에서는 식자와 컴퓨터 인쇄가 병존하고 있었다. 식자는 곧 사라지게 되었다. 당시 나는 출판부장을 맡고 있어서 20여명에 이르는 식자공들의 퇴직금 마련에 고초를 겪었던 기억이 난다.

(2) 『춤추는 회의: 비엔나회의 외교』(서울: 나남, 1997).

10부작의 계획을 포기하자 이 저서는 외로운 학문적 미아迷兒가 되었다.

(3) 『외교사란 무엇인가』(인천: 원, 2002).

하찮은 이 소책자에 많은 독자들이 의외의 성원을 보내고 절판이 되자 재판 출간을 계속 촉구하였으나 나는 침묵으로 일관하였다. 나의 선배 교수 제자라고 소개한 현직 교수가 자신의 아들 부탁이니 제발 재판을 발행해 줄 것을 요청하기도 하였다. 그러나 이 책의 내용이 내 마음에 흡족하지 않아 침묵으로 일관하였다. 독자들에게 미안한 마음을 금할 수 없다. 그 빚을 갚는 길은 새로운 책을 곧 발표하는 것이라고 생각한다.

정년퇴임 교수에게 후배들이 글을 모아 "논문집" 증정식을 개최하는 한국적인 학계 관행에 늘 불만을 가졌다. 논문집 발간을 위해 후배 교수들에게 급조된 논문의 제출을 강요하거나, 재정적인 부담을 안기는 일이 종종 있기 때문이다. 이에 나는 이런 관행이 최소한 서울대학교 외교학과에서는 종지부를 찍어야겠다고 생각하였다.

내가 오랜 기간 외교사를 강의하면서 느낀 학문의 문제점을 간추려 적어놓은 소책자이다. 2002년 8월 퇴임하면서 세계외교사, 한국외교사, 그리고 한국 정치사에 관한 생각을 2~3주 안에 급히 적었다.

당시 집필을 급하게 마무리하려고 한 이유는 두 가지였다. 하나는 퇴임 시간에 맞추어 책을 출간해 학생들에게 전달하려는 것, 그리고 역사 사료에 묻혀서 지낸 오랜 현직생활을 마무리하고 자유롭게 글을 쓰고 싶은 욕망 때문이었다. 마치 유명한 소설가처럼. 망상 중의 망상이었다. 이런 망상에서 글 쓰고 싶은 장소는 3곳이었다.

첫째는 2001년 여행하면서 '조선'의 내음과 향수를 느낀 대마도.

둘째는 이스탄불Istanbul. 2000년 그 주변을 넘나들면서 감명을 받은 고장이었다. 실크 로드의 종점이자 1945년 해방 직후 한국에서 유행하던 향수에 젖은 유행가의 원산지. 보스포러스Bosporus 해협을 남쪽으로 지나서 마르마라Marmara海의 서쪽 금각만Golden Horn을 내려다보는 조금 가파른 피에르 로티 언덕Pierre Loti Hill. 2006년 노벨 문학상을 받은 오르한 파무크Orphan Pamuk도 이곳에 서재를 갖고 있다.

끝으로 14세기 중세 도시의 모습을 아직도 간직한 중부 영국의 도시 더럼Durham.

그러나 이런 생각은 역시 망상을 벗어나지 못했다. 서울대학교에서 퇴직하고 한림대학교 특임교수로 부임하자 "개념사 연구"와 "근대한국 외교문서 편찬"사업으로 현직 시절보다 더 사료 속에 파묻혀 버리게 되었기 때문이다.

이 책의 구성은 다음과 같다. 서론에서는 나에게 외교사 인식에 영향을 준 브로델Braudel, F., 다닐렙스키Danilevsky, N. Ya., 슈펭글러Spengler, O., 소로킨Sorokin, P.의 견해를 적어놓았다.

제1장에서는 외교사 연구의 새로운 방향, 열강의 외교문서 현황, 한반도 문제에 관한 열강의 미간문서 현황, 제2장에서는 국제조약의 발간 현황, 한국 정치사의 주변적 성격, 탈사대질서와 북학파, 약탈제국주의와 오지 사고의 형성, 충돌의 국제정치학, 한국 정치사의 안과 밖에 관한 생각을 적어놓았다.

그리고 3개의 부록을 첨부했다. 『붉은 문서』의 동북아 관련 러시아 문서[15], 영국 국립 문서관PRO 소장 한국 관련 주요 문서, 그리고 마틴Martin, W. A. P.의 정치 일반에 관한 저술들. 2002년 8월 29일 퇴임 강연을 하면서 참석한 200여 학생들에게 이 책을 모두 나누어 주었다.[16]

(4) 『세계외교사』(서울: 서울대학교출판문화원, 2006).[17]

나는 기존에 발표한 『세계외교사』를 왜 개정해야 했는가?

---

15 붉은 문서에 관해서는 김용구(2018)에 자세하게 소개하고 있다.

16 퇴임을 전후하여 한국에서 왜 세계외교사를 공부하거나 연구해야 하는 학문적 이유에 관해 강의나 글을 몇 차례 발표하였다. 「세계외교사를 왜 배우나」(『한국정치학회소식』, 2000년 4월 25일), 「자주적인 외교사 정리가 가장 시급」(『서울대학교 동창회보』, 2000년 10월 15일), 「새로운 외교사 연구를 위하여」(『한국국제정치학회 소식』, 2002년 10월 30일), 「외교사 연구와 한국의 국제정치학」(『대한민국학술원통신』, 2003년 5월 1일), 「나의 중심개념: 외교사의 새로운 연구를 위한 하나의 제언」(성균관대학교 한국철학연구소 강연, 2004년 6월 26일), 「한국외교사 연구의 창조를 위하여」(서울대학교 국제문제연구소 강연, 2006년 4월 24일) 등이 있다.

첫째, 나의 기존 저서들의 서술체계를 그대로 방치해 둘 수가 없었다. 그 체계는 외교사 교과서의 전형적인 형식을 따랐기에 유럽중심주의를 무의식적으로 수용하였기 때문이다.

둘째, 유럽중심주의의 서술을 극복하는 길을 비교문명권의 시각에서 찾아야 한다고 나는 주장한 바 있는데 이런 관점에 따라 기존 『세계외교사』 저서들을 재구성하였다.

세계외교사 인식에 있어서 비교문명권의 입장에 관해서는 『외교사란 무엇인가』(2002)와 『세계관 충돌과 한국외교사, 1866-1882』(2001) 제1장 「세계외교사를 어떻게 볼 것인가」에서 자세히 적은 바 있다. 세계외교사는 문명권들의 충돌 역사라는 기본 명제에 따라 새로운 목차로 재구성하였다. 유럽문명권의 세계 팽창, 유럽과 이슬람의 대립, 그리고 유럽과 사대질서의 충돌을 새로운 장절로 삼았다. 다만 유럽과 슬라브 문명권의 투쟁은 19세기 이후 세계외교사의 핵심이어서 따로 장절로 분리해 서술하기가 힘들어 유럽문명권의 통시적인 서술 속에 포함시켰다.

셋째, 새 책에서는 조선과 세계외교사의 접목에 관하여 상당한 지면을 할애하였다. 한국에서 외교사를 익히는 근본 목적이 우리의 역사적 대외인식 경험을 추적하는 데 있기 때문이다. 나는 이것을 대외인식의 역사적 질병이라고 불러왔다. 한편 『세계관 충돌과 한국외교사, 1866-1882』는 절판되어 독자들이 이제 손쉽게 접할 수 없게 되어 제5장에서 그 요지를 적어놓았다. 그리고 이 역사적 질병의 연구를 독자들이 더 천착하는 데 도움을 주기 위해 「부록」에 따로 조선 관련 기간旣刊, 미간未刊 외교문

---

17 이 책을 여러 언론에서 소개해 주었다. ① 「국제분쟁 뒤에는 문명 충돌이 있다」, 『조선일보』, 2006년 6월 10일; ② 「외교는 문명간 파워게임, 자주보다 국익 우선해야」, 『동아일보』, 2006년 6월 19일.

서들의 소재를 밝혀 놓았다.

끝으로 세계외교사의 서술에는 여러 국제적인 사건들이 등장한다. 따라서 독자들은 사건 설명의 늪에 빠져 외교사 흐름의 전체적인 의미를 놓치는 위험이 있게 된다. 이에 30여개에 달하는 모든 절節앞에 '이끄는 글'을 마련하여 그 절의 외교사적인 의의를 설명하였다. 이것은 나의 외교사 해석에 관한 생각이기도 하다.

제3장

『세계외교사』(2006) 내용에 관한 새로운 생각들

1. 『세계외교사』(2006) 내용에 관한 새로운 생각들

『세계외교사』는 2006년에 출간되어 이제 어언 15년이 흘렀다. 다시 고쳐 개정판을 세상에 내어놓을 수 있는 젊은 시절은 이미 지나갔다. 그러나 『세계외교사』(2006) 내용에 관해 미흡했다고 여긴 새로운 생각들을 여기에 적어놓는다.

(1) 1792년의 전쟁

30년 전쟁을 마무리한 1648년의 베스트팔렌Westphalen 조약으로 중세 질서가 종식된 양 교과서들은 적고 있다. 그러나 중세질서는 장기간 근대질서와 병존하였는데 그 충돌이 폭발한 것이 1792년의 전쟁이었다.

1789년 프랑스 혁명이 곧 프랑스와 유럽 열강 사이의 충돌로 이어지지는 않았다. 프랑스가 새로운 외교 형식을 표방하고 국제정치의 기존 규범을 변혁시키려 하자 유럽 열강과 충돌하게 된다. 1790년 8월 국민입헌의회Assemblée Nationale Constituante가 봉건적인 제도의 철폐를 가결하자 국제적인 문제로 등장하였다.

프랑스 남부 아비뇽Avignon은 교황이 직접 통치하는 지역이었다. 1790년 6월 이곳의 교황청을 축출하고 프랑스에 합병해 줄 것을 국민입법의회에 요청하는 반란이 일어났다. 나는 1976년 프랑스 남부지역을 여행하면서 '아비뇽 다리 위에서sur le pont d'Avignon' 라는 프랑스 상송으로 유명한 그 현장을 찾아간 적이 있었다. 바로 이곳이 반란의 현장이었다.

1790년 9월에는 유사한 사태가 알자스-로렌 지역에서도 발생하였다. 이 지역은 베스트팔렌 조약으로 프랑스에 귀속되었으나 신성로마제국의 군주들이 사법司法이나 교회 문제에 특권을 갖고 있었다. 1791년 9월 프랑스 의회는 두 지역의 병합을 가결하였다.

그러나 병합 가결 이전에 더 큰 사건이 일어났다. 1791년 6월 하순 루이 16세(1754~1793)와 가족이 해외로 도피하려다 발각된 사건이 발생하였다. 오스트리아와 프로이센은 프랑스 국왕 문제는 유럽 전체의 관심사라고 8월 27일 역사적인 선언을 하여 프랑스 문제에 간섭할 수 있게 되었다. 1792년 2월 프랑스에 대한 동맹을 체결하였고 프랑스는 4월 초 오스트리아에 전쟁을 선포하였다.

이 전쟁의 원인에 관해서는 여러 견해들이 있다. 이에 관해서도 내 견해를 이미 적어놓았다.

(2) 나폴레옹(1769~1821, 1799~1804 집정관執政官consul, 1804~1814 황제) 전쟁[1]

유럽 국제사회의 기본 명분인 세력균형 원칙이 나폴레옹에 의해 파

---

1 개인의 역할을 역사 발전의 원동력으로 간주하는 견해를 영웅주의적 사관이라고 비판하는 견해가 오래 전부터 있어왔다. 대외관계사에 관한 여러 견해에 관하여는 김용구(2001), 제1장 「세계외교사와 한말 외교사를 어떻게 볼 것인가」; 김용구(2002), 서론과 제1장 참조.

괴되는 것이 아닌가 하는 의구심이 팽배하였다. 프랑스 외상 탈레이랑 Talleyrand, Ch. M. de의 정치 담당 책임자 오트리브d'Hautrive, A. M.와 훗날 메테르니히Metternich, K. von의 비서가 되어 빈Wien 회의의 실무를 맡았던 겐츠Gentz, F. von 사이의 논쟁이 이를 대표한다.

프랑스에 대한 열강의 연합은 4차례에 걸쳐 형성되었다는 것이 통설이다. 이런 연합들은 전통적인 세력균형 원칙에 따라 결성되었고 어느 편이 더 많은 보상을 주느냐에 따라 열강은 향방을 결정하였다.

제1차 연합(1793~1797)은 1793년 1월 프랑스 정부가 루이 16세를 처형하고 대외팽창의 길을 계속하자 영국을 자극하여 영국이 주도해 프랑스에 대한 연합이 결성되었다. 그러나 프랑스는 패망하지 않고 팽창의 길을 더 확장하였다. 프로이센이 먼저 이탈해 프랑스와 캄포 포르미오Campo Formio조약을 체결하였다. 제1차 연합은 완전히 와해되었다.

제2차 연합(1798~1801)은 1798년 5월 나폴레옹이 이집트를 침공하자 러시아와 충돌하게 되었다. 러시아는 오토만 제국에 중대한 이해관계를 갖고 있었다. 영국과 러시아는 1798년 12월에 드디어 연합형성에 합의하였다. 러시아는 군사 행동에 주저하였으나 프랑스가 발칸 반도에 접근하자 행동을 취하기 시작하였다. 그러나 오스트리아의 군사 활동에 반발해 1799년 10월 연합에서 이탈하고 오스트리아도 프랑스와 1801년 2월 조약을 체결하고 연합에서 이탈하였다.

이제 프랑스와 대결하고 있는 국가는 영국뿐이었다. 그러나 영국도 프랑스가 포르투갈 공격을 결정하자 프랑스와 1802년 3월 아미앵Amiens 조약을 체결하였다. 이 조약은 영국이 양보할 수 있는 모든 것을 프랑스에 제공한 것이었다. 영국 국내에서도 이 조약에 대한 비판이 일어나 영국은 1803년 5월에 프랑스에 다시 전쟁을 선포하였다.

제3차 연합(1805~1807)은 1801년 친영론자 알렉산드르1세가 러시아 황제로 등극하면서 분위기가 형성되었다. 1805년 4월 러시아에서 외상과 영국 대사 사이에 합의가 이루어졌다. 오스트리아는 러시아와 이미 비밀 합의가 있어서 이들 세 국가는 자연스럽게 연합을 형성했다. 하지만 나폴레옹 군대는 연합군을 계속 패퇴시켰다. 프랑스는 베를린에 입성해 영국 봉쇄를 선언하는 '대륙체제를 알리는 베를린 칙령'을 발표하였다. 제3차 연합도 와해되었다.

(3) 나폴레옹 제국

이제 나폴레옹은 유럽 전역을 지배하게 되었다. 이런 사실을 천하에 공표한 것이 1807년 7월 7일 틸지트Tilsit 조약이었다. 니멘Niemen강의 한 선박에서 나폴레옹이 러시아 황제, 프로이센 국왕과 체결한 이 조약은 러시아와 프로이센에는 실로 치욕적인 것이었다. 나폴레옹 제국의 승인에 이어 프랑스는 한발 더 나아갔다. 포르투갈을 대륙체제에 편입시키기 위해 침공을 단행한 것이다. 이에 영국의 웰링턴Duke of Wellington 장군은 포르투갈에 상륙, 무적이라는 프랑스군을 격파시켰다. 나폴레옹 제국의 붕괴가 예고되었다.

(4) 1812년 프랑스-러시아 전쟁

1810년 4월 나폴레옹은 오스트리아 황제의 딸 마리 루이스Marie Louise 와 결혼하였다. 이를 계기로 러시아와 프랑스의 관계는 악화되었다. 러시아에게 프랑스와 오스트리아의 밀착은 최악의 사태였다. 양국의 동맹은 1811년에 이르러 붕괴되었다. 나폴레옹은 드디어 러시아 침공을 단행하게 된다. 1812년 6월 니멘Niemen 강을 넘어 9월에 모스크바를 점령하였다. 나폴레옹 군대는 60만 명이었는데 프랑스인이 그 절반이고 나머지는 모두 외국인이었다.

나폴레옹이 모스크바에 들어가자 도시는 모두 불타버려 쓸모없는 도시로 변해버렸다. 나폴레옹은 휴전을 제의했다가 거절당하자 철수하게 되었다. 귀로에 쿠투조프M. I. Kutuzov 휘하의 군대, 코사크 기병, 민병들의 공격으로 1812년 12월 니멘 강을 다시 넘어온 군대는 고작 10만 명에 불과하였다. 나폴레옹 제국의 몰락이 다가왔다.

(5) 쇼몽Chaumont 조약(1814년 3월 1일)

1814년에 들어서면서 연합국들은 연전연승을 거듭해 파리로 진격하였다. 3월 9일 연합국 대표들은 유명한 쇼몽 조약을 체결하고 체결 일자를 3월 1일로 앞당겨 놓았다. 이 조약의 내용은 기억해야 할 것이다(pp. 22-23). 그동안 세력균형론자들이 주장해 온 원칙들을 하나의 조약으로 합의한 최초의 문건이었다. 그리고 전쟁이 종식된 이후에도 프랑스가 다시 침략 행위를 금지토록 예방 장치를 구상했다는 점에서 국제연맹과 국제연합의 선구라고 찬양받는 조약이다.

(6) 퐁텐블로Fontainebleau 협정(1814년 4월 11일)

연합군은 드디어 1814년 3월 31일 파리에 입성하였다. 나폴레옹은 퐁텐블로 협정의 체결로 퇴위해 엘바Elba 섬으로 격리되었다. 퐁텐블로 궁宮은 파리의 남남동南南東으로 36마일 떨어진 곳에 위치하고 있는 아름다운 곳이었다. 나폴레옹은 이 궁 정면 출입구 왼쪽으로부터 나와 엘바 섬으로 떠났다. 나는 1976년 봄 이곳을 찾은 바 있다. 이 협정의 내용은 상상외로 나폴레옹에게 관대하였다. 러시아 황제 알렉산드르의 낭만주의적인 환상의 산물이었다.

(7) 제1차 파리 평화조약(1814년 5월 30일)

이 조약의 내용도 독자들은 기억해야 한다(pp. 23-24). 프랑스의 재침에 대한 봉쇄망이 형성되었다. 나폴레옹이 엘바섬을 탈출해 워털루Waterloo회전에서 패전해 체결한 조약을 제2 파리 평화조약이라고 불러 구별하여 붙인 명칭이다.

(8) 빈Wien 회의

"회의는 나아가지 않고 춤만 추고 있다Le Congrès ne marche pas, il danse."
나는 1995년에 춤추는 현장을 찾은 적이 있다. 쇤브룬Schönbrunn 궁과 호프부르크Hofbrug 궁은 아름다운 곳이었다. 특히 쇤브룬 궁의 대연회장은 화려함의 극치였다. 대연회장의 2층 밀실에서는 연회장 안을 비밀리에 관찰하고 있었다.

빈 회의는 전체회의를 한 번도 개최할 수 없었다. 나폴레옹에 의해 와해된 신성로마제국의 중세질서의 행위자들이 대거 참여해 기왕의 그들 권리의 회복을 주장하고 있었기 때문이다. 따라서 영국, 러시아, 오스트리아, 프로이센, 프랑스 5대 강국이 모든 것을 결정하였다.

대전제는 1792년 전쟁 이전의 현상유지status quo ante bellum로 돌아가야 한다는 것이다. 이 대전제에서 세력균형 원칙과 정통주의 원칙이라는 2대 기본원칙이 나온다. 이들 원칙이 현실 정치에 어떻게 반영되었는지는 기억해야 한다(pp. 33-42).

(9) 제2차 파리 평화조약(1815년 11월 20일)

나폴레옹은 1814년 5월 4일 엘바 섬에 도착, 1815년 2월 26일 이 섬을 탈출, 3월 20일 파리에 다시 입성하였다. 6월 18일 워털루Waterloo 회전에서 패배, 파리 근교 말메송Malmaison에 체류 중 미국으로 도피하려다 7월 15일 영국 함대에 적발 투항, 11월 16일 대서양의 고도孤島 세인트 헬레나St. Helena에 도착해 여기에서 일생을 마쳤다.

이 평화조약으로 프랑스의 국경은 1790년으로 돌아가게 되었다. 1792년의 국경보다 상당한 지역을 상실하게 되었다. 1790년과 1792년에 '국경'이라는 새로운 용어가 나타났고 1919년 베르사유 회의에서 다시 대두된다.

2차 평화조약이 체결되던 날 4국 동맹도 형성되어 프랑스가 다시 타국의 안전을 위협하는 사태에 공동 대응하기로 하였다.

(10) 신성동맹(pp. 52-64)

나는 신성동맹에 관하여 교과서 수준이 아니라 학술 논문의 수준으로 글을 길게 적었다. 이는 나의 학문적인 관심 분야에서 비롯된 것이다. 신성동맹은 매우 러시아적인 문건이다. 이 동맹이 발표될 당시에 러시아는 유럽의 구세주로 추앙받고 있었다. 알렉산드르 황제가 파리에 입성하는 것을 기념하기 위해 프랑스 정부는 센느 강에 아름다운 '새로운 다리'를 건설하였다. 아직도 '새로운 다리'라고 부르고 있다.

그러나 러시아는 긴 역사 속에서 유럽의 천대를 받아 온 행위자였다. 러시아는 유럽에 대한 열등의식을 지녀왔다. 그런 열등의식을 아시아에 대한 우월감으로 보상받아 왔다. 그러면서 러시아는 그들만이 세계 평화를 수호할 수 있다는 구세주Messiah라는 소명을 지녔다고 자부하고 있다.[2] 신성동맹은 이런 러시아적인 정신의 표현이었다.

(11) 유럽협조체제(pp. 65-83)

나폴레옹 전쟁의 법적 종결을 합의한 액스-라-샤펠Aix-la-Chappelle[3] 조약(1818년 11월 15일)의 내용이 제1차, 제2차 대전의 종결과 비교한 내용(p. 72)은 기억해야 한다.

유럽협조체제는 "왕위王位와 제단祭壇"의 단결을 위한 정치질서였다. 따라서 액스-라-샤펠 회의 이후 독일 지역에 자유주의 운동이 일어나기 시작해 유럽 전 지역으로 확산되었다. 오스트리아, 러시아, 프로이센이 이들 자유주의 운동을 탄압하기 시작하였다. 급기야 영국은 유럽협조체제에 반기를 들어 이 체제를 와해시킨다(pp. 73-80). 1848년 2월 혁명이 예고되었다.

1823년 12월 23일 미국의 먼로J. Monroe 대통령이 의회에 제출한 연두교서에서 밝힌 몇 가지 원칙을 먼로주의라고 말한다. 주요 내용은 아메리카 대륙은 유럽 열강의 식민이 될 수 없고 미국은 유럽 열강의 국내문제에는 전혀 관여하지 않겠다는 불간섭 원칙이었다.

먼로가 이런 원칙을 제창하게 된 직접적인 계기는 1821년 9월 알렉산드르 러시아 황제의 칙령이라고 알려져 있다. 칙령의 핵심 내용은 베링해협으로부터 시작해 북위 51도에 이르는 북아메리카 서북연안에서의 상업, 어업, 포경업을 러시아 국민에게만 허용한다는 것이었다.

---

2 김용구(2001), pp. 43-50; 김용구(2018), 서론과 결론 참조.
3 액스-라-샤펠은 Cologne로부터 서남서 방향으로 40마일에 위치한 도시. Cologne는 빈 회의의 결정으로 프로이센에 귀속한 도시. 독일 명칭은 Köln, 프랑스 명칭은 Cologne.

그러나 이 칙령의 내용은 1821년 당시 러시아가 이 지역에서 보유하고 있던 권리를 천명한 것에 불과하다. 러시아는 우랄 산맥을 넘어 동쪽으로 팽창한지 불과 60년이 지난 1639년에 오호츠크Okhotsk해에 도달하였다. 1699년에는 캄차카 영유권을 선언하였고 1728년과 1741년 두 차례에 걸쳐 덴마크 탐험가 베링V. Bering이 러시아의 위탁을 받아 현재의 베링 해협을 탐사하고 1741년에 알라스카를 보유하게 된다. 러시아는 현재의 캐나다 태평양 연안을 따라 여러 도시들을 설립하였다. 이들 도시들 중 현재 시애틀Seattle에서 북쪽으로 932마일에 위치한 시트카Sitka는 뉴 아첸젤New Archangel이라는 명칭으로 1799년에 러시아 귀족 바라노프A. Baranov가 건설한 도시로 러시아–미국 회사의 본부가 있었다.[4]

(12) 제2장 유럽 열강의 세계팽창

① 근대국가(pp. 99-141)

빈 회의 결정 대부분이 국경 '선'line에 관한 조항이었다는 사실은 기억해야 한다. 국제사회의 행위자 사이의 경계가 시대와 장소에 따라 상이한 것은 잘 알려진 사실이다. 몇 가지 예를 들어 본다. 로마 제국의 경계는 로마 군단이 영국, 독일, 아프리카 지역에 주둔한 지역들인 라이미스Limes(복수는 라틴어 리미테스Limites)의 연결선이었다. 제5장에서 언급하는 바와 같이 나는 만국공법 문제에 관해 영국 더럼Durham 대학에서 개최된 1984년 4월 유럽 한국 연구 학회(Association of Korean Studies in Europe,

---

4　Rossiisko-Amerikakanskaya Kompaniia(러시아–미국 회사). 1799년 Pavel 1세의 칙령으로 설립된 특허회사로 러시아의 북미 대륙 진출을 주관하고 주로 모피 교역을 담당한 회사로 주주들은 러시아의 귀족들이었다. 1867년 알라스카를 미국에 매도하면서 북미대륙 진출은 쇠퇴의 길에 접어들어 러시아–미국 회사도 1881년에 해체되었다. 김용구(2018), 제1장 참조.

AKSE)의 제8차 학술대회에 참석한 바 있었다. 당시 4월 15일, 더럼에서 버스로 2시간 정도 북쪽에 위치한 로마 군단의 주둔지인 해드리안 장벽 Hadrian's Walls을 방문한 일이 있다. 그 규모가 실로 장엄하였다.

중세시대에는 이미 지적한 바와 같이 신성로마제국의 구성국 중에는 교회는 법왕청이, 행정은 다른 군주들이 관할하는 이중주권 Doppelsouverinität의 현상이 상존하였다. 빈 회의 도중에도 독일연방 구성 문제와 관련해 남부 독일 국가들이 주권sovereignty을 주장하자 메테르니히는 주권은 외래어이며 독일연방의 구성원리는 독일적 개념인 '통치권Landeshoheit'이라고 반박한 바 있다. 그러나 빈 회의 이후 벨기에 독립으로부터 시작된 근대국가의 등장은 주권국가의 출발이었다. 민족주의와 결부되어 단일의 정치집단을 구성한 사실 중 유럽질서를 획기적으로 변혁시킨 것은 이탈리아와 독일의 통일이었다.

그러나 유럽 세계에서 근대국가 형식이 완성된 것은 그들만의 일이 아니다. 유럽이 세계로 팽창하면서 이런 정치적 형식을 전파하고 강요하였기 때문이다. 이런 전파에는 국경의 선線 개념도 포함되어 동북아 국제정치질서에 일대 개편을 가져오게 된다. 중국이 이런 선 개념에 입각해 그에 인접한 불확실한 공간에 적용하려는 정책은 이리분쟁을 해결한 쩡지쩌曾紀澤의 상주문을 1880년 7월 21일 황제가 재가하면서 시행되었다.[5]

---

5 자세한 것은 김용구(2004), pp. 14-15.

(13) 비스마르크의 동맹체제(pp. 143-168)

① 정치인들의 치기稚氣와 아희兒戱

19세기에는 기라성 같은 인물들이 있으나 그 중에서도 나폴레옹, 비스마르크, 레닌의 세 인물에 관해서는 그 행적을 기억해야 할 것이다.

비스마르크의 외교정책은 프랑스의 복수를 방지하는 데 집중하였다. 알자스-로렌의 병합, 그리고 1871년 1월 18일 베르사유 궁 2층 그 화려한 '거울의 방Salle de Miroir'에서 빌헬름Wilhelm 1세가 독일 황제 즉위식을 가진 것은 프랑스 국민에게는 참을 수 없는 모욕이었다. 내가 대학생시절 읽었던 알퐁스 도데Alphonse Daudet의 「마지막 수업 La Dernière Classe」의 충격이 아직도 생생하다.

역사에서 큰 종적을 남긴 정치인들의 치기로 인한 희극은 계속되었다. 1918년 11월 11일 오전 11시 독일은 프랑스 북부 콩피에뉴Compiègne 근처 산림의 한 열차 칸에서 제1차 세계대전을 마무리하는 휴전조약에 서명하였다. 그리고 1919년 6월 28일 독일은 베르사유 궁 그 '거울의 방'에서 치욕의 평화조약 서명을 강요당하였다.

제2차 세계대전에서 히틀러A. Hitler는 다시 프랑스에 보복하였다. 1940년 6월 22일 히틀러는 1918년 독일이 서명을 강요당한 그 열차를 보관하고 있던 프랑스 박물관 벽을 허물고 그 열차를 다시 콩피에뉴 산림으로 끌고 가 1918년 휴전조약을 체결한 바로 그 자리에서 프랑스에게 휴전조약 서명을 강요하였다.

② 비스마르크 동맹체제

기본 골격은 독일과 오스트리아 양국 동맹(1879년 10월 7일, pp. 148-150), 독일, 오스트리아, 러시아의 3제帝 협상(1881년 6월 18일, pp. 150-153), 독일,

오스트리아, 이탈리아의 3국 동맹(1882년 5월 22일, pp. 153-158)이었다.

그러나 이 동맹체제의 영향은 유럽 대륙에만 머물지 않았다. 독일은 프랑스의 관심을 해외 식민지 개척에 돌리려고 했다. 프랑스의 인도네시아 병합과 베트남 진출의 터전이 마련되었다. 이로써 프랑스는 중국과 충돌하게 되었고 이는 다시 한반도 정치에 영향을 미치게 되었다. 영국과 러시아도 유럽 이외 지역에 팽창하게 되었다. 영국의 이집트 병합으로 동양 진출의 터전이 마련되었고 러시아는 만주로 팽창하여 한반도로 진출하게 된 것은 기억해야 한다.

(14) 새로운 동맹들의 형성(pp. 169-189)

① 1890년

외교사 연구자들은 1890년을 전후해 시기구분을 하고 있다. 1890년 이후로 '유럽'외교사 시대는 종료되고 진정한 의미의 '세계'외교사 시대가 시작된다고 볼 수 있다. 세계 어느 지역의 문제도 그 지역적인 성격을 넘어서 전 세계적인 의미를 지니게 되었다. 유럽의 정치가 모든 지역에 확산되어 세계는 강대국들의 국제정치 '틀'에 들어가게 되었다.

따라서 재상 비스마르크가 빌헬름 황제와 의견 대립이 없었더라도 비스마르크 체제는 더 이상 존속할 수 없는 역사적 시점에 도달하였다. 이제 세계외교사의 유럽시대는 끝났기 때문이다. 1890년에 접어들면서 '현대적'인 특징이 나타나기 시작하였다. 동맹들이 새로 형성되어 제1차 대전을 향해 박차를 가하기 시작한 것도 1890년부터이다. 그리고 이렇게 형성된 세력들이 투쟁적인 집단 심리와 결부되어 서로 적대하게 되고 동맹들은 더욱 경직되기 시작하였다. 다시 형성된 세력들의 가장 두드러진 특징은 영국과 러시아의 대립에서 영국과 독일의 대립으로 바뀌었다는 점이다. 영국의 우월한 세계정치 지위에 독일이 도전해 제1차 세계대전의 발발이 예고되기 시작하였다.

이런 역사적 성격을 이해하려면 먼저 비스마르크의 후임자들이 국제정치 문제에 있어서는 문외한들이었다는 점을 인식해야 한다. 그들은 먼저 러시아와의 연결을 단절하였다. 이에 러시아로서는 프랑스나 영국으로 가는 길밖에는 없게 되었다. 그리고 식민지 문제로 프랑스는 다시 영국과 연결되었다. 이런 모든 일은 비스마르크의 후임자들이 결코 나타날 수 없는 현실이라고 가정했던 일들이었다. 그들은 '세계정책'을 전개하면서 영국과 손을 잡을 수 있다는 환상을 갖고 있었다. 그런 환상을 제1차 세계대전 발발 며칠 전까지도 그들은 버리지 못하고 있었던 것은 실로 놀라운 일이다.

(15) 세계분할의 완료(pp. 191-226)

1890년대부터 유럽 정치가 온 세계에 확산되었다. 유럽의 문제가 유럽 대륙 차원에서 해결할 수 없게 되었다. 유럽 시대는 끝났고 비유럽의 문제들을 해결하지 않고는 유럽의 정치가 안정될 수 없는 역사적 단계에 접어들었다.

이런 과정에서 근대국가는 자기모순의 단계에 접어들게 된다. 근대국가 형식은 15세기 서유럽 사회에서 나타나기 시작했으나 정치 집단의 원형으로 인식되어 전 세계로 확산되기 시작한 것은 1848년 2월 혁명 이후의 일이다. 이런 원형이 변형 단계에 접어들었다는 것이다.

근대국가는 식민지 국가, 경제국가, 그리고 군사국가라는 특징을 지니고 있다. 식민지 국가로서의 근대국가 완성이 유럽 열강의 세계 팽창의 완료이다. 경제국가로서 근대국가의 발전과정은 좀 더 복잡한 문제를 잉태하고 있다. 자본은 그 성격상 국경을 알지 못한다. 단지 이윤에 따라 움직일 뿐이다. 자본의 무국경성은 밖으로는 제국주의적인 팽창을 낳았고 안으로는 계급의 갈등을 초래하였다. 계급 또한 무국경성을 지녀서 모체인 근대국가에 대항하게 된다. 공산주의 운동이 대두하게 된 것이다.

군사국가로서 근대국가의 발전은 군부세력의 등장과 강화를 낳았다. 이런 현상은 19세기 중엽부터 나타나기 시작했으나 1890년대부터는 정치세력을 압도하는 현상이 일어나는 경우도 있었다. 또 군사기술의 발달로 한 나라의 안보를 그 나라 자체만의 능력으로는 지킬 수 없는 단계에 접어들었다. 전쟁 위험을 목전에 둔 일시적인 군사 동맹이 아니라 군사 안보 일반을 염두에 둔 일반적인 군사 동맹의 필요성이 대두되었다.

이제 세계의 온 지표는 하나가 되었다. 그러나 단순한 의미의 하나가 아니라 유럽 열강에 의한 분할의 결과로 하나가 되었다는 데 문제의 심각성이 있다. 아편전쟁으로 시작된 유럽 열강의 동북아 진출은, 1894년 중일전쟁과 1904년 러일전쟁으로 그 분할이 완료된다. 세계 모든 지역에 진출했던 유럽 열강들은 다시 그들의 유럽 대륙으로 돌아가 분쟁을 계속한다.

1882년 영국의 이집트 병합으로 유럽의 아프리카 분할이 본격적으로 시작되었고 1902년 보어Boer 전쟁의 종식으로 이 지역의 잠식도 끝난다. 그러자 분할의 먹이를 찾아 유럽 열강은 다시 지중해와 발칸으로 돌아간다. 이제 폭력장치의 도화선이 유럽 대륙으로 다시 회귀하였다.

(16) 이슬람과 세계외교사

① 동방과 유럽(pp. 235-244)

15세기 중엽 이슬람의 오토만 제국이 비잔티움을 멸망시키고 유럽 본토로 진격하면서 기독교와 이슬람은 투쟁을 계속한다.[6] 오토만 제국과 그 지배에 들어간 유럽 지역문제를 '동방문제'라고 부른다. 유럽 외교사의 향방은 이슬람과의 투쟁을 염두에 두지 않고서는 이해할 수 없다. 이 점을 특히 강조한 사람은 벨기에의 저명한 중세사 연구자 피렌느 H. Pirenne(1862~1935)로 이를 '피렌느 명제'라고도 부른다.

유럽외교사가 세계적인 성격을 띠기 시작한 것은 16세기 이슬람과의 만남에서 시작되었고 17세기에는 슬라브와 조우했으며, 19세기에는 유교권과의 충돌로 이어졌다.

② 크림전쟁(pp. 245-267)

1853~1856년 영국, 프랑스, 사르디니아, 터키의 연합군이 러시아를 침공한 사건은 유럽 문명권과 슬라브 문명권의 투쟁을 웅변적으로 나타내는 무력 충돌이었다. 표트르 대제가 17세기 초 서유럽을 방문한 이후 러시아의 근대화에 박차를 가하였으나 유럽세계의 안목으로는 한갓 야만의 나라에 불과하였다.

나폴레옹을 타파한 것은 영국의 돈줄과 함께 러시아의 기병들이었다. 러시아 황제는 유럽을 구원한 구세주로 추앙되었다. 서유럽 세계에게는

---

6 "아시아는 빈Wien의 중심가Landstrasse에서 시작한다."라는 메테르니히의 경구警句가 자주 인용된다. 그러나 메테르니히의 이 말은 유럽과 아시아의 경계를 의미하는 것이 아니고 이 거리에 동방으로부터 온 이주민이 많다는 의미라고 해석하는 견해가 있다. Wintle(2009), p. 40, note 33.

이런 일은 하나의 모욕이었다. 그러면서도 러시아에 대한 공포가 서유럽에 자리 잡게 되었다. 이런 공포 의식은 1991년 구소련의 해체 시기까지 지속된다. 크림 전쟁은 러시아에 대한 예방전쟁의 성격을 지니고 있는 슬라브 봉쇄containment 정책의 무력적인 표현이다. 크림 전쟁을 '승려들의 전쟁,' '가장 불필요했던 전쟁'으로 묘사하는 것은 서유럽 세계의 이런 침략적인 의도를 은폐하는 견해에 불과하다.

아무런 이유도 없이 조국이 외국 군대에 유린당하는 것은 러시아 지식인으로서는 참을 수 없는 일이었다. 다닐렙스키N. Ya. Danilevsky(1822~1885)의 『러시아와 유럽』(초판 1871년, 6판 1995년)은 유럽 세계가 왜 슬라브 공동체를 공격하고 핍박하는지 비교문명권의 입장에서 설명한 울분의 저서이다. 이 책은 구소련 붕괴 이후 현재 러시아 사람들의 정신적 위안이 되고 있다.

③ 러시아·터키 전쟁(pp. 269-279)

러시아는 크림 전쟁에서 패배하여 흑해에서 해협을 거쳐 지중해로 나아가는 길이 차단되었다. 그러나 1871년 드디어 이 조항이 폐지되자 러시아는 다시 발칸으로 진출할 수 있는 국제정치적 터전이 마련되어 터키와의 대립이 재현되었다.

19세기에 이런 충돌은 크게 세 번에 걸쳐 전면적인 무력 투쟁으로 확산되었다. 나폴레옹 전쟁 시기인 1812년 전쟁, 1853-1856년 크림 전쟁, 그리고 1877-1878년 러시아·터키 전쟁이 그것이다.

19세기 러시아는 동방문제에 관해서는 그 어느 나라보다 특별한 관계에 있었다. 발칸 반도의 인구와 종교는 슬라브민족과 희랍 정교가 대종을 이루었고 러시아는 이들의 후원자였다. 이 한 가지 사실만으로도 러시아와 터키의 관계가 언제나 긴장 관계에 있었음을 알 수 있다.

역사 교과서에서는 대부분 유럽 세계와 이슬람 세계의 대립에 관해서만 서술하고 있다. 그러나 슬라브와 이슬람의 충돌도 세계외교사 흐름에 결정적인 영향을 미쳐왔다. 다만 그것이 서유럽 세계의 존폐에 관계하기보다는 조종操縱의 대상으로 여겨져 지엽적인 문제로 취급되었을 뿐이다.

(17) 유교권과 세계외교사

① 유교권 질서의 붕괴(pp. 285-314)

유럽 문명권에 의해 파괴되기 이전 동북아 지역에는 독특한 국제정치 질서가 존재하였다. 이런 질서를 사대事大 질서, 예禮 질서, 또는 중국적 세계 질서라고 부른다.[7]

19세기에 들어서면서 유럽 세계에 의한 동북아 세계의 파괴는 아편, 성경, 그리고 대포의 삼위일체로 이루어진다. 한 손에는 성경, 다른 손에는 아편을 들고 선교한 귀츨라프K. Gutzlaff와, 군함과 기만으로 제2차 아편전쟁을 조작한 팍스H. Parkes에서 우리들은 유럽 문명권의 몰윤리성沒

---

7 사대라는 용어는 『맹자』에 이미 나온다. "큰 나라로서 작은 나라를 섬기는 것은 하늘의 뜻을 즐기는 것이고 작은 나라로서 큰 나라를 섬기는 것은 하늘의 뜻을 두려워하는 것이다. 하늘을 즐기는 사람은 천하를 편안하게 하고 하늘을 두려워하는 사람은 자기 나라를 편안하게 한다." 또 『춘추좌전』에도 사대자소事大字小를 이렇게 말하고 있다. "큰 것이 작은 것을 어여삐 여기지 않는다면 작은 것은 큰 것을 섬기지 않는다." 이런 사대자소는 주周-제후諸侯-이적夷狄으로 이어지는 예禮 질서의 기본원칙이었다. 이같은 고대 중국의 예 명분은 이민족의 중국 지배 시대에는 큰 혼란에 빠졌었는데 주원장이 명을 개국하면서 이를 다시 자세하게 법제화시킨다. 그는 "이적이 중국을 받드는 것은 예의 상경常經이며 작은 것이 큰 것을 섬기는 것은 옛날이나 지금이나 같은 것"이라고 강조하였다. 이런 명분은 『명회전明會典』(1509, 1587)과 『청회전淸會典』(1690, 1732, 1764, 1818, 1899)에 자세하게 규정되었다. 근대 유럽 국제사회의 명분이 그 구성원의 의사意思인 조약과 관습인데 반하여 동북아 질서의 명분이 중국의 국내법인 회전들에 의해 규율된다는 점이 유럽 문명권과 유교 문명권 사이의 근본적인 차이점이다.

倫理性을 목격한다.

19세기의 역사적 특징은 이런 삼위일체로 무장한 유럽 세계가 폭력으로 온 지표로 팽창하였다는 점에 있다. 폭력이란 단순한 물리적인 힘만을 의미하는 것은 아니다. 폭력은 자기의 사고방식과 이익을 최고의 것으로 간주해 다른 사람의 그것을 반드시 자기에게 종속시키려는 정신 구조를 말한다.

이제 동북아 세계에 존속되어 온 독특한 질서는 파괴되기 시작한다. 반식민지에서 식민지로 전락하는 과정을 살피는 일은 곧 오늘의 문제이기도 하다.

② 일본의 개국(pp. 315-328)

1402년 일본의 쇼군將軍이 명明으로부터 일본의 국왕으로 책봉되어 일본은 사대질서의 구성원이 되었다. 그리고 조선과는 교린 질서로 연결되었다. 그러나 1644년 청조淸朝가 들어서면서 일본은 사대질서 밖에 존재하게 된다. 그러면서도 조선과는 교린 질서를 계속 유지하였다.

일본은 이와같이 유교권 밖에 있게 되어 근대적인 의미의 국교 관계, 즉 당시 일본의 용어로 통신通信의 대상은 조선이었고 경제적인 관계, 즉 통상通商의 대상은 나가사키의 중국 상인들과 그곳의 데지마出島를 통한 네덜란드 인이었다.

이런 국제정치적인 여건 때문에 개국과 쇄국이라는 독특한 일본식 용어가 등장하게 된다. 여기에 'opening'이라는 서양의 우월의식을 함축한 단어가 혼용되어 무의식적으로 이들 용어들이 우리 국내 학계에서도 사용되고 있다. 일본의 개국은 막부의 종말을 가져오고 명치유신으로 이어진다. 그리고 이런 국내 정치 개혁은 대외 침략과 결부된 독특한 국가 형태를 가져오게 된다:

③ 중일전쟁(pp. 329-357)

영국은 러시아에 대한 견제세력으로 중국보다는 일본을 지목하게 되었다. 1891년 착공을 시작한 시베리아 횡단철도의 부설로 러시아의 위험은 이제 정치선전의 차원을 넘어 영국에는 현실적인 정치적 위협의 단계에 접어들었다. 일본이 서유럽 세계의 대리전쟁을 자청했다고 비난받는 이유가 여기에 있다. 러시아가 3국 간섭을 주도한 이유도 여기에 있다. 3국 간섭으로 일본은 수입된 군사국가의 형식이 아직도 완성되지 못한 것을 자각하고 군비증강에 몰두해 러일전쟁의 길로 나아간다.

중일전쟁으로 중국 대륙은 사분오열되었다. 세계정책을 표방한 독일도 중국 잠식에 동참하여 유럽 세계의 폭력정치가 이곳에서 재현되었다.

조선에는 불행한 국제정치 여건이 형성되었다. 중일전쟁 이후 국내에서는 개혁의 노력들이 있었으나 이제 이런 국제정치의 틀을 변경하기에는 역부족이었다.[8]

④ 러일전쟁(pp. 359-383)

1853~1856년 크림 전쟁이 유럽에서 러시아를 봉쇄하기 위한 전쟁이었다면, 1904~1905년 러일전쟁은 동북아 세계에서 러시아를 봉쇄하고 저지하기 위한 전쟁이었다.

중일전쟁 이후 일본은 안으로는 군사국가의 완성을 도모하고 밖으로는 국제사회의 권력정치 틀에 완전히 편입되었다. 이런 편입은 중일전쟁의 승리로 가능하였다. 일본은 러시아를 견제해야 할 국제정치의 총아로 등장하였다. 1902년 영일동맹이 이를 잘 말해주고 있다.

러일전쟁은 러시아에 돌이킬 수 없는 충격을 주었다. 이는 동북아로

---

8   중일전쟁에 관한 러시아의 인식은 김용구(2018). 제6장 참조.

진출할 길이 막혀 중앙아시아나 발칸으로 나아갈 수밖에 없는 외교정책의 진로 문제에 국한된 것이 아니었다. 세계를 움직여 온 강대국 러시아가 일개 섬나라 일본에게 패배했다는 정신적인 절망감이 충격을 주었다. 강대국 의식의 상실과 로마노프 왕조에 대한 실망은 곧 러시아 혁명으로 이어졌다. 이때부터 러시아 사람들에게는 일본이라는 문제가 뿌리깊이 자리 잡게 되었다. 일본에 뒤지면 안 된다는 강박관념이 형성된 것이다. 1985년 글라스노스트glasnost는 이런 강박관념의 발로이기도 하다.

이와는 반대로 일본은 국제정치 현실보다 너무나 과장된 정신구조가 형성되었다. 강대국 러시아를 타파하여 이제 영국이나 미국과 비견될 수 있는 세계강국으로 등장했다는 의식이 만연하였다. 만주와 중국 대륙 진출은 이런 의식의 발로였다. 그러나 이런 진출은 국제정치 총아에게 주어진 임무를 훨씬 초월한 것이었다. 일본은 러시아를 견제하는 것에 그쳐야지 그 이상의 행동은 금기사항이었다. 그런데도 일본이 대륙 진출을 할 수 있었던 것은 제1차 세계대전이 있었기 때문이다. 이 전쟁은 일본에게는 '하늘이 준' 기회였다.[9]

(18) 조선과 세계외교사(1)

① 약탈제국주의와 조선(pp. 395-412)

1866년 프랑스의 조선 침략은 프랑스 신부들의 문제로부터 시작되었다. 가톨릭교를 전파해야 한다는 신념과 명분의 프랑스적인 정신구조의 발로였다.

9　러일전쟁 당시 러시아의 한반도 인식에 관해서는 ibid, 제7장 참조.

이 침략을 바라다보는 서양 열강의 태도는 서로 달랐다. 중국으로서는 사대질서의 파괴이기에 묵과할 수 없는 일이었다. 프랑스와는 결국 외교단절에 이르게 된다. 1859년부터 연해주를 획득한 러시아도 무관할 수는 없었으나 그들은 후진적인 경제 발전 때문에 '기다리는 정책'을 고수하였다. 영국은 중국 진출에 혈안이 되어 러시아가 한반도에 진출하지 않는 한 현상유지 정책을 고수하였다. 일본은 교린 질서의 같은 행위자이면서도 이 기회를 이용해 한반도에 우월적인 지위를 인정받으려는 그들 특유의 태도를 나타냈다. 프랑스 침략에 무임승차해 조선 진출에 앞장 선 나라는 의외로 미국이었다.

한국과 미국의 만남은 해적행위로부터 시작되었다. 해적선 제너럴-셔먼호의 조난에 대해 미국 국무성과 해군성은 서로 나름대로의 대응책을 마련한다. 국무성은 이 사건을 빌미로 조선과 조약을 체결코자 하였다. 그리고 필요한 경우 힘을 사용해야 한다는 노선을 택하고 해군성은 처음부터 군사적인 응징을 구상하였다. 거문도를 점령해야 한다는 건의도 나오게 된다. 군사요충지로서 거문도 문제가 처음으로 열강의 외교문서에 나타나기 시작한 것이다. 이제 조선은 약탈 제국주의자들의 소용돌이 속에서 헤어나지 못하게 되었다.

한반도는 또 깡패들의 약탈 대상이 되기도 하였다. 이른바 오페르트 사건이 그것인데 이런 불량배들의 행각에 미국 정부의 관리가 관계된 것은 미국 역사의 한 오점이기도 하다. 국가의 공권력으로 제너럴-셔먼호의 소실을 응징한다고 침략을 자행한 것도 약탈 제국주의의 전형적인 예였다.

1871년 6월 10일부터 시작된 미 해군의 '48시간의 전투'의 결과로 사살된 조선인은 350명 전후에 이르렀다. 이 전투는 "19세기 동안 미국이 동양국가에 대한 군사작전 중 가장 큰 규모"였으며 조선인의 죽음은

1899년 필리핀 반란사건 이전에 미국인이 동양인을 살육한 행위 중 가장 많은 숫자였다. 이 전투에 참가한 대부분의 미국 장병들은 남북전쟁의 경험을 갖고 있었으나 그때에는 그들이 총질의 맛을 알기에는 너무나 어렸다. 이제 강화도에서 그들은 총질의 기회를 찾으려고 혈안이 되었으며 많은 조선인들은 마치 '토끼들처럼 사살'되었다. 이런 살육행위를 당시 뉴욕 헤럴드 지는 "이교도와 치른 우리의 조그만 전쟁'이라고 미화하였다.

② 교린 질서와 조선(pp. 413-442)

1392년 조선 왕조가 개국된 이후 1868년 일본의 명치유신에 이르기까지 근 5백 년 동안 두 나라 관계는 교린交隣이라는 특이한 질서로 규율되었다. 이 질서는 그 주체와 객체의 성격이 특이하였다. 조선은 통일된 하나의 주체인데 반하여 조선과 교섭하는 일본의 주체들은 여럿이 있었다. 그리고 객체도 특이하였다. 조선과 막부 사이의 관계는 정치적이고 문화적인 사항을 관할하였으며 명분상 평등한 국가 관계라고 서로 인식하였다. 그에 반해 조선과 쓰시마對馬島, 규슈九州 토호土豪들의 관계는 주로 통상과 경제 문제를 다루었다. 17세기말부터 쓰시마를 거쳐 조선에 유입된 일본 은銀의 수출량이 나가사키長崎의 은 수출 총량을 능가한 사실 하나만 보더라도 조선과 쓰시마 무역의 중요성을 알 수 있다. 조선에 유입된 은은 다시 조선의 중국 무역의 결제 수단으로 사용되었다. 동서양 무역을 연결하는 중앙아시아의 육로를 '실크 로드'라고 한다면 일본-쓰시마-부산-서울-의주-베이징의 연결은 '실버 로드'라고 부를 수 있다.

1876년 조선과 일본의 수호조약은 동북아 질서를 변경시킨 큰 사건이었다. 이런 사건에 임하는 열강의 태도가 무엇이었는지를 따지는 일은 매우 중요하다. 여기에 그들의 조선관朝鮮觀이 분명히 나타나고 있기 때문이다. 중국은 조선이 외번外藩의 지위를 지속하면서 변화된 현실에 어떻게 적응될 수 있는가를 모색하였다. 영국은 가상 적국 러시아를 염두에 두고 이 기회를 어떻게 이용할 수 있느냐에 고심하였다. 거문도 점령문제가 이때부터 대두되었다. 영국 외무성이 점령을 반대한 것은 점령 자체보다는 그 시기 문제였다. 러시아는 그 후진적인 발전단계의 수준으로 보아 '기다리는 정책'을 고수하지 않을 수 없었다. 미국은 아직 1871년 조선 침략의 악몽에서 깨어나지 못하고 있었다.

③ 조선의 새로운 외교정책(pp. 443-456)

교린 질서가 와해되자 조선은 새로운 국제 환경에 어떻게 대응할지 고민하지 않을 수 없었다. 먼저 수신사 김기수의 파견과 관련해 시련의 시기를 맞게 된다. 김기수의 일본 시찰은 한국외교사에서 획기적인 사건이었다. 사대질서 밖의 세계를 직접 관찰할 수 있는 기회였다. 그는 1811년 쓰시마에서 있었던 역지빙례易地聘禮 이후 처음 일본에 파견된 수신사였다. 그러나 김기수가 이런 막중한 역사적 임무를 수행하기에는 적절한 인물이 아니었다는 것이 하나의 불행이었다.

1880년 김홍집의 일본 시찰은 성격이 매우 달랐다. 조선 조정은 김홍집을 통해 새로운 세계 인식을 지니게 되었다. 1880년 9월 6일 황쭌쎈黃遵憲이 도쿄 아사쿠사 혼간지本願寺로 가서 김홍집을 예방하고 자신이 쓴 『조선책략』을 전달하였다. 이 소책자가 그 후 조선 정가에 돌풍을 일으키게 되었는데, 문건이 담고 있는 새로운 외교정책의 명분으로 보아 그럴만한 것이었다. 문건의 핵심적인 내용은 몇 가지로 요약될 수 있다. 첫째로 러시아의 위험을 예방해야 된다는 소위 방아론防俄論이 주류를 이루고 있다. 동북아 지역의 정세로 보아 중국, 조선, 일본은 러시아의 남하에 공동 대처해야 한다는 것이었다. 이는 세계정치질서에서 본다면 동양 3국이 영국의 영향권에 결과적으로 속하게 되는 논리이다. 다음으로 조선이 장차 택할 새로운 외교노선은 중국의 지휘를 받아야 한다는 것이다. 이런 발상은 내치는 자주自主한다는 사대질서의 관념과는 매우 다른 것이다. 임오군란 이후 현실로 나타난 적극적인 속방론屬邦論의 징조가 이미 이때에 나타난다. 새로운 일본관의 대두, 그리고 미국과 조약을 체결할 것을 강조하였던 점도 획기적인 내용이다.

김홍집의 귀국을 계기로 조선 조정은 새로운 외교정책을 수립하게 된다. 제대신헌의諸大臣獻議와 1880년 10월 11일 회의가 변화의 분수령을 이루었다. 그러나 고종을 위시한 개혁세력들은 회의 전에 이미 새로운 방향을 결정하고 밀사들을 도쿄에 파견하였다. 이와 더불어 리훙장-슈펠트 회담에 조선의 의견을 전달할 사절을 중국에 직접 파견하였다. 오늘날의 표현을 빌리면 조선-중국-미국의 분리된 3자회담이었다. 리훙장-슈펠트 회담에서 조선-미국 조약이 논의될 수 있었던 것은 조선이 이미 새로운 외교정책을 수립하였고 중국-미국 회담 개최에 동의하였기 때문이다. 이와 같은 역사적 시점에 국제정치 문제 해결을 위한 조선의 역할은 재평가해야 한다.

④ 조선과 미국의 수호조약(pp. 457-471)

1876년 조일수호조규의 체결로 일본이 한반도에 진출하자 중국은 고민에 빠지게 되었다. 조선의 안위는 동삼성東三省, 즉 만주의 그것에 직결되었다. '입술이 없으면 이가 시리다'脣亡齒寒는 것은 중국이 갖고 있었던 조선 인식의 핵심적인 내용이다.

중국은 조선을 보존할 수 있는 길은 조선으로 하여금 서양 열강과 조약관계를 수립하게 하는 것이라고 생각하고 있었다. 그러나 단순히 여기에 머문 것이 아니었다. 조선은 서양 열강과는 평등한 조약관계를 맺지만, 다른 한편으로 조중관계에서는 조선을 국제법 질서에서 말하는 '속국'으로 만들어 버리자는 정책적인 목적이 그 안에 숨겨져 있었다. 사대질서를 국제법 논리로 합법화하자는 것이었다. 이것은 곧 사대질서의 자기모순 과정이라고 볼 수 있다. 이때부터 조선은 이른바 양절체제兩截體制가 안고 있는 깊은 고민의 세계로 빠지게 된다.

한편 미국은 한반도 문제에 무관심하였기에 서양 열강 중 최초로 조선과 수호조약을 체결하게 되었다. 이것은 매우 역설적이고 이율배반적인 역사적 현실이다. 미국 정부가 조선과 조약을 체결하도록 결정한 것은 슈펠트와 그를 지원하는 소수 정치인들의 주장에 의한 것이었다. 슈펠트는 아시아 함대 사령관이 되어야 해군 소장으로 승진할 수 있었다. 그러기 위해서는 페리가 일본을 개국시켰듯이 조선과 수호조약을 체결하는 공로가 있어야만 했다.

미국 정부는 1882년 당시 한반도에 다른 열강보다 절실한 이해관계를 가질 아무런 이유도 없었다. 따라서 슈펠트는 자신의 영달을 위해 수입관세를 10%로 정하고 조약 내용에 아편을 금지하는 규정을 삽입하는 것에 쉽게 동의할 수 있었다. 미국 정부는 난파선 문제를 타결하면 만족할 형편이었다. 조선과 조약을 체결하고는 곧 조선에 대한 무관심 정책으로 선회한다. 이런 태도는 1905년까지 지속된다.

⑤ 조선과 서양 열강의 수호조약(pp. 473-489)

한반도에 대한 영국의 기본적인 관심사는 러시아에 대한 견제지역으로서, 그리고 영국 상품의 수출지역으로서 가치가 있는가 하는 데 있었다. 이에 최혜국 대우 조항 하나만이라도 규정된 조약을 체결하여 놓고 다른 열강들이 획득할 이익을 균점均霑하자는 잠정적인 정책을 택하게 된다.

독일은 조선과 체결할 조약 문제는 영국의 뒤를 따르고 있었기 때문에 여기에서 함께 검토한다.

러시아는 경제적인 후진성으로 인하여 한반도를 열강에 개방하기보다는 현상을 그대로 유지하는 것이 유리하다는 정책을 고수하려 하였다. 어떤 면에서는 유일한 사대질서의 옹호론자였다.

프랑스도 특수한 입장을 취하였다. 가톨릭 포교의 자유를 끝까지 주장하였고 그 요구를 변형된 형태로나마 이루게 된다.

(19) 조선과 세계외교사(2)

① 임오군란(pp. 501~511)[10]

임오군란은 조선 정치사에서 하나의 분수령을 이루는 혁명적인 사건이다. 이질 문명권들과 평화적으로 만나려는 조선 조정의 노력은 1880년을 전후해 나타난 중국의 새로운 조선 정책으로 좌절된다. 중국은 러시아와 이리伊犁 분쟁을 겪으면서 새로운 변경 정책을 채택한다. 대원군 압송이나 중국 군대의 조선 주둔은 이런 정책이 한반도에서 실행된 결과로 나타난 현상이었다. 1882년 10월 1일에는 조선의 중국 종속을 명문화한 상민수륙무역장정商民水陸貿易章程이 체결되었다.

임오군란 이후 한반도에서 강력한 세력으로 등장한 중국을 만난 일본 정부는 조선 정책을 어떻게 수립할까를 두고 고민하게 되었다. 그 결과 나타난 것이 이른바 조선 독립국론, 또는 조선 중립론이었다. 중국과 대결할 수 없는 정치 현실에서 비밀리에 조선을 원조해 조선을 중국 영향

---

10 임오군란과 갑신정변에 관해서는 김용구(2004)를 참조.

권에서 이탈시킨다는 구상이었다. 이런 정책은 갑신정변 직전까지 일본 정부가 추구하는 노선이 된다.

영국은 임오군란을 계기로 1860년대 이후 견지해 온 중국과의 협조 정책을 다시 생각하게 되었다. 중국이 한반도에 배타적인 지위를 가지려는 것이 도화선이 되었고 영국도 이에 버금가는 이권을 획득하려고 하였다.

러시아는 경제적인 후진성으로 인해 1880년대 중반까지는 한반도에 적극적인 관심을 가질 수 없었고 전통적인 '기다리는 정책'을 고수하였다.

미국은 조선과 수호 조약을 체결한 이후 한반도 문제에 대한 관심이 급격히 냉각된다. 1905년까지 5인의 대통령과 10인의 국무장관들은 한반도 문제에 관해서는 모두 문외한들이었다. 조선에서 발송한 중요한 외교 문서들이 '잘못 분류'되기도 하였다. 그러나 조선 조정은 미국에 대한 희망을 버리지 못하였다. 워싱턴 당국의 정책과 서울에 주재한 미국 외교관들의 개인적인 태도, 두 가지를 구별하지 못했기 때문이다. 미국에 대한 짝사랑이 시작된 것이다.

② 갑신정변(pp. 513-535)

갑신정변에 관해서는 국내외 학계에서 가장 많은 연구들이 축적돼 있다. 그런데 이 사건은 중국의 새로운 한반도 정책과 월남 문제와 같은 국제정치 문제와 밀접하게 관련돼 있다는 점에 유념해야 한다.

조선 개화파 인사들은 1884년 3월~5월경부터 최후 수단인 쿠데타의 방법을 강구하게 된다. 이런 시점에 프랑스와 일본의 재야인사들 사이에 접촉이 시작된 것을 계기로 일본 정부는 조선에 대해 적극 정책으로 급선회한다. 갑신정변이 12월 4일이란 특정한 시점에 발발하게 된 배경이다.

중국의 갑신정변 사후처리에 임하는 태도에는 이율배반적인 성격이 있었다. 강경론을 주장하는 일부 의견을 배척하고 일본과 평화적으로 사태를 해결하려는 정책을 고수하였다.

영국은 갑신정변을 계기로 프랑스와 일본이 접근하는 것을 저지하는 데 주력하였다. 프랑스가 한반도에 영향력을 강화하는 것을 묵과할 수 없었기 때문이다.

영국은 무엇보다 러시아 남하에 신경을 쓰게 되었다. 전 세계적인 규모에서 두 나라는 대치하고 있었기 때문이다. 거문도 사건이 다가오고 있었다. 러시아는 전통적인 '기다리는 정책'을 고수하려고 하였다. 그러나 조선으로부터 러시아의 적극적인 행동을 요구하는 외교적인 신호들이 그치질 않았다. 한반도 문제에 러시아 세력이 본격적으로 등장하게 된다.

프랑스는 갑신정변이 발발하자 일본이 중국에 대해 적대적인 정책을 취하게 될 것이라고 전망해 일본과의 동맹 체결에 박차를 가한다. 그러나 일본은 서양 열강들의 권력정치 틀에 편입되는 것을 회피하지 않을 수 없었다.

미국은 갑신정변 이후에도 한반도 무관심 정책을 계속하고 푸트 공사는 끝내 조선을 영구히 떠나버린다.

텐진 회담은 변형된 사대 질서의 개념과 국제법 질서의 주장 사이의 충돌이었다. 일본은 한반도 문제에 있어서 중국과 동등한 권리를 획득하는 데 성공하였다. 중국은 임오군란 이후의 경우와 같이 변형된 사대 질서의 유지를 지속시키는 데는 실패하였으나 일본이 조선 문제에 다시 소극적인 정책을 채택해 그들의 우월한 지위는 한동안 지속되었다. 그러나 한반도는 이제 중국과 일본 사이의 지역 문제에 머물지 않는 단계에 접어들었다. 영국과 러시아 사이의 세계적인 대립의 문제로 비화

되어 조선 문제는 이제 '세계화'의 현안으로 변한다. 거문도 문제와 한아韓俄 밀약 사건의 시기로 옮겨진다.

③ 중일전쟁, 러일전쟁, 그리고 조선(pp. 537-551)

중일전쟁을 거치면서 조선은 근대화를 성취할 수 있는 국제정치적인 여건을 상실하게 되었다. 물론 국내에서는 광무개혁에서 보듯이 처절한 노력이 있었으나 세계사의 흐름에서 볼 때에는 거역할 수 없는 역사적 한계에 직면하게 되었다.

근대국가는 명분의 개념이다. 근대국가는 절대적인 존재인 기존 근대국가들이 절대적인 존재라고 승인해 주어야 근대국가라는 정치집단으로 존재하게 된다. 이런 의미에서 근대국가는 기본적으로 국제정치 개념이다. 근대화 조치의 여부를 따지는 사실의 세계와는 아무런 관련이 없다. 여기에 승인의 창조적 효과설이라는 제국주의적인 이론이 나온다.

헤겔G. W. F. Hegel의 이 이론을 국제법에 접목시킨 사람이 바로 휘튼H. Wheaton이었다. 조선에 처음으로 전래된 『만국공법』이 휘튼의 저술이며 조선의 지식인들이 이 저서에 심취했던 것은 하나의 역사적인 아이러니이다. 조선이 근대국가라는 탈을 가졌다고 기존 근대국가들이 승인한 것은 1882년부터 시작된 서양 열강들과의 수호조약들이라는 사실을 기억해야 한다.

따라서 한국외교사의 흐름에 있어서 이런 조약들이 어떻게 변천되었는지를 따지는 것이 중요한 일이다. 그리고 조약의 의미는 19세기 당시의 법적 확신에 따라 해석해야 된다는 점도 중요하다. 이것이 이른바 시제법時際法intertemporal law이란 것이다. 이 점과 관련해서는 필자의 『세계관 충돌의 국제정치학』(1997)을 참조해 주기 바란다.

(20) 제1차 세계대전

① 전쟁의 세계화(pp. 567-613)

제1차 세계대전에서 독일의 패망이 눈앞에 다가오고 있던 1918년 7월, 독일과 오스트리아 서점들에는 그때까지 전혀 알려지지 않은 저자였던 슈펭글러O. Spengler의 책이 등장하였다. 『서구의 몰락*Untergang des Abendlandes*』이라는 제목이 대중들의 마음을 사로잡았다. 1912년 타이타닉 호the Titanic 침몰의 기억이 아직 생생한 당시 사람들은 서유럽의 몰락을 연상하였고 독일인들은 이 책에서 전쟁 패망에 대한 정신적 위안을 얻으려 하였다.

이제 유럽 문명권이 세계를 지배하는 시대는 끝났다. 새로운 세력으로 미국이 등장하였고 근대국가의 자기모순의 절정의 현상인 공산주의 명분에 입각한 정치집단의 형식이 나타났다. 1917년 볼셰비즘 혁명은 획기적인 사건이다. 18세기 말 표트르 대제의 서유럽 방문 이후 나타나기 시작해 나폴레옹 전쟁 이후 현실 세계로 나타난 '슬라브 공포'가 다시 '붉음의 공포'로 확산된 사건이었다. 20세기는 1917년에 시작되었다고 역설한 홉스봄E. Hobsbawm의 견해도 일리가 있다.

제1차 세계대전을 연합국이 승리할 수 있었던 것은 미국의 자본 덕택이었다. 미국의 시대가 도래한 것이다. 이런 의미에서 미국 경제가 세계 경제구조에 결정적 영향을 미치기 시작한 1890년부터 20세기는 시작한다고 강조한 아리기G. Arrighi의 의견도 참조할 수 있는 측면이 있다. 1919년 미국 상원이 베르사유 조약의 비준을 거부해 미국 시대의 시작이 지연됐을 뿐이다.

이 세계대전은 동북아의 구도를 확연히 변화시켰다. 중국은 일본 침략의 먹이로 전락하였다. 일본의 동북아 경영 시대로 접어들었다.

② 베르사유 조약 체제(pp. 615-652)

베르사유 조약은 독일을 물리적으로 약화시킨 문서에 그치는 것이 아니다. 독일의 민족적 자존심을 파멸시킨 문서이기도 하다. 제2차 세계대전은 이미 잉태되고 있었다.

베르사유 조약은 몇 가지 역사적 특징을 지니고 있다. 첫째로 서유럽 세계를 중심으로 한 평화 조약이란 성격이다. 동유럽은 전쟁 상태에 있었다는 점을 기억해야 한다. 이런 성격은 1920년대까지 지속되었다.

둘째, 소련이란 정치 집단을 철저히 배제하고 이룩된 평화 조약이었다. 배제의 단계를 벗어나 볼셰비즘 정권을 아예 타파하려는 분위기에서 이룩된 평화 조약이란 점도 유념해야 한다.

셋째, 서유럽 중심의 평화 질서이기 때문에 다른 지역에서 일어난 침략과 비행에는 애써 눈을 감았다. 동북아 세계에 대한 일본 침략의 인정이 대표적인 예이다.

넷째, 이상과 현실 사이에 부조화의 질서를 만들었다는 점이다. 이탈리아 문제가 이를 잘 말해주고 있다. 1915년 4월 이탈리아의 참전을 유도하기 위한 런던 조약은 베르사유 회의의 원칙과는 전혀 상반된 것이었다. 이탈리아의 베르사유 회의 퇴장은 파시즘의 등장을 예고하였다.

다섯째, 역사상 유례가 없던 참화를 거쳤기 때문에 국제사회의 조직화에 관해서는 획기적인 기구를 창설하였다. 국제연맹이 그것이다. 그러나 국제연맹 규약은 평화조약인 베르사유 조약의 일부였다는 점에 주의해야한다. 다시 말하자면 국제연맹은 독일을 배제한 전승국들의 정책을 반영한 산물이었다. 이런 성격은 1925년 로카르노 조약까지 지속되었다.

끝으로 베르사유 체제는 이상주의와 현실주의 간의 절충의 산물이기에 매우 불완전한 형태를 지니고 있었다. 그러나 국제법 질서는 유럽 권력정치라는 국제정치 현실을 반영하는 것으로 베르사유 체제는 역사적 한계를 지니고 있었다. 그런데도 국제연맹의 창설에서 보듯이 그 국제법 질서는 부정적인 현실을 타파하려는 적극적인 측면이 있었다는 점은 인정해야 한다.

(21) 혼돈시대의 세계외교사

① 안정과 혼란의 공존(pp. 665-698)

국제정치 세계에서 평화는 중심 지역의 안정을 의미한다. 그런 안정은 주변 지역의 평화와는 전혀 무관하다. 오히려 주변 지역의 혼란이 중심의 평화 유지에 도움이 되는 경우도 있다. 국제정치의 이런 가혹한 현실이 잘 나타난 시기가 바로 1920년대 후반이다.

서유럽 세계에서 안보와 배상 문제로 인한 갈등은 20년대 중반에 조정의 단계에 접어들었다. 1925년 로카르노 조약의 체결은 제1차 세계대전의 완전한 종결을 의미하였다. 독일은 국제연맹 이사회 상임이사국이 되어 다시 국제사회에 복귀하였다. 로카르노 조약의 주역 슈트레제만G. Stresemann 독일 외상과 브리앙A. Briand 프랑스 외상이 1926년에 노벨 평화상을 받았다. 평화운동과 연맹 규약 강화 노력이 뒤따랐다. 1930년대는 세계 평화의 시대가 되리라 믿었다.

그러나 서유럽 밖의 지역에서는 큰 전쟁의 예고를 알리는 불길한 현상이 나타나고 있었다. 로카르노 정신은 독일의 서부 지역에만 적용되었다. 소련은 근대국가의 탈을 쓰고 있으면서 근대국가의 타파를 명분으로 삼고 있는 독특한 정치 집단의 형식을 지니고 있었다. 서유럽과는 명분의 충돌, 인접 국가들과는 국경 분쟁으로 점철되고 있었다.

평화의 파괴는 동북아 지역에서 먼저 나타났다. 일본의 만주 침략이 그것이다. 일본 군부 안에서 '관동군關東軍'이라는 새로운 집단이 등장해 본국의 정책과는 별도의 활동을 하고 있었다. 제2차 세계대전은 일본의 중국 침략에서 비롯되었다.

② 혼란의 세계외교사(pp. 699-726)

일본 관동군의 만주 활동에서 세계 평화에 대한 불길한 징조는 이미 나타났다. 1929년 대공황은 일본으로서는 중국 침략을 위한 절호의 기회였다. 이를 계기로 일본 관동군은 만주와 몽골을 일본이 반드시 지배하려는 계획을 추진하였다. 일본이 대륙 진출을 위해서는 미국과 전쟁을 거치지 않을 수 없는데, 이 최후의 전쟁에서 승리하려면 만주와 몽골의 보유가 필요하다는 논리였다. 이는 유치한 침탈 논리에 지나지 않았다. 드디어 만주국이라는 일본 괴뢰 정권이 등장하는 사태에 이르자 일본은 세계 평화 파괴의 길에 접어들었다.

세계정치의 중심 지역에서 히틀러가 등장했다는 것 자체도 획기적인 일이다. 히틀러는 유럽 사회를 한 나라가 지배해야 된다는 샤를마뉴Charlemagne와 나폴레옹의 뒤를 이었다. 그러나 히틀러는 이들과는 전혀 다른 시대의 인물이었다. 무엇보다 소련이라는 특이한 정권이 국제사회에 강력한 행위자로 등장한 시대에 히틀러가 나타났다는 사실을 기억해야 한다. 소련은 대외 인식에서는 1928년 비신스키A. Ya. Vyshinsky 테제로, 그리고 국내 경제 문제에서는 1929년 농업테제로 사상 통제의 시대로 들어간다. 그리고 같은 해 제1차 5개년 경제계획을 시작으로 강대국의 경제 기반을 이룩하게 된다.

서유럽 세계에는 슬라브 공포에 이은 붉음의 공포가 현실 세계로 다가섰다. 붉음의 세계가 서유럽으로 확산되는 것을 예방해 줄 완충 국가가 필요하게 되었다. 히틀러의 베르사유 체제 타파에는 서유럽, 특히 영국이 공모자였다. 히틀러에 대해서는 여러 평가들이 있다. 그러나 국제 정치의 여건에서 볼 때 소련의 존재를 사상捨象하고는 히틀러 외교 정책의 본질을 이해할 수 없다.

(22) 제2차 세계대전

① 유화와 침략의 공존(pp. 735-771)

1938년 9월 15일 70세의 영국 수상 체임벌린J. Chamberlain은 생애 처음으로 비행기를 타고 독일 베르히테스가덴Berchtesgaden으로 날아가 49세의 거만한 독재자 히틀러를 만났다. 영국인의 자존심으로서는 상상하기 힘든 장면이다. 체임벌린은 체코슬로바키아 사망 신고서를 들고 의기양양하게 9월 24일 귀국, 비행장에서 이제 유럽은 평화의 시기가 드디어 찾아왔다고 선언하였다. 마중 나온 수많은 인파들로부터 열렬한 환영을 받았다. 그러나 그 꿈은 곧 사라졌다.

이 일화는 세계외교사에 있어서 이른바 유화정책이 실패한 대표적인 예로 자주 인용되고 있다. 유화정책은 현상타파 세력에게 일정한 양보를 제공하여 전쟁을 예방할 수 있다는 전제를 안고 있다. 그러나 당시 영국을 비롯한 서유럽 국가들이 베르사유 체제를 정면에서 부정한 독일에 대해 유화정책을 전개할 수밖에 없었던 데는 그럴 만한 이유가 있었다.

먼저 이들 국가에는 전통적인 독일 옹호론자들이 있었고 또 히틀러를 지지하는 강력한 세력들이 있었다. 히틀러의 친구들은 독일 안에만 있었던 것은 아니었다. 베르사유 조약의 내용이 가혹하다는 도덕적인 비판이 유럽인들에 만연돼 있었던 것도 사실이다.

그러나 가장 근본적인 이유는 볼셰비즘이 서유럽으로 전파되는 것을 저지하는 방파제로 강력한 독일이 필요했다는 사실이다. 유화정책 근저에는 '붉음에 대한 공포'가 있었다.

그런데 히틀러에 대한 유화정책은 서유럽 열강에 국한된 것은 아니었다. 소련도 독일에 대해 유화정책을 견지하였다. 영국은 1938년 9월에 유화정책 신화의 환상에서 깨어났으나 소련은 1941년 6월에 가서야 히틀러 정책의 본질을 알게 되었다.

1929년의 대공황과 1933년 히틀러의 등장은 일본으로서는 중국 대륙 진출을 위한 천재일우의 기회였다. 대공황으로 열강들은 국내정치에 몰두하였고 히틀러의 팽창정책으로 열강들에게는 유럽 문제가 초미의 현안이 되었기 때문이다. 아시아 문제는 그들에게는 부차적인 것이었다.

② 침략의 세계외교사(pp. 773-829)

독일, 이탈리아, 일본 세 나라가 온 지표에 걸쳐 침략을 자행한 제2차 세계대전은 몇 가지 특징을 지니고 있다. 먼저 지적할 것은 국제정치의 중심은 유럽 전쟁이란 사실이다.

이 유럽전쟁은 유럽과 슬라브의 투쟁이란 성격을 매우 강하게 지니고 있다. 독일의 서부전선에서는 1899년, 1907년의 헤이그Hague 전쟁법이 그런대로 잘 준수되었다. 그러나 동부전선에서는 이런 전쟁법규가 전혀 지켜지지 않았다. 히틀러는 동부전선의 사령관들에게 소련 군대에 대해서는 전쟁법규를 지키지 않아도 무방하다고 지시하곤 하였다. 전쟁의 참화는 소련 군대의 몫이었다. 그런데도 유럽 열강들은 독일 군대를 소련전선에서 서부전선으로 이동시킬 수 있는 제2전선의 형성에 미온적이었다. 현재 키예프Kiev 교외 언덕에는 전몰장병들을 위로하는 큰 칼을 든 거대한 여인상을 볼 수 있다. 소련에서는 수많은 젊은 군인들이 전사하여 1970년대까지 노동 인구 부족 현상이 심각하였다.

유럽전쟁은 유럽 정치의 중심이 독일이라는 사실을 다시 입증하였다. 30년 전쟁, 신성로마 문제로 야기된 나폴레옹 전쟁, 이탈리아와 독일 통일 전쟁, 그리고 제1차 세계대전, 이 모두가 독일 문제로 야기된 분쟁이 었다.

유럽전쟁은 또 '유럽의 내전'이라는 측면이 있었다. 이것은 유럽은 하나라는 지적 전통의 산물이기도 하다. 히틀러의 친구들은 독일에서만 존재하였다는 것은 제2차 세계대전 이후에 만들어진 신화였다.

유럽전쟁이 중심 무대였기에 일본은 동남아 지역으로 쉽게 진출할 수 있었다. 그러나 동남아와 태평양으로 팽창하는 길은 곧 미국과 만나게 된다.

제1차 세계대전의 결과로 나타나기 시작한 국제정치에 있어서 '미국의 시대'는 이제 확고하게 자리 잡게 되었다. 그리고 소련이 세계국가의 대열에 편입된 것도 역사적인 사건이었다. 나폴레옹을 러시아 군대가 타파한 이후 처음 있는 일이었으니, 러시아 봉쇄 전쟁인 1853~1856년 크림전쟁이 재현되지 않을 수 없었다. 냉전이 바로 그것이다.

2. 『근대한국외교문서』 편찬

2007년 8월경이라고 기억한다. 야나기하라 쇼지柳原正治 규수대학 교수가 한국주재 일본대사의 초청으로 한국에 오게 되었다. 대사와 동경대학 동료였다. 일본대사가 대사관저의 저녁 만찬에 초빙할 사람을 야나기하라에게 문의하자 나 그리고 동북아역사재단 초대이사장에 2006년에 취임한 김용덕金容德 교수를 추천하였다.

저녁 회식이 끝날 무렵 김용덕 이사장이 고대부터 현재에 이르는 한국의 대외관계사 연구진을 구성해 책을 집필하는 게 어떻겠느냐고 제의하였다. 이 제안은 너무 방대하고 나의 전문 분야도 아니었다. 나는 19세기 중반 이후 조선이 사대질서 이외의 세계와 접촉하기 시작한 이후 외교문서를 정리하는 것이 시급하다고 김 이사장에게 역설하였다. 그는 고맙게도 이 제안에 동의하고 다시 만나기로 약속하였다.

그해 8월 동북아역사재단 이사장실에서 근대한국외교문서 예비사업을 위한 협정서에 서명하였다. 상당한 연구비 지원을 받고 곧 외교문서 발간에 돌입하였다. 젊은 교수 시절부터 한국의 외교문서 편찬을 여러 차례 정부에 신청한 적이 있으나 번번이 거절당하였다. 동북아역사재단의 후원으로 오랜 염원이 이루어진 것이다. 곧 편찬위원회를 구성해 작업에 착수하였다. 열강들은 외무부가 주관이 되어 외교문서를 정리, 발간하고 있다. 그렇지 못한 우리의 현실이 안타까울 뿐이다.

(1) 발간 현황

2018년 현재 약탈제국주의 시대 외교문서 2책, 수호조약 3책, 임오군란 2책, 갑신정변 4책, 영국의 거문도 점령 2책 등 총 13책이 발간되었다. 청일전쟁 4책은 원고는 완성되었으나 아직 연구비 지원 여부가 불투명한 형편이다. 발간된 문서들의 주요 내용을 보도록 하자.

(2) 약탈제국주의[11] 시대의 외교문서(2책)

① 용어 문제

한반도 문제에 관한 국제사건의 통상적인 명칭에 문제가 있다. 제너럴셔먼호는 해적선이기 때문에 '해적선 제너럴셔먼호', '병인양요'는

'1866년 프랑스의 조선 침략', 오페르트 사건은 '도굴범 오페르트', 신미양요는 '1871년 미국의 조선 침략'으로 개칭해야 할 것이다.

② 프랑스의 문서 약탈

편찬위원들은 관련 국가에 파견되어 미간 문서들을 직접 검색하였다. '해적선 제너럴셔먼호'는 총 76개의 문서들을, '1866년 프랑스의 조선 침략'은 총 219개의 문서들을 수록하고 있다.

문서들을 편찬하면서 자괴감을 느끼기도 하였다. 프랑스 군대는 1866년 10월 14일부터 11월 21일까지 강화도를 점령하고 외규장각 문서를 비롯해 수많은 귀중한 조선의 자료와 물품을 약탈해 본국에 발송하였다. 이 약탈은 14일 강화도 점령 이틀 후인 16일에 자행되었다. 10월 22일 로즈 제독은 해상海相에게 약탈 품목을 자세하게 보고하고 있다(문서번호 121). 그러나 이 사건에 관해 조선의 관찬사료官撰史料들은 모두 침묵하고 있다.

(3) 수호조약 외교문서(3책)

① 용어 문제

이들 3책의 제목을 '개국조약'이 아니라 '수호조약'으로 통칭하였다. 외국과 국교를 수립한다는 의미의 '개국', 외국과 교섭을 거부한다는 '쇄국'은 특정 시기의 일본 현실을 반영하는 일본식 개념이다.[12]

---

11 국제사회 공권력의 담당자가 아니라 그 대리인들의 약탈행위를 지칭하는 용어로 내가 창안하였다. 김용구(2013), pp. 5-6.
12 김용구(2001) 제1장 명제 15.

② 수호조약 체결의 역사적 성격

사대질서를 규정하는 회전會典(1690~1882)과 교린질서를 뒷받침한 약조約條(15세기~1875)의 시대는 끝났다. 한국외교사의 흐름은 이제 조약의 시대로 접어들었다. 편무적片務的인 영사재판제도, 비유럽세계의 불완전한 법 주체성, 5% 전후의 저율 관세 제도, 그리고 아시아·아프리카 지역을 유럽 세계에 예속시킨 차관借款 제도 등등을 특징으로 하는 19세기적인 세계화 과정이 시작되었다.

③ 조일수호조규

이 조약은 메이지유신 일본 정부의 새로운 조선 정책에서 비롯되었다. '만국공법에 입각해 조선과의 관계를 다시 수립해야' 서양 열강이 납득할 수 있다는 명분에 근거하였다. 이로 인해 교린과 공법의 두 질서가 8년 동안이나 충돌하였다. 개념으로는 자주와 독립의 충돌이었다. 자주는 사대질서의 개념이었고 독립은 공법질서의 개념이었다.

조약 제1조의 '조선은 자주지방自主之邦'이란 규정에 조선이 아무런 반대도 없이 동의한 것은 당연한 일이었다. 한편 메이지 정부는'조선을 일등하一等下'의 국가로 간주한다는 정책을 명백히 하였다. 19세기에 들어오면서 나타나기 시작한 그들 특유의 조선관이 현실 정책으로 구체화되었다.

④ 조미수호조약

이 조약은 1880년을 기점으로 획기적으로 변화한 중국의 조선 정책의 산물이었다. 「조선책략」, 「주지조선외교의主持朝鮮外交議」, 「삼책三策」과 같은 조선 속국화를 주장하는 중국의 정책 건의들, 그리고 이런 건의를 집행하는 제도 개편이 뒤따랐다. 조선의 대외관계는 북양대신과 도쿄의 중국 공사관이 관장토록 하였다.

중국은 이 정책을 현실화하는 데 미국을 이용하였다. 미국은 한반도 문제에 무관심하였기에 몇 명의 정치인과 해군 제독의 정치적 입장으로 이를 손쉽게 수락하였다. 10%의 관세율, 자동적으로 발동하는 조정 調停 규정을 흔쾌히 조약에 삽입하였다. 그러나 미국 정부는 서울 정부에 1905년까지 등을 돌리게 되었다.

⑤ 조영수호조약

조일 조약과 조미 조약의 체결로, 영국과 러시아 사이의 어떤 국가가 한반도에 진출하지 않으면 조선 문제에 개입하지 않는다는 침묵의 균형이 깨졌다. 영국은 외교관이 아닌 해군 제독을 파견해 조미조약을 모방한 제1차 조영조약을 체결하였으나 영국 정부가 비준할 리 없었다.

조선의 개화파 인사들은 일본의 영국 공관을 통해 중국을 통하지 않고 조선과 직접 교섭할 것을 촉구하였다. 영국 정부는 이를 빌미로 새로운 제2차 조영 조약을 조선과 직접 교섭해 아편과 관세 문제에 관한 그들 본래의 입장을 달성하였다.[13]

(4) 임오군란(2책)

① 세계적인 성격

임오군란의 역사적 성격은 세계적인 것, 지역적인 것, 그리고 한반도의 특수적인 것, 3차원의 문제들이 겹쳐 있다. 세계적인 문제를 먼저 본다. 19세기는 유럽 세계가 세계로 팽창하면서 비유럽 세계의 독자성을

---

13 『근대한국외교문서』 3~5책 '서문' 참조.

102

부정하고 폭력으로 지배하는 독특한 역사적 시간이다. 따라서 19세기 유럽 세계의 침탈을 받은 비유럽지역들의 저항은 매우 폭력적인 성격을 띠게 마련이다. 임오군란은 이런 세계적인 현상의 하나다.

② 동북아의 지역적인 성격

1880년 이후 한반도 문제는 중앙아시아 문제와 밀접하게 연결되어 있다는 점에 유의해야 한다. 임오군란은 서양 국제법에서 일컫는 이른바 "국경" 개념의 중국 전파와 연결되었다. 신장성新疆省 문제로 러시아와 긴 협상을 벌이고 있던 쩡지쩌曾紀澤는 1880년 5월 27일(음력 4월 19일) 상소를 올려 국경 획정의 중요성을 강조하였다. 자신이 맡은 교섭은 분계分界(국경을 확정하는 일), 통상, 그리고 상관償款(배상금)에 관한 일인데 이 3가지 중에서 "배상금 문제는 작은 일이고 통상 문제도 분계에 비하면 가벼운 사항이다. 유럽의 조약에서는 오래 지키는 분계에 관한 것과 수시로 변경할 수 있는 통상에 관한 것 두 가지가 있는데 국경이 일단 확정되면 전쟁 수단 이외에는 변경할 수 없어서 분계에 관한 조약을 체결할 때에는 특히 조심해야 한다."라고 강조하고 있다.

쩡지쩌의 이 의견은 7월 21일 황제의 재가를 받아 중국의 정책으로 채택되었다. 이 새로운 정책은 중국 본토를 둘러싸고 있는 소속이 불확실한 공간에 대해서는 중국 정부가 직접 관여하지 않는다는 전통적인 기미羈縻 정책을 포기하고 중국의 영토를 선線개념에 입각해 재구성한다는 중대한 의미를 지니고 있다. 러시아, 몽골, 만주 지역까지 확산되어 중국 주변 지역에 일대 지각 변동이 일어나게 된다. 임오군란이 발발되자 3,000명에 달하는 중국의 대병력이 신속하게 한반도에 진출하게 된 배경이었다.

③ 한반도의 특수한 성격

이 문제는 일본 문제와 연결되어 있다. 1876년 강화도조약 이후 한일 무역이 한동안 무관세無關稅시대에 접어든 기이한 기간이 있었다. 1876~1882년 사이 조선의 일본 수출 상품 중 80%가 쌀이었다. 서울의 쌀값이 1876년에 비해 2, 3배 폭등하는 사태가 뒤따랐다. 반일적인 성격의 임오군란 발발은 예고된 사태였다. 1882년 당시 일본의 국력으로는 새로운 한반도 정책을 강행하는 중국과 대적할 수 없었다. 일본은 조선의 독립을 지지한다는 화려한 웅변적 언어에 머물렀다. 일본 국내의 호전적인 분위기는 일본 정부의 후퇴로 현실 정책으로 이어지지 않고 조선 문제의 적극 개입은 미래의 문제로 남겨놓게 된다. 임오군란은 1882년부터 근 10년 동안 한반도의 국제정치적인 방향을 결정해 버린 중대한 사건이었다.[14]

(5) 갑신정변(4책)

① 갑신정변과 월남 문제

갑신정변은 프랑스의 월남 침략과 밀접히 연결되어 있었다. 임오군란이 러시아의 이리伊犁 침략과 관련되어 있었다면 갑신정변은 1883년 이후 프랑스 제독들의 월남 침략과 직결되었다. 프랑스가 월남에서 중국 군대와 무력 충돌하면서 일본 군대의 협력을 받을 수 있는 길을 모색하려는 것은 매우 상식적인 발상이었다. 1883년 6월부터 프랑스는 정부 차원에서 일본과의 동맹 가능성을 타진한다. 이 문제와 관련하여 『자유당사自由黨史』는 오류에 찬 기록을 남기고 있다. 그러나 일군의 일본 학자

---

14 『근대한국외교문서』 6~7책, '서문' 참조.

들이 갑신정변과 관련한 이 기록을 허위라고 전면 부인하여 한동안 학계에서는 이 자료를 원용하는 데 주저하였다. 그러나 중국계 교토京都대학 교수 펭택주彭澤周가 프랑스 외무성 문서고에서 프랑스와 일본의 동맹 교섭에 관한 미간 문서들을 발굴해 세상에 알리면서『자유당사』의 기록이 대체적인 흐름에서 사실임이 판명되었다. 다시 말하자면 일본의 재야세력이 프랑스 정부와 연합해 조선에 진출하려는 것을 저지하기 위해, 일본 정부가 직접 조선의 개혁세력을 지원하는 정책으로 선회하게 되었다는 것이다.

②『갑신일록』의 해석문제

이제 학계에서 거론된 이 문제로 다시 돌아오게 되었다.『갑신일록』이란 이 소책자를 처음 접하는 독자들은 이상한 느낌을 받을 것이다. 날짜를 양력으로 표기한 점, 한문의 일본식 약자略字가 있는가 하면 조선어가 나오면 이를 해석한 예도 있고 영어 명칭에 일본어 발음을 병기倂記한 예도 있기 때문이다.

김옥균은 무엇인가를 일본인들에게 알리려 한 것은 분명한데 구체적으로 어떤 점인지 학계에서는 몇 가지 추측만을 하게 되었다. 갑신정변은 일본 정부의 배신으로 실패하였다는 사실을 부각시킨 점, 그리고 이런 사정은 이노우에 가오루井上馨를 중심으로 하는 죠슈長州 파와 고토 쇼지로後藤象二郎의 사쯔마薩摩 파 사이의 정치적 대립과 관련이 있을 것이라는 추측이었다. 이 점과 관련해 최근 김종학 박사[15]가 게이오 대학 후쿠자와 연구소에 소장된 미간 자료를 분석해 그동안 추정 수준에 머

---

15 「이노우에 가쿠고로(井上角五郎)와 갑신정변(甲申政變): 미간사료『井上角五郎自己年譜』에 기초하여」,『한국동양정치사상사연구』, 13(1) (2014), pp. 147-196.

물고 있던 『갑신일록』의 집필 과정을 소상히 밝힌 바 있다.[16]

(6) 거문도 사건(2책)

① 용어 문제

거문도 점령을 '사건'이라고 표현하는 것은 국제법의 불법행위를 옹호하는 표현으로 그 사용을 지양해야 한다. 러시아의 중앙아시아 진출을 포기시키려는 영국의 우회 공격 전략이다.[17]

② 거문도 점령으로 영국은 러시아가 근 10년 동안 한반도에 진출하지 못하도록 예방하였다. 여러 차례 개최된 러시아 정부의 특별위원회에서 한반도에 진출하지 말 것을 정책으로 결정하였다. 1888년 5월 8일의 특별위원회가 대표적인 회의였다. 그러나 한반도 경시 정책은 1892년 시베리아 철도부설이 결정되면서 후퇴하게 되었다.

3. 나의 한국외교사 연구들

1998~1999년 미국 산타 바버라Santa Barbara 대학에서 비교문명권 연구에 몰두하였다. 나의 『세계관 충돌과 한말 외교사, 1866-1882』(2001) 제1장 16개 주제에 관한 글 작성의 기초를 마련하였다. 그리고 1970~1971년 일본의 미간 사료 검색 작업 이후 열강의 외교문서 해설

---

16 『근대한국외교문서』 8~11권 김용구 간행사 참조.
17 『근대한국외교문서』 12권 김용구 간행사 참조.

과 색인 작업을 한 것이 근대 한국외교사 집필에 기초가 되었다.

2001년 저서 본문에서 길게 적었지만 '한말'이라는 책 제목으로 곧 절판絶版해 버렸다. 그러나 이 책의 중요 내용은 2006년 판『세계외교사』에 상당히 반영되도록 하였다. 우리가 세계외교사를 연구하는 목적은 한반도의 역사적 성격을 터득해 이곳에서 인간적인 삶을 영위하는 길을 모색하는 것이기 때문이다.

2001년의 저술은 의외로 큰 호응을 받았다. 이 책의 주요 내용을 영어로 번역해 널리 알려야 한다는 의견이 나오기 시작하였다. "토종국제정치학자"가 영어 저술을 출간한다는 것이 큰 역경이었다. 그러나 외국의 번역자들과 편집자들을 만나 의견을 교환한 것이 결국 나의 시야를 넓혀 주었다.

『러시아의 만주·한반도 정책사, 17~19세기』(2018)를 저술하게 된 경위에 관해서는 밝혀 둘 사정이 있다. 2009년에『근대한국외교문서』1, 2 책이 발간되어 1866년 프랑스의 조선 침략과 1871년 미국의 조선 침략에 관한 열강의 외교문서가 거의 소상히 밝혀졌다. 나의 2001년 저서 관련 장·절을 수정해 새로운 책을 발표해야겠다고 생각하였다.『약탈제국주의와 한반도: 세계외교사 흐름 속의 병인, 신미양요』(2013)가 그 결과물이다. 그런데 의외의 오해가 발생하였다.『근대한국외교문서』편찬위원회의 집단 연구를 나 개인이 차용했다는 것이었다. 이와 관련해 어떤 후배 교수는 긴 이메일을 나에게 보내기도 하였다.

나와 내자內子는 옛날식의 가족이었다. 서로 이메일을 볼 수 있었으나 말은 하지 않았다. 내자가 이 이메일을 본 모양이었다. 3월 중순으로 기억한다. 조선과 러시아 관계에 관한 책을 내도록 부탁하였다. 내자 생전의 마지막 부탁이었다. 그해 6월부터 러시아 문제 천착穿鑿에 생生을 걸었다.

(1) 『세계관 충돌과 한말 외교사, 1866~1882』(서울: 문학과 지성사, 2001)[18]

① 서문[19]

인간의 역사는 기본적으로 사람들의 이야기histoire, Geschichte, story이다. 프랑스어나 독일어에서는 역사와 이야기는 같은 낱말로 표현되고 있다. 이야기의 대상이 자연인가 인간인가에 따라 자연과학과 인문학으로 구별된다. 물론 자연은 객관적인 사실로서의 자연이 아니고 인간의 인식을 통한 자연이기 때문에 자연의 현상도 장소적topos이고 역사적인 성격을 지닌 면이 있다. 니덤Needham, J.이 서양의 자연과학과 동양 인문학의 결합에서 인류 평화를 모색한 것을 생각하면 충분할 것이다. 그러나 자연은 인식의 대상이지 주체는 아니기 때문에 자연과학과 인문학의 구별은 엄격하다. 이 명제에 대한 반대가 있음을 나는 알고 있다.

사람들의 이야기는 인간이 무엇이냐 하는 근본적인 인식론에 입각해 인간의 복합적인 측면을 여러 방법으로 서술해 왔다. 인간과 자연의 구별은 무엇보다 인간의 인식이 그가 속하고 있는 사회의 문화적인 성격에서 시작하기 때문에 역사는 곧 문화사cultural history일 수밖에 없다. 지금 나는 부르크하르트Bruckhardt, J.를 염두에 두고 있다.

---

18 이 저서는 원래 서남 학술재단의 연구비로 작성한 장문의 논문을 문학과 지성사가 발간한 것이다. 대마도對馬島 여행에서 돌아오자 곧 문학과 지성사에 달려가 이 책을 받아 보았다. 우선 표지 형태에 실망하였다. 이 책이 출간되자 강상규 방송통신대학 일본학과 교수가 긴 이메일을 보냈다. '한말'이란 낱말은 한국사에 관한 일본 특유의 한국 경시가 내재되어 있다. "자기와 같은 교수는 쓸 수 있으나 영향력을 가지신 선생님과 같은 교수가 사용하시면 미치는 영향이 큽니다."라는 내용이었다. 내가 실수를 범하였다. 출판사에 연락, 제목 변경을 요청하였다. 그러나 변경이 곧 이루어지지 않았다. 이 저서를 결국 절판絶版시켜 버렸다. 2004년 글 「나의 책을 말한다」(p. 194)에서 "한말이라는 낱말은 1910년이란 시점이 한국사의 종말이라는 어감을 갖고 있다"고 적었다.

19 원고를 출판사에 넘기고 곧 해외로 떠났다. 원래 '서문'이란 글도 있었다. 오랜 시간이 지나고 나서야 이 서문을 출판사에서 삭제시킨 것을 알게 되었다. 다시 정리해 여기에 적는다.

'문화'나 '문명'은 하나만이 존재하여 온 것이 아니라 여러 문화들 또는 문명들이 역사적으로 존재해 왔다. 일견 당연한 것 같은 이런 사실이 인식되기 시작한 것은 19세기 중엽에 이르러서였다.

② 유럽중심주의 극복을 위한 16개의 명제

제1장 "세계외교사와 근대 한국외교사를 어떻게 볼 것인가?"는 외교사에 관한 당시 생각을 16개 주제로 나누어 적은 것이다. 이 장의 이끄는 글에서 이른바 '유럽중심주의'의 극복을 제창하였다. 그 극복은 엄청난 지적知的 축적을 이룩해야 가능한 일이다. 짧게 보아 19세기 이후 구미의 세계적인 팽창을 합리화하는 그들의 연구는 대단한 수준에 이르고 있다. 그 수준에 버금가는 연구를 추진해야 한다. 그렇지 못한다면 우리는 세계외교사에서 '자기 상실'을 맞을 수밖에 없다. 이를 극복하기 위해 16개에 이르는 시급한 명제들을 열거하였다.

세계외교사는 본질적으로 여러 문명권들의 접촉, 충돌의 역사라는 전제에서 출발한다. 연구 대상은 문명권 자체가 아니라 그 문명권 안의 행위자들의 외교 관계이다. 특정 문명권의 행위자들은 그 문명권의 특유한 정신구조mentalité, 초스타일superstyle을 공유하면서 동시에 그들 독자성을 반영하는 개차個差들이 존재한다. 이런 특징은 '외교문서' 속에 잘 나타나 있다. 따라서 국제사회의 행위자들은 평등한 것이 아니다. 국제법은 불평등한 법체계이다. 이에 관해선 에든버러Edinburgh 대학 교수였던 로리머Lorimer, J.가 오래전에 이미 갈파하였다.[20]

명제 1: 근대 한국외교사 연구를 위해서는 열강의 미간未刊 외교문서

---

20 Lorimer, J. *The Institute of the Law of Nations*, 2 vols. (Edinburgh : William Blackwood and Sons, 1883~1884)

의 검색이 중요하다는 자명한 사실을 들고 있다. 다시 말하자면 열강의 문서고文書庫 사료의 검색 작업이 중요하다는 것이다. 2001년 저서를 집 필할 때 러시아 문서에 관해서는 매우 기초적인 지식에 머물고 있었다. 이 문제에 관해서는 2018년 저서에서 자세히 적어놓았다.

명제 2: 외교개념에 관한 소개인데 이에 관해서는 2011년에 장문의 논문을 발표한 바 있다. 이를 참조해 주기 바란다.[21]

명제 3: "외교 개념은 문명권의 유형에 따라 다르다"라는 자명한 테 제를 설명하고 있다. 이에 관해서도 2011년 위 논문을 참조해 주기 바 란다.

명제 4: 프랑스의 '국제관계사'에 대한 간단한 소개를 하고 있다. 일 군의 저명한 프랑스 학자들이 1960년대 중엽부터 세계외교사를 단순한 교섭사의 차원을 넘어 경제적이고 정신적인 '심층 세력들forces profondes' 를 분석해야 한다고 주장하기 시작하였다. 프랑스 학파의 등장이다.

명제 5: 나의 입장과 다른 서술체계들이 있음은 물론이다. 모든 행위 자를 동일하게 취급하는 전통적인 방법, 분석단위를 세계체제world system 로 보는 견해, 멕네일McNeill, W.교수와 같은 세계사world history 방법론, 그 리고 지구사global history 등등의 이론이 있다.

명제 6: 내가 주장하는 문명권 충돌은 헌팅턴Huntington, S.의 견해와는 전혀 다르다는 점을 길게 적고 있다. 헌팅턴 저서를 철저히 비판하고 있다.

명제 7: 문명권의 발생, 문명권 안의 중심과 주변에 관한 논지를 적어 놓았다.

명제 8: 문명권에는 그에 특유한 '정신구조'가 존재한다. 나는 비교

---

21 김용구(2011), 「외교 개념 연구」, 『학술원논문집』(인문·사회과학 편), 50집 1호, pp. 245-274.

문명권의 이론을 처음 체계적으로 전개한 러시아의 급진 슬라브주의 자slavyanski 다닐렙스키Danilevsky, N. Ya.의 견해를 길게(pp. 43-46) 설명하였 다. 그는 문화-역사 타입들kulturno-istoricheskie tipy, 즉 문명들에는 특유한 과학, 철학, 예술들의 패턴이 있다고 강조하였다. 이런 점에서 소로킨 Sorokin, P. A.은 다닐렙스키가 슈펭글러, 토인비, 만하임의 선구자라고 평 가하였다. 이 문제와 관련해 슈펭글러의 견해에 관해서도 자세히 언급 하였다.

명제 9: 비교문명권의 입장에서 관찰하면 유럽 중심주의 사관의 허실 을 곧 알 수 있다. 1819년 창안되어 사용되기 시작한 문명들civilizations이 라는 복수의 명칭을 학문적으로 전개한 사람은 다닐렙스키였다. 이에 관한 그의 견해를 상당히 자세히 언급하였다.

명제 10: 문명권들의 전파는 오해와 저항을 낳는다. 이 점과 관련해 슈펭글러가 광물학에서 차용한 가정假晶이란 개념을 길게 설명하였다. 가정은 광물이 그 내부구조에 따른 본래의 결정형結晶型을 나타내지 않 고 다른 결정형을 나타내는 현상을 지칭한다. 서유럽의 문화가 전 세계 로 전파되는 오늘날 다른 지역에서는 외면상으로는 '서구적'이지만 그 내면에는 그 지역의 전통적인 정신이 흐르고 있다는 것이다. 슈펭글러 에 대해 비판적이었던 토인비도 이 '가정'의 개념은 빛나는 직관력이라 고 높이 평가하였다.

명제 11: 19세기 문명권의 충돌이 역사상 가장 폭력적인 이유는 유럽 문명권의 정신적인 본질이 '폭력'이었기 때문이다. 대표적인 학자로 다 닐렙스키, 슈펭글러, 소로킨의 견해를 길게 적어놓았다.

명제 12: 유럽 공법은 19세기 유럽 정신의 표현이다.

명제 13: 사대질서는 공법 질서와는 상이한 체계이다. 이 두 질서의 특징을 설명하였다.

명제 14: 19세기 조선 외교사는 위 두 질서 충돌의 여러 특징이 잘 나타난 역사라고 할 수 있다.

명제 15: 조선 외교사 서술에 자주 사용하는 '개국'과 '쇄국'의 일본 기원을 설명하였다.[22] 모로하시 데쓰지諸橋轍次『대한화사전大漢和辭典』1책, p. 608에 '쇄국'이란 항목이 있다. 그리고 일본 정부가 쇄국이란 용어를 최초로 사용한 것은 1853년 감찰監察의 임무를 담당한 오메츠케大目付의 상신서上申書라고 한다.[23]

명제 16: 오지사고奧地思考의 출현은 1801년 신유사옥辛酉邪獄 이후의 일이다. 그 이전에는 세계인식 수준이 대단하였다. 대표적인 예로 홍대용과 박지원을 들어 길게 설명하였다. 그러나 정조가 승하하고 다음 해 일어난 신유사옥 이래 조선의 세계인식은 중국인이 편찬한 몇 권의 책에 의존하는 매우 불완전한 것이었다. 이 점은 실은 오늘의 문제이기도 하다.

③ 제2장 약탈제국주의와 19세기 조선

이 장의 내용에 관해서는 나의 저서(2013)를 참조해 주길 바란다. 나는 2008년 11월 학술대회 "외교문서 편찬의 의의"에서 병인 신미 두 양요에 관한 열강의 외교문서를 분석한 바 있다. 이 발표문은 제5장 「미발간 원고」에 수록되어 있다.

④ 제3~4장 교린 질서와 국제법 질서의 충돌

1868년 메이지 유신明治維新부터 1876년 강화도 조약 체결에 이르기

---

22 나의 책 p. 69, 주석 98은 오류이다.
23 山本博文(1995), 『鎖國と海禁の時代』, p. 252.

까지 한일관계사를 분석하였다. 나의 영문 저서(2006)는 이 장의 주요 내용을 영역한 것이다. 이 시기 중국, 영국, 러시아, 그리고 미국의 조선 정책을 분석한 제2절은 특히 참조할 만하다.

⑤ 제5~6장 사대질서와 국제법 질서의 충돌
강화도 조약 이후 조선의 새로운 대외 인식의 형성 과정, 그리고 열강과 조약 체결과정과 그 내용을 검토하고 있다.

(2) *The Five Years' Crisis, 1866-1871 : Korea in the Maelstrom of Western Imperialism* (Incheon : Circle, 2001)

나의 책(2001) 제2장 「약탈 제국주의와 19세기 조선」의 내용을 영어 번역에 적합하게 재구성해 출간하였다.[24]

(3) *Korea and Japan : The Clash of Worldviews, 1868-1876* (Incheon : Circle, 2006)

나의 책(2001) 제3, 4장 「교린질서와 국제법 질서의 충돌 - 교린질서의 해체(1), (2)」를 재구성해 번역 출간한 것이다.

---

24 블레어Blair, F. L. 한국 외국어대학 영문학과 교수, 그리고 캘리포니아 산타 바바라Santa Barbara 대학의 베이커Baker, L. 양에게 크게 도움을 받았다. 특히 블레어 교수와는 매주 서울 이태원의 한 다방에서 만나 영문 번역에 도움을 받았다. 이 책은 출판이 되고 하와이 대학 출판부의 도움으로 아마존Amazon.com에서 판매하게 되어 현재에 이르고 있다. 이 저서는 아마존에서 수요가 많아 하와이 대학 출판부장 가와이Kawai는 크게 고무되었다.

(4) 『임오군란과 갑신정변─사대질서의 변형과 한국외교사』(인천: 원, 2004)

임오군란은 이리伊犁 문제와 연결되었다. 러시아와 조약 체결에 성공한 쩡지쩌曾紀澤가 1880년 음력 4월 19일 자신의 의견을 개진한 상소문은 분계分界, 즉 경계의 중요성을 강조하고 있다. 선線에 의한 국경의 중요성을 강조한 것이다.

중국 본토에 둘러싸여 있는 불확실한 공간에 대해서는 중국은 직접 관여하지 않는다는 것이 전통적인 사대질서 개념에 입각한 기미羈縻 정책이었다. 이제 중국은 이런 정책이 국제정치 현실에 맞지 않는다는 것을 깨닫게 되었다. 중국 주변 지역의 지각 변동이 일어나지 않을 수 없었다. 이런 정책이 한반도에 적용되자 소용돌이가 몰려왔다. 임오군란과 그 사후처리의 방향은 이미 예고되었다.

갑신정변은 중국과 프랑스의 월남 분쟁과 밀접히 연관돼 있다. 이 분쟁으로 한반도에 주둔하고 있던 중국 군대의 절반이 철수되면서 갑신정변이 야기될 수 있는 국제 여건이 마련되었다. 특히 갑신정변이 왜 12월 4일에 일어나지 않을 수 없었는가 하는 시기 문제는 월남을 둘러싼 청불 전쟁과 깊이 연결돼 있다.

(5) 『거문도와 블라디보스토크: 19세기 한반도의 파행적 세계화 과정』(서울: 서강대학교출판부, 2009)

임오군란과 갑신정변이 세계정치와 간접적으로 연결되었으나, 영국이 거문도를 점령한 것은 영국이 블라디보스토크를 공격하기 위한 전진 기지로 삼으려는 세계정치와 직접 관련된 것이었다. 한동안 한국의 교과서들은 영국이 블라디보스토크에서 남하하는 러시아 세력을 저지하기 위해 거문도를 점령하였다고 적어놓았다. 그러나 사실은 정반대다. 한국의 교과서는 영국의 선전을 그대로 되풀이한 것이었다.

1885년 3월 30일 러시아 군대가 아프가니스탄 북부의 펜제Penjdeh에서 영국 군대의 훈련을 받은 아프가니스탄 군대를 전멸시켰다. 펜제는 헤라트Herat로 가는 길목이고 헤라트는 인도로 가는 관문이었다. 영국 내각은 3월 24일에 이미 헤라트는 전쟁을 의미한다고 결의하였다.

그러면 어디에서 러시아와 전쟁을 결행할 것인가? 다음 4개 지역 중 하나일 것이다. ① 발트해를 거쳐 러시아 본토를 공격하는 전략이다. 그러나 크림전쟁 때 영국 해군이 올란드Åland 섬을 점령한 이후 이 전략을 포기하였다. 러시아 본토의 방어 태세로 보아 그 공격이 쉽지 않다고 판단하였기 때문이다. ② 발칸반도 지역을 거쳐 러시아의 남서 지역인 몰다비아·왈라키아 두 공국으로부터 러시아를 공격하는 방안이다. 그러나 발칸반도에서 전쟁이 발발하는 것은 다민족 국가인 오스트리아 제국의 해체를 의미하는 것으로 현실적으로 불가능한 것이었다. ③ 다르다넬스-보스포루스 해협을 거쳐 러시아의 크림반도 또는 코카시아 지방을 공격하는 전략이다. 이 전략 가능성의 전제는 터키와 서유럽 열강이 영국을 지지하는 데 있다. 크림전쟁 때는 가능하였으나 1885년의 유럽 정세는 판이하였다. ④ 동북아 지역이다. 블라디보스토크를 공격하는 전략이다. "개의 목을 졸라, 물고 있던 뼈다귀를 떨어트리게 만드는" 구상이었다. 블라디보스토크를 공격하여 러시아로 하여금 헤라트로부터 철수시키는 전략이다. 이런 공격을 수행하려면 전진기지前進基地가 필요하였다. 영국은 거문도를 지목하였다. "조선 사람들은 야만인이어서 점령하는 데 아무런 의식儀式ceremony도 필요 없었다." 점령은 일정한 절차가 필요한 유럽 공법의 한 제도이지만 야만의 지역은 공법이 적용되는 것이 아니었다.

영국 해군성은 1885년 4월 14일 중국해 사령관에 거문도 점령을 명령하고 근 2년 후인 1887년 2월 27일에 가서야 거문도에서 영국 국기를 내린다. 거문도 사건으로 러시아는 한반도에서 완전히 손을 떼게 된다. 1888년 5월 8일 특별회의의 결정이 그것이다. 그러나 러시아는 이 정책을 오래 견지하지는 못하였다. 1892년 2월과 3월 내각회의에서 시베리아 철도 부설을 의결하면서 한반도는 다시 격동의 국제정치 현실에 직면하게 되었다.

(6) 『약탈제국주의와 한반도: 세계외교사 흐름 속의 병인·신미양요』 (인천: 원, 2013)

'약탈제국주의'라는 낱말은 내가 '약탈국가'라는 정치학의 용어를 차용해 조어造語한 것이다. 공권력의 담당자가 아니라 그 대리인들의 약탈 행위를 말한다. 대표적인 예가 1600년에 창설되어 근 250년 동안 동북아 지역에서 절대적인 권력을 자행했던 동인도회사이다. 신부, 선교사, 아편 장사꾼, 신문 장이, 해적, 깡패와 같은 추악한 무리가 약탈제국주의 대리인들이었다. 1866년 프랑스의 조선 침략은 신부들로, 1871년 미국의 조선 침략은 해적으로 말미암아 야기된 무력충돌이었다.

(7) 『러시아의 만주·한반도 정책사, 17세기~19세기』 (서울:푸른역사, 2018)

이 저서를 준비하게 된 개인적인 동기에 대해서는 전술한 바 있다. 그러나 이 방면의 글을 써야 한다는 학문적인 압박은 수년 전부터 절박하게 다가왔다. 러시아, 중국, 그리고 일본은 한반도 문제에 대해 역사적으로 독특한 인식을 지닌 정치 단위이자 특이한 역사적 질병을 앓고 있는 정치 집단들이다. 그 역사적 질병이 다시 19세기 중반의 현실로 회귀하는 정치적 현상이 또렷이 나타나고 있었기 때문이다.

이들 3개국의 한반도 문제에 대한 역사적 질병은 그들 외교문서 속에 응축되어 있다. 특히 17세기 이래 우랄산맥 이동以東으로 향한 러시아의 팽창을 러시아 문서 자체에 의해 분석한다는 기본입장을 나는 견지하였다. 이른바 '러시아'적인 것, '슬라브적인 것'인 것의 본질을 파헤치는 것을 이 책의 주요 목적으로 삼았기 때문이다. 그 본질은 러시아의 한반도 인식 속에도 그대로 관철되고 있었다.

(8) 『잊혀진 동아시아 외교사의 전문가들―구미 출신 동아시아 연구자의 생애와 저작』 (서울: 푸른역사, 2020)

2018년 2월 집필하기 시작, 결론 쓰기에 곧 돌입하였다. 이 책을 쓴 기본적인 목적은 '최근의 연구가 가장 신빙성이 있다.'라고 여기는 비학문적인 분위기를 비판하려는 것이었다. 동아시아 외교사에 관한 연구는 5대 큰 분수령을 이룬 업적들을 먼저 검토해야 한다는 점을 강조하였다. 이들 분수령을 이룬 학자들은 자신의 연구에 몰두한 '미치고 열광한 천재'라는 공통점을 갖고 있다. 이들로부터 우리는 학문적인 모범을 찾아야 한다.

최근에 출간한 내 저서이지만 다음과 같은 몇 가지 누락시킨 사항들이 있다.

① 키어넌 관련 사항

㉮ *The Lords of Human Kind* (London: Serif, 1995년)

이 판본 서문에서 키어넌은 자신의 저서 집필에 관한 새로운 과정을 다시 회상하고 있다.

② 코르디에 관련 사항

㉮ 『동서관계통사』 4책(김용구, 2020. p. 136 보완).

㉯ *Histoire Générale de la Chine et de Ses Relations avec les Peys Etrangeres, 4 vols.* (Paris: Geuthner, 1920)

나는 1965년에 런던의 유명한 서점 포일스Foyles에서 이들 서적을 구입하였다. 최근에야 내 서고에서 다시 찾아냈다. 1960년대 초 런던 중심가에 있던 포일스 서점 규모에 큰 감명을 받았다. '세계에서 가장 큰 서점'이란 깃발이 매우 인상적이었다. 서점이 보유한 책의 양이 상당하여 인상적이고 희귀본 서적도 신청하면 얼마 후 구입할 수 있었다. 런던에 가면 반드시 찾는 곳이 바로 이 서점이었다.

제4장

국제정치학

1. 호프만과 아롱

1969년 4월 서울대학교 문리과대학 외교학과 전임강사가 되어 학자의 길로 들어선 이래 정년퇴임까지 대학에 머문 것은 인생의 큰 행운이었다.

내가 교수가 되어 처음 발표한 글은 호프만Hoffman, S.(1928~2015) 저서[1]를 소개한 하찮은 내용[2]이었다. 호프만 교수는 1945년 프랑스의 정치학 관련 명문대학교 "정치연구소"Institut d'Etudes Politiques(약칭 Science Po.)에 입학해 1948년 수석으로 졸업하였다. 1951년에 미국 하버드 대학 정치학과에서 1년 동안 외국 학생으로 수업하고 이 대학 정치학 교수 번디Bundy, M.의 후원으로 강사, 그리고 전임 교수가 되었다. 1960년에는 아예 미국 시민으로 국적을 바꿨다.[3] 국제정치 이론들을 소개하는 유명한 저서를[4] 발표한 것은 이 무렵이었다.

---

1 *Gulliver's Troubles, or the Setting of American Foreign Policy*, (New York: McGraw-Hill, 1968. 540 pp.)

2 「Gulliver's Troubles」, 한국국제정치학회, 『국제정치논총』 9집(1969), pp. 207-212.

나는 아롱Aron, R.(1905~1983)의 저서[5]에 관해서는 3차례에 걸쳐 소개하였다. 그 후 나는 파리에서 1975~77년간 연구하게 되었다. 이때 아롱은 콜레주 드 프랑스Collège de France[6]에서 1976~77년 "마르크스의 마르크스주의"라는 제목으로 강의를 하였는데 나에게 깊은 감명을 주었다. 아롱에 관해서는 그 어떤 자료보다 그가 발표한 방대한 분량의 『회고록』[7]에 자세하게 적혀 있다. 이 책을 발표하고 한 달 후에 그는 세상을 떠났고 그의 『회고록』은 파리 출판계에서 돌풍을 일으킨 베스트셀러가 되었다. 1938년에 『역사철학 서설』을 처음 발표한 이후 수많은 업적을 세상에 내어놓은 사실은 잘 알려진 일이다.[8]

(1) 호프만에 관한 나의 논문

① 「걸리버의 고민-미국외교정책의 Setting」, 『국제정치논총』(한국국제

3　Grimes, W. "Stanley Hoffmann, Who Brought Passion to Foreign Policy Analysis, Dies at 85," *New York Times*, Sept. 13, 2015.

4　*Contemporary Theory in International Relations*, (New Jersey : Prentice-Hall, 1960)

5　*Paix et Guerre entre les Nations*, (Paris : Calmann-Levy, 1962) 1966년에 영어로 번역되었다. Howard, Richard. and Annette B. Fox, tr., *War and Peace : A Theory of International Relations* (New York : Doubleday, 1966)

6　1257년에 개교한 소르본느Sorbonne 대학은 신학을 주로 강의하였다. 신학 이외 분야에 대한 지적 공백을 채우기 위해 1530년에 Sorbonne 인근에 Docet Omnia(모든 것을 가르친다)는 목적으로 Collège de France가 개교되었다. 이 기구는 재적한 학생은 없고 누구나 수강할 수 있으며 학위 수여도 없다. 그러나 이 대학의 교수는 프랑스에서는 학술원 회원 다음으로 명예를 누리고 있다.

7　*50 Ans de Réflexion Politique. Mémoires*, Paris. 호프만 교수는 *New York Review Of Books*(1983. 12. 8.)에 조문弔文을 발표한 바 있다.

8　아롱의 『회고록』은 5부로 구성되어 있다. 제1부는 '정치학 수업(1905~1939)', 제2부 '정치의 유혹(1939~1955)', 제3부 '혼란 속의 교수(1955~1969)', 제4부 '특권 지식인(1969~1977)', 제5부 '보류(1977~1982)'. 아롱은 이들 5시기에 발표한 자신의 업적 목록을 pp. 755-759에 작성했으나 완벽한 것은 아니라고 적고 있다.

정치학회), 9집(1969), pp. 207-212.

호프만의 글은 제2차 세계대전 이후 세계국가로 등장한 미국을 '제국 Empire'에 비유하는 경향을 비판하면서 시작하고 있다. 제국은커녕 약소국가들보다 행동의 자유가 협소하다는 것이다. 미국이 걸리버가 되어버린 현실은 국제정치 제도를 비롯해 미국의 국내 정치 스타일과 정치 제도에 문제가 있기 때문이라고 진단한다.

따라서 미국의 대외정책은 국제정치 제도가 다원적이고 동질적인 "절제된 제도"가 되어야 하는 방향으로 추진되어야 한다고 강조한다. 이질적인 양극화 제도인 "혁명적 제도"를 억제해야 한다는 것이다.

미국 국내 제도는 역사, 원리, 실용주의에서 연유되는 독특한 미국 스타일을 갖고 있다고 판단한다. 미국의 기본적인 역사 태도는 첫째, 역사로부터의 소외인데 미국국제정치학자들의 연역적 방법론은 이런 태도에 기인한다고 판단하고 있다. 둘째, 역사에 대한 자기만족으로 다른 국가들과 평등하게 공존할 수 없는 결과를 초래한다고 비판한다.

(2) 아롱에 관한 나의 논문들

① 「서평: 레이몽 아롱 저 『평화와 전쟁』」, 『형성』(서울대 문리대), 봄호 (1969), pp. 129-133.

② 「레이몽 아롱; 평화와 전쟁」, 『월간 중앙』, 신년호 별책 부록(1970), pp. 29-36.

③ 「레이몽 아롱; 평화와 전쟁」, 『대학신문』(서울대학교), 1972년 4월 24일 8면.

아롱은 1962년 드디어 독특한 국제정치이론의 전문서적을 세상에 발표하였다. 당시 미국의 국제정치학은 이른바 행태주의 이론이 지배하고 있던 시기였다. 미국 학자들은 아롱의 저서를 이해할 수 없다고 비판하였다. 대표적인 학자가 모겐소Morgenthau, H.였다. 프랑스와 미국의 대표적인 학자가 충돌하였다.

나는 세 차례에 걸쳐 아롱의 저서에 관해 소개하였다. ①의 서평은 아롱의 프랑스어 판본을 소개하였다.『형성』은 서울대학교 문리과대학 학생회에서 발간한 잡지였다. 지금 이 옛글을 보니 당시 학생들이 이해할 수 없는 전문적인 내용이었다. ②의 서평은 영역본을 저본으로 삼았다. 일반 독자를 대상으로 작성한 글이었다. 아롱에 대한 소개, 아롱의 저서를 둘러싼 당시의 논쟁도 간략하게 주석으로 처리하였다. ③의 서평은 이들을 압축한 글이다.

아롱은 먼저 국제정치는 '외교관'과 '병사'의 특수한 행위라고 규정한다. 미국의 국제정치학 교과서가 폭력개념의 기술을 회피하는 것을 처음부터 비판하고 있다. 그는 "전쟁이란 다른 수단에 의한 정치의 계속"이라는 클라우제비치Clausewitz, K. von의 명구를 먼저 들고 있다.[9]

아롱은 경제학과는 달리 '일반'국제정치이론이란 있을 수 없다고 단언하고 있다. 당시 행태주의 방법으로 일반 이론을 구축한다고 주장했던 미국 국제정치학계를 정면에서 비판한 것이었다.[10]

아롱은 모든 사회행위는 4가지 차원에서 분석해야 하는데 국제정치학도 마찬가지라는 입장에서 이 저서를 집필하고 있다. ㉮ 이론; 개념과 제도. ㉯ 사회학; 결정요소와 규제성 ㉰ 역사; 핵 시대에 전지구적제

---

9   아롱은 수십 년의 연구 결과로 1976년에『전쟁을 생각한다Penser la Guerre』두 책을 세상에 내어놓았다. 내가 파리에 도착한 직후로 서점들에서 호평을 모으고 있었다.

10 Aron, R.(1967). "Qu'est-ce Qu'une Théorie des Relations Internationales?." *Revue Française de Science Politique*, XVII-5, p. 851; Tucker, R. W.(1965). "Review Article." World Politics, XVII-2, p. 318.

도 ㉔ 실용학praxéeologie; 외교전략행위의 이율배반성. 이들 네 차원의 문제로 키신저, 모겐소와의 논쟁에서는 도를 넘어 모욕적인 어휘도 동원되었다. 키신저가 praxéeologie는 있을 수 없는 제목impossible title이라고 혹평하자 아롱은 그것은 praxis-logos를 의미하는 것으로 프랑스에서는 고등학교 학생에게도 익숙한 용어라고 반박할 정도였다.

(3) 아롱의 1976년 "마르크스의 마르크스주의Marxisme de Marx" 강의

아롱의 『평화와 전쟁』에 관해 어설픈 서평을 쓴 것이 인연이 되어 아롱의 저서, 논문들을 일생 추적하였다. 아롱은 『전쟁을 생각한다』를 발표한 이후 마르크스를 본격적으로 연구해 저서를 발표할 계획이었다. 그 작업의 시작이 1976년 콜레즈 드 프랑스에서 있었던 『자본론』 강의였다. 나는 이 강의를 청강하면서 크나큰 감명을 받았다.

강의는 아롱 자신이 구상한 틀에서 진행되었다. "오늘은 『자본론』 제1장을 강의합니다."라는 말로 시작해 제1장의 내용을 간략히 설명하고는 이에 관한 주요 선행연구들을 평가하였다. 그리고 제1장에 관하여 현재까지 있어 온 이론 투쟁사를 일별하고 자신의 생각을 열강하고는 결론은 언제나 프랑스 좌익교수들이 이런 사실들을 모르고 있다고 혹평하는 것으로 끝맺음하는 절차였다.

1977년 5월 아롱은 오래 인연을 맺어 왔던 피가로Figaro를 떠났다. 그리고는 "마르크스의 마르크스주의" 강연을 마친 다음날 죽음이 자신에게 다가왔다는 것을 느꼈다. 심장 마비로 언어도 상실하였다.[11] 병마로 병원을 왕래하면서 아롱이 『회고록』에서 "보류sursis"(1977-1982)라고 지

---

11 *Mémoires*, p. 683.

칭한 시기가 시작되었다. 이 시기에 짧은 글들을 세상에 남겼다. 1983년 10월 아롱은 그의 친구인 정치철학자 주브넬Jouvenel, B. de을 위해 법원에서 증언을 하고 나오는 길에 쓰러졌다.[12]

나는 1995년 가을 아롱의 이름과 다시 접할 기회가 있었다. 미테랑 Mitterrand, F. 전 프랑스 대통령이 7년 동안 심혈을 기울여 세계적인 도서관을 1996년에 완공하였다. 이 도서관은 '매우 웅장한 도서관Très Grande Bibliothèque'이라는 별명을 지녔다. 약어로 TGV라고 하여 프랑스의 쾌속 전철의 약어와 같은 이름으로 애칭되었다. 개관 1년 전 주말에는 전화로 예약을 받아 관람이 허용되었다. 지하철을 나와 언덕 위에 책 모양의 네 개의 웅장한 건물에 압도되어 무의식적으로 그 언덕을 뛰어 올라갔다. 도서관 바로 앞에 새로 생긴 골목길의 이름이 바로 "레이몽 아롱의 거리"였다. 프랑스에서는 아롱을 비판하는 많은 목소리가 있다. 그러나 그가 남긴 불후의 명작들을 기리는 데는 모두 같은 생각이었다. 프랑스 지성계에 강한 질투심을 느꼈다.[13]

2. 장 자크 루소

빈Wien 회의와 세력균형에 관해 석사학위 논문을 구상하였으나 불가피한 사정으로 루소로 변경한 사정은 전술한 바 있다. 1년에 작성한 논문이 제대로 된 글이 될 수는 없었다. 학위를 받은 다음날 가지고 있던 모든 학위논문을 소각해 버렸다. 다만 서울대학교 도서관에 소장된

---

12 S. Hoffmann, "Raymond Aron(1905~1983)," *The New York Review of Books*, December 8. 1983, p. 1.
13 「나를 바꾼 지知의 순간」, 『조선일보』, 2000년 10월 6일.

한 권의 내 논문이 언제나 마음에 걸렸다. 국제정치학과 관련된 루소J. J. Rousseau(1712~1778)의 저작물들을 제대로 발표하는 것이 루소에 진 빚을 갚는 길이라고 생각하게 되었다.

(1) 『전쟁과 평화』 (서울: 을유문화사, 1972. 을유문고 87)

동주 선생은 1962~1964년에 대학 학부 수업에서 국제정치에 관한 루소 저술을 강독하였다. 나는 당시 석사과정의 학생이었으나 이 수업에 참여해 학생들의 루소 번역문을 다듬는 일을 맡은 적이 있었다. 그러나 여러 학생들의 통일되지 않은 문장들을 통합하는 일은 불가능하다는 것을 곧 깨닫게 되었다.

루소에 대한 빚을 갚는 셈 치고 새로 책을 쓰기로 하였다. 루소의 다음과 같은 국제정치 관련 글들을 번역하고 자세한 해제를 적어 놓았다. ① 정치경제론De L'Economie Politique, ② 전쟁상태론L'Etat de Guerre, ③ 생피에르사師 영구평화안 발췌문Extrait du Projet de la Paix Perpétuelle de l'Abbé de Saint-Pierre, ④ 영구평화안 비판문Jugement sur la Paix Perpétuelle.

이 원고를 동주에게 드리고 동양문고의 연구원으로 일본으로 떠났다. 귀국 후에 을유문화사에서 문고판으로 출간되었다. 그러나 이 책을 전혀 훑어보지도 않았다.

(2) 『영구평화를 위한 외로운 산책자의 꿈』 (인천: 원, 2001)

30년의 세월이 흘렀다. 미국 가는 비행기에서 읽을거리로 1972년의 을유문고판을 들고 갔다. 이 문고판을 보자 한숨이 절로 났다. 수정할 곳이 한두 개가 아니었다.

루소가 말년을 보낸 에르므농빌Ermenonville을 1976년에 찾은 바 있었으므로 그에 관해서는 이미 피부로 느끼고 있던 시점이었다. 에르므농빌은 파리에서 북쪽으로 자동차로 1시간 반 정도 떨어진 매우 아름다운 고장이었다. 동주 선생과 김성우金聖佑 선배와 함께 갔다. 당시 동주 선생은 청와대 정치특보였는데 해외 한국 공관들을 순시하고 파리에 오셨다. 김성우 정치학과 선배는 한국일보 파리특파원이었다. 김 선배는 유럽 각지의 역사적인 유적지에 대한 조예가 남달랐다. 김 선배의 자동차로 에르므농빌에 도착해 "루소 공원"Le Parc de Rousseau을 거닐었다. 큰 연못도 운치가 있었으나 그 한 가운데에 아주 작은 섬 위에 있었던 루소의 묘지 자리는 매우 인상적이었다.

1789년 프랑스 혁명을 알리는 바스티유 감옥이 파괴되자 파리 시민들은 거리로 뛰쳐나와 루소의 이름을 부르며 열광하였다. 루소의 이 무덤은 사람들의 순례지가 되었다. 혁명의 소용돌이에서 처형되기 전에 황후 마리 안투아네트Marie Antoinette도 왕자들, 공주들과 함께 이곳을 찾아와 루소에게 경의를 표하였다. 그러나 1794년에 루소의 유해는 파리 시내 팡테옹Panthéon으로 옮겨졌다. 일생 그의 숙적이었던 볼테르M. A. de Voltaire와 함께.

루소는 그의 마지막 작품『외로운 산책자의 꿈Rêveries d'un promeneur solitaire』을 '루소 공원'에 가까운 곳에 있는 듀팽Dupin 부인의 저택에서 집필하였다. 나의 2001년 책 제목은 루소의 이 저서 제목과 영구평화를 합성해 놓은 것이다.

루소는 듀팽 부인의 저택에서 여러 저술을 집필하였다. 큰 저택 모퉁이에는 둥글고 큰 건물이 자리 잡고 있는데 루소는 여기에서 에밀Emile을 써 내려갔다. 이를 본 따 나의 인천 집필실을 원형 건물로 지었다.

(3) 『장 자크 루소와 국제정치』(인천: 원, 2004)

2001년의 책을 내고 나서 루소에 대한 세계학계의 최근 연구들을 더 보완해야겠다고 생각하고 2004년에 이 책을 출간했다. 이 책은 2004년 현재 국제정치 분야의 루소 연구에서 인용할 수 있는 자료라고 생각한다. 루소에 관한 석사학위의 빚을 어느 정도 갚은 것으로 자위한다. 이제 다른 분야의 연구로 홀가분하게 옮겨 갈 수 있다. 루소여 안녕Adieu Rousseau![14]

3. 민족개념

1978년 10월경이라고 기억한다. 동주 선생의 부르심을 받았다. 저녁 중국 음식점에 10여명의 교수들이 모여있었다. 먼저 동주는 남북한 사이에 이질화가 심각하다는 현실에 매우 우려감을 표하였다. 일제 강점기 '해방꾼'이 필요했던 경우와 같이 현재는 '통일꾼'의 양성이 절실하다고 역설하였다.

이런 의미에서 남북한의 '민족' 개념 자체의 이질화 현실을 분석하는 것이 시급하여 학술대회를 개최하자고 제안하였다. 회의는 민족의 이념, 이질화, 전망 3개 분야로 구성되었다. 동주의 지시로 나는 제1부 주제 1 "남북의 민족 이념과 이론"의 주제 발표를 맡게 되었다.

학술회의 장소는 광화문에 소재했던 세종문화회관 소강당이었다. 먼

---

14 1954년 소르본느 대학교 학생이었던 사강Sagan, F.이 단편소설 *Bonjour la Tristesse*를 세상에 내어놓아 선풍적인 인기를 한 몸에 받았다. 그런데 국내에서 이 소설의 제목을 "슬픔이여 안녕"이라고 번역하였다. 다시 말해 '슬픔이여 가라'는 뜻으로 와전되었다. 그때 약 광고에는 '감기여 안녕'이 유행이었다. Sagan의 제목은 '슬픔이여 어서 나에게 오라'는 뜻이었다. 내가 이별을 뜻하는 Adieu를 위에서 적은 연유다.

저 놀란 것은 빈자리도 없이 만원을 이룬 청중들이었다. 나는 언제나 그랬듯이 발표할 때 모든 내용을 암기하였다. 발표가 끝나자 앞줄에 줄지어 참석한 청중이 손을 들어 질문이 계속되었다. 질문은 내가 원용한 북한 자료의 신빙성에 관한 것이 아니었나 한다.

답변을 하려는 순간 토론자로 내 옆자리에 배석한 구상具常이 "내가 대신 답변을 하겠습니다."하고 설명을 하자 토론자들은 모두 침묵하였다. 회의가 끝나고 구상 선생은 질문한 사람들은 북에서 월남한 지식인들로 자신이 대신 답변했노라고 나에게 양해를 구하였다. 나는 구상 선생의 학식과 인품에 매료되었다. 이후 나는 구상 선생을 몇 차례 더 뵌 적이 있었다.[15]

(1) 「전통적 민족개념과 공산권 민족개념 비교연구」(1978), 국토통일원 조사연구실.

학술회의에서 내가 발표한 논문은 민족과 민족주의, 전통적 민족 개념, 한국의 민족 개념, 공산권의 민족 개념, 북한의 민족 개념으로 구성되었는데 나는 이 글을 탐탁하게 생각하지 않았다. 정부 기관의 용역으로 글을 쓰는 일에 회의적인 태도를 지니고 있기 때문일지 모른다. 이 글을 쓰면서 원용한 북한 자료는 다음과 같은 것이었다. ① 『대중정치용어사전』, 평양:로동당출판사, 1964, ② 『정치사전』, 평양: 사회과학출판사, 1973, ③ 『김일성저작선집』, 4권, ⑤ 『정치용어사전』, 평양, 1970.

---

15 구상 선생 탄생 100주년 특집 『문학사상』 2019년 5월호 참조.

4. 외교개념

서울대학교 문리과대학 외교학과를 제1회로 입학한 인연으로 '외교란 무엇인가'를 규명해야 한다는 운명을 스스로 지녔다고 여기게 되었다. 학문 용어인 '외교'를 매우 자의적으로 사용하는 것에 경악하였다. 예를 들면 "임진왜란 시기 한일 외교 연구"와 같은 학술 논문 제목들이다. 반反역사적은 아니라도 비非역사적인 제목들이다.

1880년대 중엽 이전의 '외교'는 자신이 섬기는 제후가 아닌 다른 제후와 비밀리에 교섭하는 행위를 지칭하였다. 이른바 남의 신하되는 사람은 외교를 하지 말아야 한다는 '인신무외교人臣無外交'의 명분이 지배하던 시간tempo이었다.

개념은 '장소topos'와 '시간tempo'에 따라 규정된다. 장소는 천하, 오이큐메니oecumene/oikoumene, 이슬람의 영토dar al-islam와 같이 특정한 유형의 국제사회 명분이 적용되는 공간이다. 시간은 국제사회 행위자의 성격, 작위와 부작위의 내용, 그리고 국제사회의 공동 적敵의 존재에 관해 같은 인식이 존속하는 역사적 기간을 뜻한다. 외교의 개념도 같은 맥락에서 이해되어야 한다.

(1) 「소련의 외교 개념」, 『논문집』(서울대학교 국제문제연구소), 8집(1984), pp. 97-108.

이 논문의 주요 요지는 다음과 같다.

① 유럽에서 국제사회 행위자의 교섭이란 의미의 diplomacy는 18세기 말~19세기 초부터 사용되기 시작했다. 그 이전과 그 이후의

diplomacy의 의미 변화를 간략히 서술하였다. 이 문제는 2011년 논문에 자세히 적었기에 다시 후술한다.

② 러시아의 전통

17~18세기 러시아는 비잔티움 외교 개념에 영향을 받았다. 이탈리아식 외교 개념의 발상지는 베니스였고, 베니스는 외교 개념을 비잔티움에서 받아들였다. 이런 러시아의 시각에 대해 서유럽은 "세례 받은 곰"이라고 비하하였다.

그러나 1815년 빈 회의 이후 강대국으로 등장한 러시아는 곧 유럽 국제법 질서를 수용하였다. 외교를 뜻하는 전통적 러시아 낱말인 '교섭 peregovory' 대신에 diplomacy의 번역어인 diplomatya를 사용하였다.

③ 1917년 혁명 이후의 상황

1920년대는 '소련'이라는 독특한 형식의 국가의 등장이 국제법에 아무런 영향을 주지 않았다는 원로학자들과 이를 반대하는 소장학자들의 대립 기간이었다. 외교 개념에 관해서도 서로 대립하였다.

④ 외교 개념의 초기 연구

최초의 연구는 1948년 레빈Levin, D. B.의 논문(SGP, 1948. no. 9)이라고 볼 수 있다. 본격적인 업적은 『외교사전diplomaticheskii slovar』이었다.

⑤ 외교개념에 관한 강, 온 두 견해의 대립

외교 개념의 공산주의적인 성격을 강조하는 『소련대백과사전』과 이를 지지하는 블리센코Blishchenko, I. P.와 두르데네프스키Durdenevsky, V. N. 교수들의 견해가 있다. 이에 반하여 공산주의적인 색채를 전면에 내세우지 않는 그로미코Gromyko, A. A. 소련 외상이 편집 책임자로 1984년에 발표한 『외교사전』과 이를 지지하는 레빈 교수 그룹이 있다.

나의 논문은 『외교사전』과 『소련대백과사전』의 여러 판본에 나타난 외교 개념을 분석하고 관점의 차이를 도출하려고 하였다.[16] 내가 이 논문을 집필할 때에는 『외교사전』 제4판(1984년 8월 출간)을 인용할 수 없었다.[17]

(2) 「외교 개념 연구」, 『학술원논문집』(인문·사회과학편), 50집 1호(2011), pp. 245-275.

장문의 이 논문 내용을 간략히 요약하면 다음과 같다.

① 유럽

diplomacy 개념의 변천

중세~18세기 말까지 diplôme, diplomatique는 '문서'를 지칭하였다. 라이브니츠Leibnitz, G. W. von(1693) 저서 제목[18]의 diplomaticus는 문서를 의미한다. 칼리에르Callières, F. de의 저서(1716)에는 diplomatie, diplomate와 같은 단어는 나오지 않는다. 이 판본을 영어로 번역한 저서들이 자의적으로 négotiation을 diplomacy라고 번역해 혼동하고 있으니 유념해야 한다.

버크Burke, E.가 유럽국제사회의 행위자 사이의 교섭을 프랑스어

---

16 구소련에서 하나의 사회현상에 대해 여러 견해가 존재한다는 사실에 서방 국가의 학자들이 의심하였다. 이에 대하여 툰킨Tunkun, G. I.가 소련 내에서도 여러 견해가 존재한다는 저서를 발표한 바 있다. Ideologicheskaya Borba i Mezhdunarodnoe Pravo(이데올로기 투쟁과 국제법), M. 1967.

17 제4판 서문 Predilovenie k chetvertomu izdaniyu 참조.

18 *Codex Juris Gentium Diplomaticus*

diplomatie로 1796년에 처음 사용했다는 것이 통설이다. 그 이후 외교에 관한 명저로는 사토우Satow, E.(1917), 니콜슨Nicolson, H.(1954)이 대표적인 저서이다.

② 사대질서와 외교

제후의 신하인 배신陪臣들은 다른 제후와 비밀리에 접촉할 수 없는 것이 기본 명분이었다. 이른바 인신무외교人臣無外交의 개념이다. 후술하는 바 같이 1876년에 마틴Martin, W. A. P.이 diplomatie를 사대질서에서 전혀 다른 뜻으로 사용하였던 '외교'로 번역해 일대 혼란을 자아내었다.

③ 중국

㉮ 임칙서林則徐와 바텔Vattel

1839년 3월 임칙서는 아편문제를 해결하기 위해 광동에 도착한다. 그는 외국상품 몰수에 관한 바텔Vattel, E. de저서의 관련 부분을 번역하였다. 서양 국제법에 관한 글을 한역漢譯한 최초의 글이다. 위원魏源의 『해국도지』에 수록되어 있다.[19]

㉯ 『성초지장星軺指掌』(1876)

마틴Martin, W. A. P.이, 프로이센 외교관 마르텐스G. F. de Martens(1832)의 저서인 Guide diplomatique의 증보판(1866)을 한역漢譯한 번역서이다. 여기서 마틴이 diplomacy를 사대질서에서 부정적인 의미로 사용했던 '외교'라는 낱말로 한역해 한동안 혼란을 자아내었다. 마틴은 원저의 서문에서 '외교'란 용어를 한 번 한역했고, 원저에는 자주 등장하는 diplomatie를 번역에서 제외하였다.

---

19 김용구(2008), pp. 57-61 참조.

㉔ 『사서기정使西紀程』(1877)

중국의 초대 영국주재 흠차대신 곽숭도郭嵩燾(1818-1891, 흠차대신 기간: 1875~1879)가 영국으로 출발한 1876년 12월 2일부터 그곳에 도착한 1877년 1월 21일까지 50일간을 일기체로 기록한 보고서이다. 총서는 이 보고서를 『사서기정使西紀程』이란 제목으로 본인의 동의도 받지 않고 출간하였다. 곽숭도는 서양 오랑캐와 교섭하는 데에도 이理에 입각할 것을 주장하였다. 남송南宋 이래 처음 있는 일이다.

㉕ 「상이백상언출양공과서上李伯相言出洋工課書」(1877)

마건충馬建忠이 파리의 정치학원Ecole libre des sciences politiques(Institut des études politiques, 약칭 Science Po의 전신)에서 수학한 내용을 이홍장에게 보고한 글이다. 이 학원에서 배운 과목들을 한문으로 번역해서 당시의 중국의 대외 인식의 틀을 알 수 있다. 마건충의 『적가제기언適可齋記言』에 수록되어 있다.

㉖ 「파여복우인서巴黎復友人書」(1878년 여름), 「마새복우인서瑪賽復友人書」(1878년 겨울)

두 글 모두 마건충이 친구들에게 보낸 글들이다. 여름에 파리의 친구에 보낸 글은 교섭에 관해서, 그리고 겨울에 마르세유의 친구에게 보낸 글은 외교관 양성소에 관한 내용이다. 두 글 모두 『적가제기언適可齋記言』에 수록되어 있다.

㉗ 「예주각국사신합청근현편豫籌各國使臣合請覲現片」(1890)

설복성薛福成은 '외교'란 용어는 사용하고 있지 않지만 '교섭'과 '교제'를 구분하여 중국의 대외인식을 비판하고 있다. 설복성이 말하는 '교제'는 국제예양을 말하고 '교섭'은 외교교섭을 의미한다. 중국은 '교제'에는 엄격하고 막상 국가이익에 관계되는 '교섭'에는 허약하다는 것이다. 『용암문편해외문편庸庵文編海外文編』에 실려 있고 그의 『출사일기出使日

記』(양력 1892년 7월 13일)에도 그의 견해가 잘 나타나 있다.

㉑ 「의설번역원의擬設繙譯院議」(1894년)

마건충이 번역을 담당하는 전문 기관의 설립을 제창하는 짧은 글이다. 무엇을 번역해야 하느냐에 관해 마건충은 3가지 분야로 구분해 설명하고 있다. 첫째가 각국의 현대정치에 관한 서적이라고 하면서 그 중에 외무성의 왕복문서, 조약, 대사들의 회의 기록들을 들고 있다.《적가제기언適可齋記言》에 수록되어 있다.

㉒ 『공법신편』(1902)

마틴Martin, A. P.은 홀Hall, W. E.의 『국제법』*A Treatise of International Law*을 『공법신편』이라는 제목으로 번역하였다. 마틴은 서두에 중서자목합벽中西字目合璧Terms and Phrases이란 항목을 적어놓았는데 여기에 보면 '외교'는 Foreign Intercourse로, 'Diplomacy'는 방교邦交로 번역하였다.

그러나 20세기에 들어서면서 중국은 '외교'라는 용어를 정부에서 공식적으로 사용하기 시작하였다. 1901년에 1861년 창설된 총리각국사무아문(약칭 총서)을 외무부로 개칭하였고, 외무부는 1911년 신해혁명을 거치면서 외교부로 개편해 오늘에 이르고 있다.

④ 일본

㉮ 어원

일본은 중국이나 조선의 경우와는 달리 '인신무외교'의 전통이 강하지 않아 diplomacy의 번역어로 '외교'가 일찍 등장하였다. 그러나 '외교'라는 용어를 정확하게 언제부터 사용했는지는 알 수 없다.[20] 전근대 일본의 대외관계사 전문가인 다나카 다케오田中健夫는 에도시기 말기인

---

20 渡邊昭夫(1993), p. 9.

1860년대 중반 이후에 외국교제外國交際가 정치 과제로 등장하면서 그 준말로 '외교'가 사용되었다고 적고 있으나 확실한 증거를 제시하고 있지는 못하다.[21]

외교 어원 문제를 정년퇴임 강연의 주제로 삼은 와타나베 아키오渡邊昭夫는, 일본의 지적 전통으로 보면 외교 문제 연구는 그리 중요한 연구 주제가 아니었다, 따라서 1945년 이전 이 문제에 관해서는 미나가와皆川錞彦의 연구(1926)가 유일한 것이라고 지적하고 있다.[22]

일본의 경우 조선이나 중국과는 달리 '인신무외교'의 전통이 강하지 않아 diplomacy의 번역어로 '외교'가 일찍 등장하였다.

ⓝ『외국교제공법外國交際公法』(1869)

마틴Martin, W. A. P.이 1876년에 번역한 마르텐스의 Guide diplomatique를, 비록 극히 일부라 할지라도 1869년에 이미 후쿠지 겐이치로福地源一郞가『외국교제공법外國交際公法』이라는 제목으로 번역한 사실은 특기할 만한 일이다. 그러나 후쿠지는 diplomatie를 '외교'로 번역하지는 않았다. 아직 일본에서 외교란 낱말이 정착되지 않았음을 알 수 있다.

ⓓ『일본국어대사전日本國語大辭典』(1873)

와타나베 아키오渡邊昭夫는 일본 문헌에서 '외교'를 최초로 사용한 것은『일본국어대사전日本國語大辭典』(小學館, 1873)의 태정관太政官 직제 설명에서 〈제사외교선전강화입약의 권祭祀外交宣戰講和立約ノ權〉이라고 되어 있는 것이 최초의 예라고 지적하였다.

ⓡ Diplomatic Guide (1874)

'외교'에 관해서 특기할 것은 1874년에 프랑스 주재 일본 공사관이

---

21 田中健夫(1996), p. 4.

22 渡邊昭夫(1993), pp. 4-5. 유럽 주재 외교관 출신인 皆川錞彦는 특히 프랑스 문헌을 다수 인용해 전형적 교과서 형식으로 250 페이지에 이르는 훌륭한 저서를 남겼다.

"Diplomatic Guide"라는 제목으로 장문의 영문 논문을 일본 외무성에
보고한 자료가 있다는 사실이다. 이 보고문은 당시 유럽 학계의 저명한
국제법 학자 11인의 저술[23]에 입각해 작성하였고 그 서술 형식도 전통
적인 국제법 저서의 방법을 택하고 있는 우수한 글이다. 이 중요한 자료
가 세상에 알려지지 않은 채 도쿄대학 사료편찬소 서가에 영어 본문 그
대로 사장되어 있다. 이 논문을 요코야마 요시노리橫山伊德가 1995년에
일본어로 번역해 세상에 알렸다.

그런데 요코야마는 diplomacy를 모두 '외교'로 번역하였다. 1874년
에 '외교'의 낱말이 사용되었다고 오해를 자아내고 있다. 프랑스 공사관
의 이 보고문을 당시 일본 외무성이 어떻게 원용하였는지는 앞으로 더
천착할 문제이다.

㉤『일본외교문서』(1876년 1월 20일)

운요호 사건 이후 조선에 관한 종주권 문제로 중국과 일본은 일대 논
쟁을 펼친다. 이 회담 이후 일본의 외교문서들은 '정교금령'이라는 사대
질서의 용어 대신 근대 질서의 '내정 외교'라는 낱말을 사용하기 시작
하였다.

㉥『외교지고外交志稿』(1881)

1881년 일본 외무성이 출간한『외교지고外交志稿』는 외교를 국제사
회의 행위자 사이의 교섭을 의미하는 diplomacy의 뜻으로 사용하고
있다.

---

23 Vattel, Heffter, de Cussy, de Martens(2책), Kluber, Calvo, Wheaton, Phillimore, Kent, Block.

⑤ 조선

㉮ 『고종실록』과 '외교'

나라 사이의 교섭이라는 근대적인 의미의 '외교'가 처음 사용된 것은 1879년(음력 7월 8일) 새로 덕원부사에 임명된 김기수金綺秀를 소견召見한 고종의 다음과 같은 언급이라고 생각한다.

> 덕원德源은 지금 이미 개항하였으니 예전에 등한히 여기던 때와 같을 수 없다. 이미 수신사修信使도 지냈으니 반드시 일본의 정형情形과 외교外交 관계 등의 문제를 자세히 알 것이다. 모름지기 잘 조처해서 두 나라 사이에 말썽이 생기지 않도록 하는 것이 좋겠다.

㉯ 이유원李裕元 서한(1879년 12월 24일)

이유원이 1879년에 근대적인 의미로 '외교'란 낱말을 사용한 것도 특기할 만한 일이다. 이유원은 1875년 여름 왕세자 책봉을 위해 베이징에 간 길에 이홍장에게 한 서한을 전달한다. 이를 계기로 두 사람 사이에는 조선의 외교정책의 방향에 관해 무려 17차례에 걸친 서한을 주고받는다.

이 중 1879년 8월 26일 이홍장은 중국 조정의 결정에 따라 이유원에게 조선이 서양과 조약을 체결토록 권유하는 서한을 전달하였다. 이유원은 이 서한에 대한 답변을 1879년 12월 24일에 이홍장에게 보냈다. 여기에서 이유원은 이홍장의 논리를 길게 반박하고 있다. 조선은 부득이 일본과 조약은 체결하였으나 그 후 일본의 작폐를 설명하고 이에 비추어 보면 서양과 통상이 이루어진다면 조선에 피해만을 초래할 것이라고 진단하였다. 또한 적敵으로 적敵을 제압한다는 옛날의 방책은 현재에 이르러서는 채택할 수 없는 것이라고 지적하고 있다. 특히 조선과 같이 러시아와 일본 두 나라와 국경을 맞대고 있으며, 문약하고 스스로 내치에만 몰두하고 외교에 여력이 없는 나라로서는 이 정책은 통용될 수 없다는 것이다.

㉓ 지석영池錫永 상소(1882년 10월 5일)

1882년 조선이 미국과 수호조약을 체결한 것은 조선의 향방에 일대 혁신을 초래하였다. 이에 고종은 8월 31일(음력 7월 18일)부터 계속 교지를 내려 국민들의 동요를 진정시키고 새로운 정치를 약속하면서 좋은 의견의 개진을 요청하였다. 이렇게 되자 개화 인사들은 유럽 국제정치 명분의 적극적인 도입을 제창하고 나섰다. 그 대표적인 예의 하나가 1882년 10월 5일(음력 8월 24일) 지석영의 상소였다.

조선에서 최초로 종두법을 시행한 것으로 유명한 지석영의 상소는 외교에 관한 무지를 개탄하고 있다. 조선은 바다 한편에 치우쳐 있어서 외교를 모르며 교린과 조약이 무엇인지 모른다고 개탄하고 있다.

㉔ 전통적, 근대적 외교 개념의 병존

1882년 이후 조선 사회에서는 유럽의 diplomacy의 번역어로서 '외교' 용어 사용이 보편화되었으나 '인신무외교'의 전통적인 외교 개념도 같이 병존하는 현상이 계속되었다. 예를 들면 고종의 윤허 하에 진행된 이홍장과 이유원의 서한 왕래는, 이유원이 '인신무외교'의 규범을 어겼다는 비난을 불러일으켰고, 이유원은 결국 유배되었다.

⑥ 결론

유럽 사회에서 '외교'가 그 이전의 '교섭negotiation'을 대신하는 개념으로서 등장한 것은 18세기 말 나폴레옹 전쟁 시기였다. 이렇게 새로 등장한 개념으로서의 '외교'가 전 세계로 전파되었다. 러시아에서는 전통 용어인 '교섭peregovor'에 대신해 '외교diplomatiya'가, 중국과 조선에서는 사대질서의 '교섭'에 대신해 '외교'가 등장하였다. 그러나 중국과 조선에서는 러시아나 일본과는 달리 사대질서의 '인신무외교'의 전통이 강하여 19세기 후반에 걸쳐 '외교'와 '인신무외교'의 전통과 근대가 서로 병존하게 되었다. 이 점이 동북아 3국의 역사적인 차이점이기도 하다.

4. 동·서양의 충돌과 국제정치학

1995년 서울대학교 사회과학대학 학장에 취임하면서 정년퇴임이 임박했다는 무의식적인 정신적 압박이 다가왔다. 동·서양 충돌의 국제정치학은 오랜 학문적 관심이었다. 강의하였던 자료들을 기초로 2년 만에 써 내려간 것이 『세계관 충돌의 국제정치학』이다.

창립 50주년을 맞은 한국정치학회에서 2002년 연말인가 갑자기 한국의 국제정치학 역사에 관한 글을 부탁해 계획에 없던 글을 집필하게 되었다. 이 기회에 한국정치학회보와 한국국제정치논총을 창간호부터 재검토하였다.

나는 한국국제정치학회와 오랜 인연을 갖고 있었다. 이용희 선생이 오랜 시간(1956~1967년) 회장으로 재임하였고 내가 1964년 서울대학교 외교학과 조교에 임용되자 학회 간사의 업무도 맡아 동주 선생을 보필하였기에 학계 분위기에 익숙하였다.

2006년에 한국학술협의회가 학술잡지 『지식의 지평』을 창간하면서 그 권두 논문의 집필을 나에게 의뢰하였다. 한국의 국제정치학 전반을 비판할 것을 부탁하였다. 그러나 동료, 후배들의 업적들을 평가한다는 것은 매우 조심스럽고 바람직하지도 않다고 생각하였다. 현재 우리의 학문 수준이 역사적으로 어떤 단계를 거쳐 왔는지 규명하는 논문을 작성하였다.

한림대학교 한림과학원이 2007년 한국연구재단이 처음으로 추진한 인문한국 연구 계획HK사업에 선정되어 개념사 연구 학술지『개념과 소통』을 2008년에 발간하였다. 창간호에 국제정치학에서 '번역'의 의미에 관해 글을 발표하였다.

(1)『세계관 충돌의 국제정치학 – 동양 예禮와 서양 공법公法』[24] (서울: 나남, 1997)

이 책은 제1장 유럽 공법의 본질, 제2장 사대질서, 제3장 유럽 공법의 중국 전래, 그리고 제4장 조선과 서양 공법으로 구성되어 있다. 제1장은 ① 로마법과 유스 겐티움, ② 중세와 유스 겐티움. ③ 국제법 영웅시대와 유스 겐티움, ④ 19세기 유럽 공법의 본질로 나누어 유럽 공법의 역사적 개요를 적어놓았다. ①과 ②는 이 글 이후 다시 천착하지 않았다. 제2~4장은『만국공법』(2008)에서 더 자세히 서술하였다.

(2)「국제정치학사」,『한국정치학회 50년사 1953-2003』(2003), pp. 279-308.

이 글은 6개 부분으로 구성되었다.

---

24 이 저서에 관해 당시 건국대학 교수였던 이근관 교수가 장문의 호평에 찬 서평을 발표하였다.『서울국제법연구』6권 1호(1999), pp. 249-262.
  또 이 책은 遼寧大學 歷史學院 權赫秀 교수가 중국어로 번역하였다.『世界觀衝突的國際政治學 – 東洋之禮與西洋公法』(2013, 中國社會科學出版社).

① 한국정치학회와 국제정치학

한국정치학회보에 실린 국제정치 분야 논문들의 전체 현황을 개관하였다. 1959년 창간호에서 2002년 겨울 호까지 게재된 논문 총 1,400편 중에서 국제정치이론에 관련된 논문은 1977년에 처음 게재된 이후 총 60여 편에 불과하다.

② 한국 국제정치학의 역사

1960, 70년대에 나타난 행태주의 이론과 1990년대에 대세를 이룬 합리적 선택이론을 한국 국제정치학계가 제대로 수용하고 있지 못한 점을 열거하였다. 90년대 말에는 미국 정치학계에서도 정치학의 '개조' 운동이 일어났고 2000년대 중엽부터 미국정치학회보APSR는 미국정치, 비교정치, 국제정치, 정치이론과 사상 분야의 논문들을 게재하는 편집 방침을 결정하였다. 장기간 지속된 미국국제정치이론과 한국 학계의 괴리가 사라지게 되었다. 한국에서 소련 연구의 문제점과 영국 학계의 동향을 이 장·절에서 길게 적어놓았다.

③ 1950년대 한국 국제정치학 연구 동향

한국정치학회보의 성격과는 직접적인 관련이 없는 1950년대 조효원, 이용희, 이원우 교수들의 연구 동향을 길게 적어놓았다. 한국 국제정치학은 이들 교수들로부터 시작되었기 때문이다.

④ 1960년대 『정치학회보』의 침묵

60년대에 들어서면서 주로 미국에서 국제정치 분야의 박사학위를 취득한 연구자들이 대거 귀국하여 미국의 국제정치이론들을 전파하기 시작하였다. 그러나 『정치학회보』는 이런 변화를 반영하지 못하였다.

⑤『정치학회보』와 국제정치 연구

1977년부터 게재하기 시작한 국제정치 논문들을 모두 열거하면서 소개하였다.

⑥ 결론

결론으로 4가지 문제점을 들었다. 첫째, 정책연구들이 대종을 이루고 있다. 둘째, 지역 연구들이 의외로 많다. 셋째, 기초연구가 결여된 정책연구나 지역연구는 시사해설에 머물고 있다. 넷째, 한국의 연구 수준으로 보아 한국적인 국제정치 이론은 존재하지 않는다.

나는 이글의 요지를 2003년 10월 17일 한국 정치학회에서 발표한 바 있다.

(3)「동東과 서西의 갈등-우리는 어디에 서 있는가?」,『지식의 지평』창간호(2006), pp. 11-27.

학문이 장소topos와 시간tempo에서 세계적인 수준에 도달해야 그 사회 구성원들이 인간적인 삶을 영위하는 지적知的 원칙을 제시할 수 있다. 장소는 특정한 유형의 국제사회 명분이 적용되는 공간이고 시간은 이런 명분이 존속하는 역사적 기간을 뜻한다. 이런 명제에 따르면 한국의 근대 대외인식은 4번의 큰 분수령을 거쳤다. ① 천하의 장소에서 18세기에 북학이라는 위대한 전통을 이룩하였다. 그 대표적인 예로 정조가 주관한『동문휘고』라는 사대교린문서들의 발간과 홍대용의「의산문답醫山問答」을 예로 들었다. ② 아편전쟁에서 1910년의 역사적 경험이다. '오지사고'의 형성 시기이다. ③ 일제시기. ④ 1945~현재.

②~④의 아픈 경험들을 거쳐 현재 우리의 학문은 아직도『한성순보』

의 계몽적인 단계에 머물고 있다.

우리의 학문은 북학의 전통을 창조해야 한다. 창조는 무無에서 유有를 만들어 낸다는 것이 아니고 과거의 경험을 오늘날의 현실로 조망하여 새로움을 부여해 재발견한다는 의미이다. 이런 작업은 '철학자적' 지식인들이 각고의 노력을 거쳐야만 가능한 일이다.

지식인들을 3그룹으로 구분하는데 '철학자적' 지식인은 자신이 처한 국가나 사회의 역사적 발전 방향을 설정해 이에 대한 지적知的 원칙을 제시할 수 있는 지식인들을 말한다.

(4) 「번역의 국제정치학」, 『개념과 소통』, 창간호(2008 여름), pp. 5-23.

이 논문은 한 언어의 구두 기호를 다른 언어의 구두 기호로 변경하는 경우interlinguistic, 즉 이질문명권 사이의 번역에 나타나는 오해, 굴절, 선택의 현상에 관한 글이다. 이런 현상을 1864년 마틴Martin, W. A. P. 이 휘튼Wheaton, H.의 저서를 한역漢譯하면서 나타난 위의 현상들을 분석하고 있다. 번역 과정에서 휘튼의 저서를 사대질서의 회전會典으로 오해하였다. 유럽 국제사회와 사대질서를 혼동한 결과이다.

휘튼의 저서는 실증법적인 연구인데 반해 마틴은 선교사로서 자연법적인 색체를 가미해 굴절하여 번역하였다. 동양의 지식인들은 처음으로 접하는 휘튼 저서의 내용을 이해하기 힘들었을 것이다. 따라서 독립, 균세, 자주와 같은 시급한 개념만을 선택하여 수용하게 되었다.

제5장

국제법

1. 소련 국제법

1971년 6월 한국외교사 관련 일본의 미간문서 복사물과 마이크로필름을 갖고 의기양양(?)하게 귀국하였다. 이들 자료를 원용해 한국외교사 통사를 집필하려는 포부를 지니고. 나의 작은 수첩에 통사의 목차를 자세히 적어놓았다.

그러나 한국외교사 강의를 담당할 수가 없었다. 이 강의를 담당한 교수가 외교학과 교수회의에서 자신의 강의를 추호도 양보할 수 없다고 공언하였기 때문이다. 처음에는 실망이 앞섰지만 곧 학문적인 시야를 넓히는 계기가 된 것에 감사하였다. 작은 수첩에 적어놓은 한국외교사의 구성과 목차를 훗날 보니 참신한 것도 없는 재래식 교과서 내용이었다.

이런 분위기에서 동주 선생은 나에게 소련 국제법 연구를 권장하셨다. 당시 외교학과에서는 국제법 전공 교수가 없었고 법과대학의 이한기李漢基 교수가 강사로 출강하고 계셨다. 동주 선생은 당시 세계의 국제법 학계에서는 소련 국제법에 관한 관심이 매우 고조되어 있고 전문가들도 상당한데 한국에서는 아직 이 분야 연구가 미진함을 감안하신 것이었다.

이날부터 생사를 걸고 소련 국제법 연구에 매진하였다. 당시에는 소련 자료를 외국에서 구입할 수 없는 것이 현실이었다. 우선 소련 학자들의 연구 중에서 구미와 일본어로 번역된 것을 섭렵하였고 소련 국제법 전공의 구미와 일본 학자들의 연구들을 철저히 조사하였다. 처음으로 1973년에 논문을 발표할 수가 있었다.

1975~1977년에는 파리 법과대학(파리 2대학)에서 본격적으로 소련국제법연구를 진행하였다. 파리에 도착하자 소련문제의 세계적 권위자 당코스d'Encausse, H. C.(1929~) 시앙스 포Science Po. 교수를 찾았다. 소련국제법에 관한 의견을 구하자 친절하게 자신의 생각을 들려주었다. 당코스 교수는 1990년에는 프랑스 학술원 회원이 되었다.

당코스 교수를 다시 만난 것은 동주 선생이 청와대 정치특보로 해외 공관 순시 중 파리에 오셨을 때였다. 동주 선생은 소련 전문가 교수를 만나고 싶다고 하셨다. 추측하건대 귀국하셔서 보고할 자료를 준비하시는 것 같았다.

당코스 교수에게 전화로 나의 스승이 오셔서 당신과 면담을 희망하시니 시간을 내주길 부탁하였다. 당시 파리에서 전화 개설은 하늘의 별 따기였으므로, 옆집 아파트의 전화를 빌려 당코스 교수와 연락하였다. 의외로 곧 응락하였다.

약속한 날 센Seine 강변 고급 아파트의 당코스 교수 집을 찾았다. 동주 선생과 긴 대화가 이어졌다. 동주 선생의 영어 능력은 익히 아는 바였고 당코스 교수의 영어도 출중하였다. 영국에서 습득하지 않았나 생각하였다. 대화의 초점은 동주 선생이 질문한 소련의 장래 문제였다. 당코스 교수는 소련은 여러 소수 민족문제로 와해될 것이라고 단언하였다. 그녀는 소련의 소수민족 문제의 전문가였다. 당시 소련 내에서는 특히 발트 3국에서 민족 갈등문제가 첨예하게 나타나고 있었다. 사실 소련의 와해는 전혀 다른 요인에 의해 폭발된 것이었다. 소련의 해체 문제는 다시 후술한다.

다음으로 내가 예방한 교수는 파리 법과대학의 르테르Reuter, P. 국제법 교수였다. 그의 아파트에서 저녁에 두어 시간 소련 국제법에 관한 구상을 전하였다. 그는 곧 흰 종이에 "대학 교수 나 르테르는 한국의 젊은 교수 김용구가 연구를 수행하는 데 관계 기관이 협조해 주길 바란다."라고 적어 나에게 건네주었다. 처음에는 이 쪽지가 무슨 효과가 있을까 의심하였다.

다음날 시앙스 포 도서관에 이 종이를 제출하였다. 그러자 모든 것이 해결되었다. 도서관 서고에 가서 보고 싶은 책을 마음대로 검색하라는 것이었다. 서고에 들어서자 곧 프랑스적인 현상을 보았다. 서고 안에서 직원들이 담배를 피우면서 잡담하고 있었다. 세계 어느 나라의 도서관에서도 있을 수 없는 장면이었다. 시앙스 포 도서관의 소련 국제법 관련 주요 자료들은 거의 검색하였다. 복사물도 엄청나게 늘었다.

이제 영국 도서관으로 눈을 돌렸다. 우선 런던대학 법과대학 도서관과 슬라브 연구소를 찾았다. 법과대학에는 소련 국제법의 대가인 버틀러Butler, W. E. 교수가 활동하고 있기 때문이었다. 아니나 다를까 도서관과 연구소 자료실에는 소련 국제법 관련 저서나 자료들이 잘 구비되어 있었다. 이곳의 자료를 섭렵한 후 School of Oriental and African Studies, University of London을 찾았다. 소련 국제법 자료를 수집하면서 중국 국제법 문제에 관심이 쏠렸기 때문이다. 중국 국제법에 관한 자료들이 잘 정비되어 있었다. 이 자료가 훗날 관계 논문을 집필하는 밑거름이 되었다. 매달 파리에서 기차로 도버Dover 해협에 도착, 이곳에서 해상 고속정을 타고 영국에 건너가 기차로 런던에 가곤 하였다.

1977년까지 파리에 체류하기로 되어 있었는데 그 일정을 앞당기게 되었다. 프랑스 장학기관에 부탁해 1977년 봄에 귀국하기로 하였다. 미국 도서관의 자료를 검색하기 위해서였다. 하버드 대학 와이드너 Widner 중앙도서관을 먼저 찾았다. 당시 이 도서관은 소장 장서의 목록을 컴퓨터에 입력하는 작업을 하고 있었다. 서고에 들어가서 철저히 뒤지기 시작하였다. 다음에는 법과대학 도서관으로 옮겼다. 지상 4층, 지하 2층의 이 도서관 지하 1층은 세계외교사와 소련 국제법 연구에 보고寶庫와 같은 곳이었다. 엄청난 자료들을 복사하였다. 그 후 미국을 방문할 기회가 있으면 이곳을 찾곤 하였다. 미국에서 한국으로 오기 전두 달은 동경대학과 와세다 도서관을 찾았고 일본 서점에서 책들도 어지간히 구입하였다.

나의 『소련국제법이론연구』(1979)는 이런 과정을 거쳐 이뤄진 결실이었다. 이 책이 출간되자 규수九州 대학의 이와시타 아키히로岩下明裕(현재 호카이도北海道 대학 교수) 교수가 서울대학교의 나의 연구실로 달려왔다. 그는 나의 책을 정독하였다. 자신의 선생은 이와부치 세쓰오岩淵節雄라고 말하고는, 내 책(p. 70. 주석 18)에서 그의 선생이 번역한 툰킨Tunkin, G. I.(1970)의 일역본[1] 중 번역 오류를 지적한 바 있는데, 이를 자기 선생에게 알려주었다고 한다. 한국어를 아느냐고 묻자 그는 나의 책이 한문을 많이 사용해 내용을 알 수 있었다고 한다. 이를 계기로 그와 몇 차례 더 만나게 되었다.

---

1   『國際法理論』, 法政大學出版局, 1973.

(1) 1973. 「평화공존원칙과 소련국제법이론」, 『논문집』(서울대학교 국제
문제연구소), 창간호, pp. 88-111.

이 논문은 200자 원고지 300~400매에 달하는 분량이었다. 내용은 다
음과 같다. ① 1956년 소련 공산당 20차 대회에서 채택된 이른바 평화
공존 원칙은 사회주의적 국제주의 원칙과 함께 소련 국제법을 지배하고
있는 2대 원칙이다. 평화공존에 관한 소련 학자들의 학설을 상술하였다.
이들 원칙은 물론 공산주의적 투쟁개념의 법적 표현이다. ② 1956년 이
전 소비에트정권 초기 1920~1955년 소련 국제법 흐름도 서술하였다.

(2) 1973. 「현대 소련국제법 이론의 동향」, 『문학과 지성』, 가을, pp.
521-542.

이 글은 "소련에도 정치학이나 국제정치학이 존재하고 있는가?"라
는 흥미 있는 질문부터 시작하고 있다. 최근 한 미국학자가 자기의 전공
분야를 묻는 소련학자에게 '정치학political science, poltiticheskaya nauka'이라
고 답변하자 그 소련학자는 웃으면서 "모든 과학science, nauka은 정치적
political, politicheskaya이죠."라고 하면서, 덧붙이기를 "그러나 무슨 말인지
는 알겠습니다. 당신은 국가와 법, 정치경제학, 그리고 당신네들이 말하
는 정치행태를 연구하고 있군요."라고 했다는 일화가 있다.

소련이나 러시아에서 과학nauka은 인문, 사회, 자연과 같은 학문분
과를 지칭하고, 이런 과학의 결론을 현실에 적용하는 분야를 기술技術
iskusstvo, art이라고 부른다. 외교가 대표적인 기술의 예이다. 위의 양국 학
자의 대화는 이러한 정치철학의 차이를 잘 나타내 주고 있다.

이 논문은 같은 해 서울대학교 국제문제연구소 『논문집』에 게재한 논

문을 일반 독자들이 쉽게 접근할 수 있도록 간략하게 구성한 글이다.

(3) 1975. 「사회주의국제법과 소련 국제법이론」, 『논문집』(서울대학교 국제문제연구소) 2호, pp. 37-65.

소련 국제법 이론의 기본원칙은 평화공존과 사회주의적 국제주의의 두 축이다. 사회주의 국제법 이론을 소련 혁명 이후 1975년 현재까지 역사적으로 추적하였다. 분량도 1973년의 논문과 같은 양의 방대한 글이다.

(4) 1979. 『소련국제법이론연구』(서울: 일지사. 183 pp.)

이 저서는 한자도 너무 많고 내용도 당시 우리나라의 소련 관련 연구 수준에서 볼 때 난해한 연구 서적으로 치부되었을 것이다. 제1장 서론에서는 다음과 같은 소련국제법사 시기구분 문제를 다루고 있다. 1945년 이전에는 소련 학자들은 시기구분에 관해 논의를 하였으나, 제2차 세계대전 후로는 10월 혁명 이후의 국제법을 "새로운 국제법"이라고 명명하면서 소련혁명 이후 직선적으로 발전하고 있다고 설명하고 있다.

다음의 시기구분은 구미학자들의 견해이다. ① 과도기 국제법 이론의 시기(1917~1929): 코로빈E. A. Korovin과 파슈카니스E. B. Pashukanis의 견해를 설명하고 있다. ② 상호비판의 시기(1930~1937): 제1기의 두 학자에 대한 비판이 거세게 일어난 시기이다. ③ 비신스키의 18개 국제법 명제 시기 (1938~1953): 1938년 7월 개최된 "소련 국가학 및 법학 문제 제1차 회의"의 국제법분과위원 비신스키A. Ya. Vyshinsky가 행한 긴 연설에서 국제법에 관한 12개 명제를 천명하였다. 이제 국제법 연구는 이들 명제에 입각해 설명해야 한다. ④ 평화공존의 국제법(1954~).

이 저서가 한자를 상당히 사용해 일본 학계에 소개된 이점도 있었다. 이와시타岩下明裕는 그의 저서(1999, pp. 27-28)에서 나의 이 저서를 높게 평가한 바 있다.

(5) 1979. 『중소국제법이론 및 러시아소련의 한말외교사연구-문헌목록』(서울: 서울대학교출판부. 347 pp.)

여러 대학 도서관을 전전하면서 수집한 자료들의 목록을 작성, 발표한 연구서이다. 소련 국제법이론에 관해서는 문헌목록을 이미 학술지에 발표한 바 있다.(「소련 국제법이론-문헌목록」, 『논문집』, 서울대학교 국제문제연구소, 제5집, pp. 85-193).

중국 국제법에 관한 문헌목록과 중국과 소련의 한국외교사 연구 문헌을 첨부해 세상에 알린 저서다. 소련 국제법 중에서 러시아로 된 문헌은 제외하였다. 소련에서 거의 완벽한 문헌목록들이 나와 있어 이를 참조하면 되기 때문이다(p. 7 참조). 소련 학자들이 러시아어 이외 언어로 발표한 연구, 소련 학자들 연구를 외국어로 번역한 문헌들도 목록으로 작성했다(pp. 3-170). 따라서 1979년 현재 소련에서 나온 문헌목록과 함께 필자의 이 저서를 참조하면 거의 완벽한 문헌목록이 될 것이다.

중국 국제법의 경우에는 중국학자들의 연구와 외국학자들의 이 방면 연구들의 목록이다(pp. 173-233). 한국외교사의 경우는 소련학자들이 러시아로 된 연구들의 목록이고 중국의 경우는 물론 중국어로 발표한 연구들의 목록이다(pp. 239-323).

이 책이 나오자 박태근 박사가 서평을 발표해 격려해 주었다(『경향신문』 1980년 2월 13일).

(6) 1994. 『러시아 국제법』(서울: 서울대학교출판부. 137 pp.)

1917년 소련혁명 시기부터 구소련의 해체 시기까지 국제법 이론의 전개 과정을 6개 장으로 나누어 개괄하였다. ① 서론: 공산주의 국제법 이론의 종언, ② 과도기 국제법 이론의 시기, 1917-1929, ③ 상호비판의 시기, 1930-1937, ④ 비신스키 명제의 시기, 1938-1953, ⑤ 평화공존 국제법 이론의 시기, 1956-1985, ⑥ 페레스트로이카 국제법 시기, 1986-1991, 총 6개의 장으로 구성하였다.

(7) 1996. 『러시아 국제법학의 전통』(서울: 집문당. 167 pp.)

저서 명칭이 '러시아'라고 되어있으나 제정 러시아를 의미하는 것은 아니다. 나의 1979년 저서는 1968년 체코 사태에 관한 소련 학자들의 견해 설명에서 끝냈다. 그러나 1991년 구소련의 해체에 이르기까지 소련 국제법학계는 여러 변화를 맞이하였다. 1984~1986년은 소련과 동유럽의 관계가 매우 암울한 시기였다. 소련 국제법 이론은 동유럽의 지배를 정당화는 시녀의 역할을 하고 있었기 때문이다. 이런 현상은 고르바초프 대통령이 1987년 여름 급히 집필한 소책자 『페레스트로이카, 우리나라와 세계를 위한 신사고』로 큰 변혁을 맞이하게 되었고 소련 국제법학계도 새로운 전기를 맞게 되었다. 1994년 저서(pp. 73-106), 1996년 저서(pp. 107-143)는 이문제에 관해 자세히 적고 있다.

2. 소련 대외정책사 연구 계획

소련 국제법을 어느 정도 마무리하고 나니 소련 대외정책사를 본격적으로 정리하려는 구상에 사로잡혔다. 그러나 이 구상은 실현을 보지 못했다. 세계외교사 집필에 몰두하기 시작하였기 때문이다. 소련 대외정책사 계획은 중도에 포기하였기에 이 계획을 위해 집필했던 논문들의 제목만을 적어 둔다.

(1) 1979. 「소련의 동북아 정책」, 『사회과학과 정책연구』(서울대학교 사회과학연구소), 1권 2호, pp. 61-68.

(2) 1980. 「동북아 자원의 성격－시베리아의 에네르기를 중심으로」, 『논문집』(서울대학교 국제문제연구소), 6호, pp. 119-128.

(3) 1981. 「소련 태평양 함대의 현황」, 『사회과학과 정책연구』(서울대학교 사회과학연구소), 3권 2호, pp. 77-102.

(4) 1981. 「소련의 동북아 정책」, 『사회과학과 정책연구』(서울대학교 사회과학연구소), 3권 3호, pp. 1-54.

(5) 1982. 「소련의 군사비 지출의 추세와 전망」, 『논문집』(서울대학교 국제문제연구소), 7호, pp. 243-257.

(6) 1988. 「시베리아 개발과 서방의 기술-자본도입 문제」, 『사회과학과 정책연구』(서울대학교사회과학연구소), 9권 3호, pp. 25-50.

3. 러시아 국제법

1991년 12월 구소련이 해체되자 미국이나 유럽의 이른바 '소련학'은 심각한 좌절에 빠지게 되어 방향감각을 잃게 되었다. 미국이나 유럽의 '소련학'이 안고 있었던 가장 큰 문제점은 소련을 러시아의 역사와 절연하여 취급하였다는 데에 있었다. '소련'을 러시아의 역사나 전통과는 아무런 관련이 없는 독특하고 새로운 정치 집단의 형식이라고 가정하고 출발했다는 뜻이다. 이는 소련 정부의 관변官邊 이데올로기에 유럽과 미국의 소련학자 대부분이 충실한 결과였다.

'소련사Istoriya SSSR'의 경우 소련의 학자들은 러시아 시대부터 서술하는 것이 상례인데 반하여, 유럽과 미국의 경우에는 1917년 이후의 역사를 지칭하고, 그 이전의 역사는 '러시아의 역사'라고 반드시 불렀다. '소련사'라고 제목 붙여진 소련의 많은 연구들이 모스크바 공국公國이나 루스Rus의 형성으로부터 서술이 시작되고 있는 점과는 상이하다. 소련 사람들은 러시아의 긴 역사 속에서 자신의 위치를 생각하고 있다.

나는 1992년 6월부터 두어 달 동안 러시아에 머문 적이 있다. 소련이 해체된 지 불과 반년 후의 일이었다. 그런데 모스크바 시내에 남아있는 스탈린 시대의 흉물스런 석조건물들을 제외하고는 '소련'을 찾아볼 수가 없었다. '러시아'가 있을 뿐이었다.

정교회 성당을 가득 메운 신심에 찬 러시아인들, 가난해 2층 난간의 입석 자리에 나무같이 서서 전통음악에 매료된 슬라브인들, 푸슈킨Pushkin, A. S.을 사랑하고 몇 구절의 시를 낭송하는 아파트의 이웃 사람들, 그리고 크렘린에서 어린 학생들에게 러시아의 역사를 열심히 가르치는 여선생님들. 1979년에 출간한 나의 『소련국제법이론연구』의 맹점을 곧 알 수 있었다.

(1) 1982. 그라바르Grabar, V. E.의 『러시아 국제법사』[2] 일부 번역(서울: 박영사. 317 pp.)

그라바르(1865~1956)의 이 저서를 보는 순간 독자들은 경이로움을 느낄 것이다. 어떻게 이런 방대하고 심오한 연구를 세상에 내어놓을 수 있을까?

나는 그의 방대한 연구 중에 우선 1850~1917년에 해당되는 부분을 번역하였다. 그라바르의 연구는 영국 런던대학 법과대학 교수 버틀러W. E. Butler(1939~)에 의해 1990년에 완결되었다.[3]

빈Wien에서 태어난 그라바르는 1894년에 러시아 국적을 취득하였다. 모스크바 대학 법학부를 졸업하고 유럽의 여러 지역에서 연구 생활을 보내고 1893년부터는 동 에스토니아의 유래프Yurev(Derpt)(현재 타르투 Tartu) 대학에서 '전쟁과 국제법' 강의를 시작한 이래 25년 동안 이 대학에서 교수로 재직하였다. 제1차 대전 이후 그는 모스크바 대학 교수와 외무성 고문을 역임하였다. 1929년 은퇴 이후에도 모스크바 대학 국제법 학과의 명예교수로 소련 학술원 법학연구소에서 연구를 계속하였는데 그의 연구 분야는 중세 국제법 이론과 러시아 국제법 문헌정리였다.

그는 국제법학의 민족주의적인 경향을 비판하였다. 이런 면에서 국제법을 공산주의 이론에 입각해 해석한 코로빈Korovin, E. A.의 견해를 도저히 묵과할 수 없었다. 소련의 등장이 국제법 질서에 아무런 영향을 미치

---

2   Vladimir E. Grabar(1958), *Materialy k Istorii Literatury Mezhdunarodnogo Prava v Rossii, 1647~1917* (1647~1917, 러시아에 있어서 국제법문헌사를 위한 자료).

3   버틀러 교수는 그라바르 원저를 훌륭하게 영어로 번역하고 3가지를 더 보완하였다. ① 러시아 국제법 역사학자 그라바르의 소개(pp. xxxvi-liii), ② 그라바르의 저술 목록(pp. 579-586). ③ 러시아 시대에 발표된 국제법 문헌목록(pp. 587-737). ③은 획기적인 업적이다.

지 못했다고 단언하였다. 코로빈과 같은 젊은 학자들의 비학문적이고
정치적인 태도를 통탄하였다.[4]

(2) 1996.『러시아 국제법학의 전통』(서울: 집문당. pp. 167)

1994년 저서 발표 이후 아산재단에서 구소련 연구를 위한 연구비로 다
시 저서를 발표하게 되었다. 구소련 국제법 동향은 제정 러시아 시대의
국제법 이론의 이해가 필수적이다. 영국의 버틀러Butler, W. E. 교수의 지론
이다. 이 저서는 이런 관점에서 러시아의 국제법 동향을 적은 저술이다.

4. 중국 국제법

소련 국제법 자료를 검색하면서 중국의 국제법 연구 동향에 관심을
갖게 되었다. 특히 런던대학 동양 및 아프리카 학부School of Oriental and
African Studies, University of London에 소장된 자료들이 도움을 주었다.
1992년 한중 국교가 수립되자 곧 북경대학으로 달려가 국제법사 분
야의 권위자인 왕철애王鐵崖 교수를 만나 3일에 걸쳐 중국 국제법사에
관해 긴 대화를 나눈 적이 있었다. 그는 1957년부터 전개된 반우파투쟁
反右派鬪爭 시기에 북경대학 정치계政治系 주임교수로 재직하고 있었으므
로 비판 대상이 되었다.

---

4   김용구(1982), pp. 4-5; Butler(1990), pp. xxxv-li.

(1) 1980. 「신생제국新生諸國의 국제법-중공中共의 국제법체계 논쟁을 중심으로」, 『논문집』(서울대학교 국제문제연구소), 6호, pp. 51-62.

이 논문은 1949년 중공 정권의 수립부터 1966년 문화혁명 시기까지 중국의 국제법 연구 현황을 개괄하였다. 이 시기 중국 국제법 학자들의 관심은 ① 1957년부터 시작된 우파 국제법 학자에 대한 비판. ② 부르주아 국제법 이론의 비판. ③ 국제법 체계에 관한 논쟁, 3가지였다. 이 논문은 ③의 문제만을 다루고 있다. ①, ②의 문제는 1997년 논문에서 자세히 다루었다.

중국의 국제법 체계 논쟁은 소련의 1951~52년과 1954~55년의 논쟁을 그대로 재현한 것이다. 그러나 당시 중국의 논문 수준은 소련에 미치지 못하였고 소련의 논쟁을 제대로 이해하지도 못하였다. 학문 세계의 '중심'과 '주변'의 문제를 여실히 보여주고 있다.

(2) 1997. 「중국 학계의 국제법 연구 동향」, 『논문집』(서울대학교 국제문제연구소), 21호, pp. 1-54.

이 논문의 구성과 내용은 다음과 같다.

① 화평공처和平共處, 즉 평화공존. 1951년에 환향宦鄉이 화평공처에 관한 논문을 발표한 것은 특기할 만한 일이다. 일반적으로 평화공존 이론이 국제법학계에서 논란이 된 것은 1956년 소련의 제20차 당대회 이후라고 알려져 있다. 환향은 중국 외교부에서 여러 직책을 거쳐 영국주재 대리공사를 지내고, 외교부를 떠난 이후에는 사회과학원 부원장, 중국 국제법학회 회장을 역임하였다. 이 논문은 한국전쟁의 와중에서 중국의

평화공세를 합리화하기 위해 집필한 것으로 추측된다. 내 글은 환향에 이어 여러 학자들의 논문들을 소개하고, 특히 주경생周鯁生의 견해를 자세히 적었다.

② 반우파투쟁. 1957년부터 시작된 반우파투쟁의 핵심 대상은 진체강陳體强과 왕철애王鐵崖였다. 진체강은 1948년에 옥스퍼드 대학에서 박사학위를 받았다.[5] 귀국 후 1958년 숙청되었다가 문화혁명 이후 복권되어 1982년부터 발간한 『중국국제법년간』의 주편主編이 되었다.

왕철애도 1937~1940년 영국 런던의 정경대학London School of Economics and Political Science에서 수학하였다. 이런 배경으로 우파분자로 숙청된 바 있다. 그러나 복권 후 북경대학 국제법 교수를 역임하였다.[6]

③ 우파 인물 비판의 내용: 비판을 전개한 학자들의 견해를 자세히 추적해 적어 놓았다.(pp. 14-18).

④ 진체강과 왕철애의 자아비판: 국제법 분야의 일급 학자였던 이들에게 자아비판을 강요한 것은 매우 참혹한 일이었다(pp. 18-19).

⑤ 자산계급 국제법 비판: 조악眺岳이 1959년에 발표한 논문에서 시작되어 수많은 논문들이 발표되었다(pp. 19-38). 그러나 대부분의 글 수준이 여러 문제점을 안고 있었다. 이들 논문들이 의존하고 있는 출처를

---

5 그의 학위논문은 1951년 런던에서 *International Law of Recognition*로 출판되어 우수한 저서로 평가받은 바 있다.

6 그의 학문적인 업적에 관해서는 많은 글이 있으나 특히 Macdonald, R. St. J. *Essays in Honour of Wang Tieya* (Leiden : Martinus Nijhoff Publishers, 1994)를 참조.

모두 적어 놓았다.

⑥ 환향의 회상: 1966~1976년 문화혁명 기간에 중국의 학문세계는 정돈상태였다. 소진邵津(1989, p. 542)은 1961~1978년 동안 국제법 논문이 단 한편도 없었다고 적고 있다. 중국국제법학회 회장 환향도 1985년 12월 회상에서 1980년 당시 중국인이 집필한 국제법 교과서는 단 한 권도 없었다고 말하고 있다.

⑦ 주경생周鯁生(1889~1971): 17세에 일본에 유학, 와세다 대학에 입학하였고 1913년에는 영국 에든버러 대학에서 박사학위를, 그리고 이어서 파리대학에서는 국가박사학위를 취득하였다. 1939~1945년에는 미국에서 연구생활을 하였다. 왕철애의 스승이기도 하다. 1992년 3일 동안 왕 교수와 대담하면서 주경생에 관해 자세히 알게 되었다. 주경생의 주저는 『현대영미국제법적사상경향現代英美國際法的 思想傾向』(1963)과 『국제법』(1964년 탈고. 1976년 출간)이다. 내 논문에서 그의 저서 내용을 자세히 적었다(pp. 39-51).

5. 만국공법

1960년대 초 석사과정 시절 서울대학교 도서관 서가의 빛바랜 한적漢籍을 만난 적이 있다. 『만국공법』이라고 적혀 있는 생경한 표지였다.
1976년에 네덜란드의 레이던Leyden 대학을 찾은 일이 있었다. 한국 문학을 전공하는 월레이번Walraven 교수가 도서실에 희귀한 책이 있다고 도서관에 같이 들렀다. 『만국공법』이었다. 이들 모두는 물론 초판본이 아니고 해적판이었다. 초판본에 관해서는 후술한다.

만국공법 문제에 관해 처음으로 발표한 것은 영국 더럼Durham 대학에서 개최된 1984년 4월 유럽 한국 연구 학회(Association of Korean Studies in Europe, AKSE)의 제8차 연례학술대회였다. AKSE는 1976년 런던대학의 한국 문학 전공 스킬렌드Skillend, W. E. 교수가 제창해 창설되었다. 당시 나는 파리에서 연구를 하고 있었기에 런던에서 개최된 창립총회에 프랑스 대표단의 한 사람으로 참여하였다. 총회에서는 여러 학자들이 연구논문을 발표하였다. 묄렌도르프Möllendorf, P. G. von에 관한 발표가 있자 스킬렌드 교수는 나를 토론자로 지목, 계속 발언케 한 기억이 난다.

더럼 대학에서 발표한 논문의 주제는 "서양 국제법 이론의 조선 전래 The Introduction of Western International Law Theory into Korea"였는데 지금 읽어보니 수준 이하의 글이었다.

더럼 회의의 추억은 학술회의의 내용이 아니었다. 그것은 4월 15일 더럼에서 버스로 2시간 정도 북쪽으로 올라가 해드리안 장벽Hadrian's Walls을 방문한 일이다. 이 장벽은 하드리아누스Hadrianus, P. A.(로마 황제, 76~138)가 서기 122년에 6년에 걸쳐 건설한 로마 제국의 가장 북쪽에 위치한 경계line였다.

1993년 청명 임창순 선생의 팔순 기념논문집에 만국공법에 관해 설익은 글을 발표하였다. 어느 날 외교학과 사무실에서 이 하찮은 글을 윤독하고 있는 학생들을 보고는 놀라지 않을 수 없었다. 후배들을 오도하고 있는 것은 아닌지. 본격적인 연구를 해야겠다고 다짐하였다. 2008년에야 이룩되었다.

마틴丁韙良, Martin, W. A. P. (1827~1916)이 1864년 휘튼Wheaton, H.(1785~1848)의 저서를 《만국공법》이라는 제목으로 한역漢譯한 것은 동양과 서양의 국제질서 충돌을 초래한 획기적인 일이었다. 마틴 자신의 말대로 성경 번역에 버금가는 역사적 사건이었다.

　19세기에 세계적인 차원에서 한학漢學에 정통한 서양 학자로는 마틴, 그리고 옥스퍼드 대학에 최초로 한문학 교수가 되어 사서삼경四書三經을 영어로 번역한 레그J. Legge(1815~1897)[7]가 있었다.

　(1) 마틴의 업적들

마틴은 동서양 충돌에 관해 다음과 같은 글들을 남겼다.

　① 1864. "Peking News," *New York Times* (January 8)

　1863년 9월 10일 마틴이 총서의 왕대신王大臣들을 만나게 된 사정을 신문에 기고한 글이다.

　② 1864. 『만국공법』

　㉮ 번역의 저본底本

마틴은 당시 외교관들의 필독서였던 휘튼의 저서 『국제법원리, 국제법학사 개요 첨부Elements of International Law with a Sketch of the History of the Science』 (1836)를 번역하였다. 이 저서는 휘튼 사후에 여러 판본이 나왔고 그 중에서도 로렌스Lawrence, W. B.의 1855년 판본과 1866년 데이너Dana, R. H. 판본이 유명하다.

　데이너 판본은 『국제법 고전 총서The Classics of International Law』에 수록되어 있어서 번역의 저본일 것이라고 오해하는 견해가 있다. 그러나 마틴

7　레그 교수는 1893년에 5책(1책; 論語, 大學, 中庸, 2책; 孟子, 3책; 尙書, 4책; 詩經, 5책; 春秋 左傳)을 세상에 내어놓았다. 1960년 제3판(pp. 1-25)에는 라이드Ride, L. T. 홍콩대학 부총장이 레그 교수 생애에 관해 쓴 상세한 글이 실려 있다.

의 번역 저본은 1855년 로렌스판본이었다. 두 판본은 내용이 사뭇 다르다는 점에 유의해야 한다.

⑭ 마틴 번역의 초판본

마틴은 1864년 4월 중순에 번역을 완료하고 중국 총서의 지원으로 300부를 간행하였다. 초판본은 순전히 한문으로 된 서문과 영문 표지와 영문 서문이 있는 두 형태가 있다. 후자는 몇 부가 발행됐는지 알 수 없다.

영문 표지와 서문이 있는 초판본은 하버드 대학과 예일 대학교에 소장되어 있다. 그리고 미국 국립문서고National Archive에도 한 권이 소장되어 있다고 추정할 수 있다. 1865년 4월 25일에 벌린게임Burlingame A. 공사가 수워드 국무장관에게 책 한 권을 보냈다고 보고하였기 때문이다. 일본 도호쿠 대학東北大學 가리노狩野 문고에는 한문 초판본만 소장되어 있다.

③ 1865. "Notes of Interviews," *Papers relating to the Foreign Relations of the United States*, 1865, Part 2, pp. 445-449.

1865년 2월말~3월초 중국 총서 대신들과 벌린게임 공사의 회의에 관한 마틴의 기록이다.

④ 1872. "Terms used in Diplomatic and Official Intercourse," Doolittle, Justus ed., *Vocabulary and Handbook of the Chinese Language*, 2, pp. 194-201.

마틴이 번역한 용어들이다.

⑤ 1876. 『성초지장星軺指掌』, 북경.

마틴은 휘튼의 저서에 이어 1876년에 두 번째로 프로이센 외교관 마르텐스Martens, K. von馬爾頓 (1790~1863)의 저술을 번역하였다. 번역 저본은 마르텐스의 1832년의 주저《외교 지침. 외교관과 영사관의 권리와 임무의 개요Guide diplomatique. Précis des droits et des fonctions des agents diplomatiques et consulaires》를 1866년에 게프켄M. H. F.Geffcken이 크게 증보한 책이었다.

휘튼의 저술과는 달리 마르텐스의 저서는 외교의 일상적인 사항을 기록하고 설명한 것으로 당시 동양의 지식인들은 이 책을 이해하는 데 어려움이 없었을 것이다.

마틴이 diplomatie, diplomacy란 서양의 용어를 사대질서에서 나쁜 의미로 사용했던 외교外交란 낱말로 대치한 사실에 주목할 필요가 있다.

⑥ 1877

㉮『공법편람公法便覽』, 북경.

1877년에 마틴이『공법편람公法便覽』이라는 제목으로 번역해 동양 3국에 지대한 영향을 미친 원저의 저자 울지Woolsey, T. D. 吳爾璽(1801~1889)는 미국 뉴욕 태생으로 철저한 기독교 국제법의 제창자였다. 그는 1860년에『국제법 연구 서설Introduction to the Study of International Law』을 출판하였다. 초판 이래 계속 증보판이 나왔는데 마틴의 번역 저본은 1874년의 제4판이다.

울지의 학문적인 수준은 휘튼에 비할 바는 못 된다. 그럼에도 불구하고 마틴이 이 저서를 번역한 것은 그가 잠시 국제법을 연구하기 위해 미국에 귀국하였을 때 울지와 친분을 맺은 인연 때문이다.

㉯『중서문견록선편中西聞見錄選編』

⑦ 1880

㉮『공법회통公法會通』, 북경.

마틴이 1880년 『공법회통公法會通』이라는 제목으로 한역한 책은 취리히Zurich 출신 블룬츨리Bluntschli, J. C.(1808~1881)의 저서였다. 블룬츨리는 당시 동양에 알려진 그 누구보다도 높은 학문적인 수준을 가진 법학자였다.

마틴이 번역한 『문명국들의 근대 국제법Das moderne Völkerrecht der civilisierten Staten』은 그의 국제법에 관한 대표적인 저술이다. 초판은 1868년에, 그리고 1872, 1878년에는 제2, 3판이 나왔다. 이 저서는 여러 언어로 번역되었는데 라르디Lardy, C가 프랑스어로 번역한 것은 1869년에 초판이 나온 이래 계속 증보하여 1895년에 제5판이 나왔다. 마틴이 한역한 저본은 프랑스어 번역이었는데 몇 년도 판인지 더 조사할 필요가 있다.

블룬칠리의 저서는 독특한 내용과 형식을 취하고 있다. 서문과 862개의 명제들로 구성돼 있다. 이런 형식 때문에 『공법회통』을 한때 『공법천장公法千章』이라고도 불렀다. 이들 명제들은 그가 국제법의 법전으로 돼야 한다고 판단한 것들이어서 '있는 법lege lata'뿐만이 아니라 '있어야 할 법lege ferenda'도 언급하고 있다.

㉴ Diplomacy in Ancient China

북경동양학회Peking Oriental Society에서 발표한 논문이다. Hanlin Papers에 실려 있고 마틴의 1901년 저서(pp. 450~472)에 수정, 게재되어 있다.

마틴이 중국 고대 국제법에 관해 처음으로 발표한 글이다. 그가 이 분야의 연구를 시작한 것은 이른바 국제법의 법 형식은 중국 고대에서도 이미 찾아 볼 수 있다는 것을 중국인에게 알려주기 위함이었다. 마틴이 이 방면의 선구적인 연구를 개척한 것은 높이 평가받을 만하다.

⑧ 1881

㉮ "Traces of International Law in Ancient China," Condensed

Outline of a Paper read before the Congress of Orientalists in Berlin, 13 September 1881, *International Congress of Orientalists* (Berlin), Vol. 3, pp. 71-78.

마틴의 발표와 요약문은 상당한 반향을 불러 일으켰고 전문全文 발표를 요구받게 되었다. 마틴은 다음과 같이 전문 발표와 더불어 고대 중국 국제법에 관해 보완하고 중국어로도 발표하였다.

㉰ "Les Vestiges d'Un Droit International Dans l'Ancienne Chine," *Revue de Droit International et Législation Comparée*, vol. 14 (Juillet 1882), pp. 227-243.

㉱ "Traces of International Law in Ancient China," *International Review*, vol. 14 (1883), pp. 63-77; *Chinese Recorder*, vol. 14(1883), pp. 380-393; *Hanlin Papers or Essays on the Intellectual Life of the Chinese*, 2nd Series(1894), ch. 5. 마틴의 이 논문 모음은 1880년에 제1집, 1894년에 제2집이 나왔다. Martin(1901), ch. 22.

㉲ 「중국고세공법中國古世公法」, 『서정총서西政叢書』, 7책, 1897. 마틴의 논문을 왕봉조汪鳳藻가 1884년 한역한 것이다.

⑨ 1883

㉮ 『육지전신선陸地戰新選』. 유럽 국제법 협회Institut de Droit International가 1864년 국제법학자들이 브뤼셀에서 결의한 문헌을 1880년에 *Manuel des lois et coutumes de la guerre*란 제목으로 발표한 소책자이다. 마틴은 1882년 스위스를 여행할 때 이를 구득하여 번역하였다. 『서정총서西政叢書』, 7책(1897)에도 수록되어 있다.

㉯ 『서학고략西學考畧』, 북경.

⑩ 1886

"La Chine et le Droit International," *Revue de Droit International et Législation Comparée*, p. 168. 마틴이 Moynier, G. M.에게 보낸 서한이다

⑪ 1897

A Cycle of Cathay or China South and North with Personal Reminiscences (New York : Fleming H. Revell) 1900년에 제3판이 나왔다.

⑫ 1901

The Lore of Cathay or The Intellect of China (New York : Fleming H. Revell) 1912년에 제3판.

⑬ 1902. 『공법신편公法新編』, 북경.

마틴이 영국인 홀W.E. Hall의 저서 『국제법*A Treatise of International Law*』을 번역해 출간한 연도를 1901년 또는 1903년으로 표기한 견해도 있으나, 나는 1902년이라고 판단한다. 『공법신편公法新編』을 구해 보기 어려운 사정에서 비롯된 오류라고 생각한다.[8]

마틴이 번역한 홀의 원저는 1880년에 초판이 나오고 1924년 8판까지 보완되었다. 마틴은 1890년 제3판을 저본으로 삼았으나 번역이라기보다는 편찬編纂의 형식을 취하였다. 원저의 자구字句에 전혀 구애되지 않았고 어떤 부분은 생략하고 어떤 경우에는 원저보다 자세히 설명하고

---

8   미국 하버드 대학 옌칭도서관에는 도서 카드는 있으나 실물은 찾을 길이 없다. 나는 중국 상하이 도서관의 소장본을 참조하였다.

있다. 더욱이 마틴은 문답의 형식으로 편찬하였다. 그리고 원저의 주석을 본문으로 옮겨 놓았다. 이와 같이 원저의 형식 자체를 변경하여 중국 대학당大學堂의 학생들을 위한 교과서로 쓰게 하였다.[9]

『공법신편』은 몇 가지 점에서 주목된다. 먼저 이홍장李鴻章의 한문 서문(1901년 음력 9월)과 영문으로 된 서문이 있다. 한문 서문에서 이홍장은 중국의 북부 지방이 비록 '의화단의 난'의 와중에 있으나 동남 지역이 평온한 것은 중국이 공법을 지킨 결과이며 이런 사정은 1885년 중국과 프랑스 전쟁 때도 같았다고 중국의 공법 지지를 천명하고 있다. 따라서 『공법신편』을 지키면 전쟁은 영원히 사라질 것이고 이것이 자신과 마틴의 희망이라고 피력하고 있다. 영문 서문은 간략하다. 이 서문을 쓰고 열흘 후인 1901년 11월 7일 이홍장은 사망해 이 서문이 그의 절필絶筆이 되었다.

또 한 가지 주목할 것은 『공법신편』 서두에 중서자목합벽中西字目合璧 Terms and Phrases이란 항목이 있다는 점이다. 1901년 당시 국제법 용어에 관한 한역漢譯의 동향을 알 수 있어 중요하다.[10]

⑭ 1904. 『방교제요邦交提要』, 상해.

(2) 나의 연구들

① 1993. 「서양국제법이론의 조선전래에 관한 소고(1)」, 『태동고전연

---

9 『공법신편』 범례 참조.

10 몇 가지 예를 들면 권리를 Rights and privileges, 외교는 Foreign intercourse로, Diplomacy는 방교邦交로, 그리고 최후통첩을 의미하는 Ultimatum은 중국음으로 愛底美敎書, 그리고 Uti possidetis를 各據所占之例로 번역하고 있다.

구』(한림대학교 부설 태동고전연구소), 10집, pp. 499-522.

태동고전연구소 창립 30주년 특집 논문집을 발간하면서 이 연구소와 청명 선생과의 인연이 있는 교수들의 논문을 게재하였다. 조선의 서양 국제법 수용에 관해 어느 정도 학문적인 체제를 갖추고 처음 발표한 글이다. 그러나 이 글을 집필할 당시『만국공법』번역 저본인 1855년 로렌스 판본을 직접 검토하지 못하였다. 이 논문은 더 보완해야 한다고 생각해 논문에 (미완)이라고 적어놓았다.

② 1998.「조선에 있어서 만국공법의 수용과 적용, 1870년대~1910」, 동아시아 근대사학회(일본) 제3회 연구대회 국제심포지엄 발표논문, 와세다대학 고노小野강당, 6월 20일.

나는 마틴 번역의 주요 만국공법 저서들의 특징과 한국의 연구 동향을 설명하였다. 다음으로 전래시기에 관한 한일학자들 사이의 견해 차이를 설명하였다.

③ 1999.「조선에 있어서 만국공법의 수용과 적용」,『논문집』(서울대학교 국제문제연구소), 23호, pp. 1-25[11]

1998년 6월 일본 학회에서 발표한 이후 미국 캘리포니아 산타 바바라 대학에서 연구하게 되었다. 그런데 일본 학회로부터『동아시아근대사』학술지에 원고 게재를 부탁받았다. 1998년 일본에서 발표한 것을 전면 보완해 미국에서 이 논문을 작성하였다.

이 논문은 6개 부분으로 구성되어 있다. 1. 서론. ⓐ 연구현황과 한역

---

11 이 논문을 쓰키아시 다쓰히코月脚達彦 교수가 일본어로 번역해 일본 학술지에 실었다.「朝鮮における萬國公法の受用と適用」,『東アジア近代史』(日本東アジア近代史學會), 第2號, pp. 27-44.

漢譯 판본 추적의 중요성. ⓑ '만국공법' 용어로 인한 조선과 중국 지식인들의 착각. ⓒ 한역 저본 2. 조선 전래의 시기 문제. 1877년 12월 17일 일본이 조선에 기증한 시점을 전래시점으로 볼 것인가? 이광린 교수의 반대는 전술한 바 있다. 1876년 3월 27일자 영국문서에 보면 조선의 대표들은 만국공법을 이미 갖고 있었다고 본국에 보고하고 있다. 3, 4, 5(pp. 6-20)는 1998년 일본 와세다 대학에서 발표한 3개 단계의 설명을 보완한 내용이다. 6. 만국공법 초판본 마틴의 영문 서문에 동양에는 서양 국제법 이론을 설명할 수 있는 '학술 용어technical terms'가 어려움이 있었다고 실토하고 있다. 오해와 왜곡이 나타나게 된다. ⓐ 사대질서가 '회전會典'으로 규율되는 것과 같이 서양의 국제사회도 '만국공법'이라는 하나의 법전으로 규율되는 것으로 한동안 착각하였다. ⓑ 서양의 공법이 자연법적인 기초에 입각하고 있다고 착각하였다. ⓒ 서양 국제법 규범 중에는 약소국의 독립을 보장하는 제도적 장치가 있다고 오해하였다. ⓓ 조선이나 중국의 지식인들은 번역된 서양 국제법 이론을 명백하게 이해할 수 없었을 것이다. 따라서 일부 개념만을 선택해 수용하게 되었다. ⓔ 마틴이 번역한 저서들은 유럽 중심주의와 팽창주의를 제창한 저서들인데 당시 동양의 지식인들은 이 점을 이해할 수 없었다.

④ 2001. 「국제법의 조선 전래에 관한 몇 가지 문제들」, 12월 14일 일본 규슈 대학 발표 논문.[12]

이 발표문의 내용 중 특기할 사항은 다음 두 가지이다. 1. 19세기는 언제인가? Hobsbawm, G.과 Barraclough, Arrighi의 견해를 설명했다.

---

12 제5장 미발표논문, 제2에 전문 수록. 그리고 柳原正治(2002), 『開港期韓國における不平等條約の實態と朝鮮-大韓帝國の對應』, pp. 14-24에도 게재되어 있다.

나는 1792년 전쟁~1914년을 19세기로 파악하였다. 2. 19세기는 '유럽 공법'의 시기라는 견해가 있으나 이 용어는 Mably(1748)의 저서 명칭에서 보는바 같이 오래전부터 사용되었다. ⑭ 마틴이 한역한 저서들의 문제점을 설명하였다.

⑤ 2001. 「19세기 유럽 공법의 동양 전파자들」, 12월 16일 규슈 국제 법학회 발표문[13]

⑥ 2003. 「『만국공법』 초판본과 『공법신편』에 관하여」, 12월 6일 부산 대학교와 규슈대학 합동 세미나 "한국과 일본에서의 근대 유럽 국제법 수용과정의 비교연구" 발표논문[14]

이 논문은 국내에서 『공법신편』을 처음으로 자세히 분석한 글이다. 미국 대학들에는 『공법신편』은 소장되어 있지 않다. 하버드 대학 연경 Yenching 도서관에는 도서 카드는 있으나 실물을 찾을 수 없다. 중국 상하이 도서관의 소장본을 참조하였다. 특기할 사항은 『공법신편』에는 이홍장의 한문과 영어로 쓴 서문이 있다는 사실이다. 영문은 간략하다. 이 서문은 이홍장의 절필絕筆이다. 이 글을 쓰고 며칠 후 1901년 11월 7일에 사망했기 때문이다.

⑦ 2005. 「영국의 거문도 점령과 유럽 공법」, 2월 19일, 일본 규슈대학 발표 논문[15]

---

13 제5장 미발표논문, 제3에 전문 수록.
14 위 제5장 제5에 게재.
15 위 제5장 제8에 게재.

⑧ 2008. 『만국공법』(서울: 소화출판사. 223 pp.)

한림대학교 한림과학원이 2007년 한국연구재단의 인문한국HK 사업에 선정되면서 추진한 『한국개념사총서』 제1권으로 발간한 저술이다. 이 책은 제1부 '사대와 공법', 제2부 '번역과 충돌', 제3부 '조선과 만국공법'으로 구성되어 있다.

제1부는 다시 사대질서와 공법질서로 나누어 두 질서의 특징을 적고 있다.

㉮ 사대질서의 특징: ㉠ 책봉冊封 ㉡ 봉삭奉朔 ㉢ 조공회사朝貢回賜. ㉣ 사대질서의 주요 기본개념: ⓐ 사대자소事大字小의 예禮 ⓑ 사대질서 행위자의 불평등성. 천하를 5, 6, 9개 지역으로 구분해 행위자가 어디에 속하는가에 따라 불평등. ⓒ 조공의 횟수에 따라 불평등. 청조의 각 회전 분석. ⓓ 내번內藩과 외번外藩 ⓔ 인신무외교人臣無外交: 한 제후의 신하가 비밀리에 다른 제후나 그 신하와 접촉할 수 없는 것이 기본적인 명분이었다. 따라서 조선은 사대질서 밖의 제후와 접촉할 수 없었다. 조선 관찬사료들이 사대질서 밖의 문제에 대해 침묵하고 있는 연유이다. ⓕ 엄격한 화이華夷의 구별.

㉯ 공법질서의 특징: ㉠ 실정법주의 ㉡ 유럽중심주의 ㉢ 팽창주의.

제2부 번역과 충돌은 『만국공법』, 『성초지장』, 『공법회통』, 『공법신편』에 나타난 문제점을 분석하고 있다.

제3부는 ㉮ 사대교린질서와 공법질서의 충돌, ㉯ 만국공법비판론, ㉰ 파행적 공법질서와 저항, ㉱ 서양 공법 연구와 수용으로 구성되어 있다.

제6장
강연록

1. 「국제법의 조선 전래에 관한 문제들」, 2001년 12월 14일, 일본 규슈九州 대학 주최 국제심포지엄.

규슈대학 심포지엄에서 이 논문의 요지를 15분 정도 발표하였다. 전문全文은 아직도 미발표 형태로 남아 있다. 이 발표를 계기로 일본 규슈대학 야나기하라 마사하루柳原正治 교수와 여러 학술회의에 같이 참여하게 되었다. 이 논문은 내가 국제회의에서 오지사고奥地思考에 관해 처음 발표한 글이다.

조선 사회의 오지사고 문제점을 인식한 계층이 19세기 중엽 형성되었다. 사가史家들은 이들을 개화파라고도 호칭한다. 이들은 오지사고[1]의 극복을 만국공법의 수용에서 찾지 않을 수 없었다. 서양 국제사회의 본질을 알기 위해서는 당연한 논리였다.

한동안 학계에서는 『만국공법』의 조선 전래에 관해서는 조선기록 『왜

---

1 '오지사고'라는 낱말은 내가 조어造語한 용어이다.

사문답倭使問答』,『왜사문자倭使文字』,『왜사일기倭使日記』, 그리고 일본 기록 『선린시말善隣始末』의 1877년 12월 17일자 기록을 최초의 공문서 기사로 여겨왔다. 이 기사가 나오게 된 배경을 잠시 살펴보도록 하자.

일본은 일본 공사의 서울 주차와 개항장의 선택 문제를 해결하기 위해 하나부사 요시모토花房義質를 조선에 다시 파견키로 하였다. 하나부사는 1877년 11월 25일 서울에 도착해 12월 20일 떠났는데 끝내 이들 문제를 해결하지 못하였다. 원산의 개항은 태조太祖 이성계李成桂의 능침陵寢과 가깝다는 이유로, 그리고 사절의 서울 주재는 번거롭고 비용이 많이 든다는 이유로 모두 거절당하였다. 하나부사는 상주 사절 제도가 국제법의 기본 원칙임을 누누이 역설하였다. 특히 12월 17일에는 예조판서 조영하趙寧夏에게 다음에 보는 긴 공문과 함께『만국공법』,『성초지장星軺指掌』각 2부를 기증하였다고『일사문자日使文字』,『왜사문답倭使問答』,『선린시말善隣始末』이 모두 전하고 있다.

이 기록들을『만국공법』의 조선 전래를 말해 주는 최초의 '공식' 문서로 볼 수는 있으나 그것이 현실적인 최초의 전래를 의미하는 것은 아니다. 강화도 조약 교섭 당시 조선 측에서는 이미『만국공법』을 소지하고 있었기 때문이다.

하나부사의 공문의 내용을 자세히 살필 필요는 있다. 그는 먼저『성초지장』의 중요성을 들고 있다.

우리 두 나라의 수호 조규는 본시 순정醇正하고 공명하며 세계에 통행하는 공법에 의거하지 않은 바가 처음부터 없었다. 그 까닭을 알려면『성초지장』을 참조하면 그 이치를 깨닫는 데에 충분하다. 이 책은 청국 광서 2년 북경 동문관에서 간행된 것인데 현재 세계 각국이 준수하는 통사通使의 예규例規에 관한 설명이 매우 자세하다.

하나부사는 이어서 『성초지장』의 내용에 따라 사절의 주재와 그 왕래가 국제법의 원칙임을 역설하고 이에 관해 다음과 같이 길게 설명하고 있다.

> 각국에는 외국과의 교제 사무를 전담하는 대신大臣[2]이 있어서 화약和約, 연맹聯盟, 통상通商, 교전交戰의 일들은 모두 이 대신이 처리한다. 또 경조慶弔의 일이 있거나 군주가 이웃나라에 문서를 보내려고 하는 경우에도 모두 이 대신이 처리한다. 이 대신은 정기적으로 외국 공사들을 접견하며 공사가 이 대신을 만나고자 하면 날짜를 정하여 접견해야 한다. 그리고 옛날에는 사절 파견은 경조의 예의를 표하는데 국한되었으나 상주 사절의 제도가 있은 이후로는 사절의 임무는 양국의 우호 유지, 자국 상민의 보호, 자국에 관계되는 사건의 보고 등 어떤 특정한 일에만 국한되어 있는 것이 아니다.[3]

하나부사는 더 나아가 이런 것은 이제 각국의 예규例規가 되었고 중국도 취한 바이며 조선, 일본 두 나라도 사신의 직무는 옛날과 지금이 같지 않음을 인정한 바라고 말하고 있다. 조일수호조규 제2조의 내용이 그것이라는 것이다. 그런데 조선이 갑자기 사절의 주재가 번거롭고 비용이 많이 든다고 반대하는 것은 사리에 맞지 않는다는 것이었다. 번거롭고 비용이 많이 든다는 것은 옛날의 경우에는 그러할지 모르나 현재

---

2 『성초지장』에는 '총리대신'이라고 번역해 하나부사는 이것이 오해를 불러일으킬 우려가 있어서인지 '총리대신' 밑에 '총리각국사무아문대신'이라고 덧붙였다. 마틴의 번역 저본인 K. von Marte의 *Guide diplomatique*에는 ministre des affaires étrangères라고 외상을 지칭하였다.
3 외무대신과 사절의 임무에 관한 이 구절은 『성초지장』 卷一, p. 8, 10을 그대로 옮긴 것이다.

공법에서는 전혀 그럴 위험이 없다고 강조하고 이를 빙자하는 것은 양국의 약속을 저버리는 것이라고 반박하였다. 그리고 양국의 사절 주재가 이루어지면 모든 절차를 간략히 할 것이니 번거롭다거나 비용이 든다거나 하는 걱정은 없을 것이라고 강조하고 있다.

하나부사의 이 조회문은 사절의 임무가 옛날과 지금이 같지 않다는 것을 지적하면서 사대 질서에서 있었던 사절과 현행 공법에서 말하는 사절의 의미가 다르다는 것을 강조하고 조선과 일본 관계를 근대 국제법의 개념으로 설명하고자 한 것이었다. 양국의 국제 정치 문제에 관한 담론의 격차를 볼 수 있다.

일본 학자들은 물론이고 일부 국내 학자들까지도 한역된 『만국공법』이 최초로 조선에 전래된 시기를 1877년 12월 17일로 잡는 견해에 동조하고 있다. 그러나 이광린李光麟 교수는 오래 전에 이런 견해에 대해 다음과 같이 반대한 바 있다.

> 『성초지장』은 중국에서 번역 간행된 것이 전년도인 1876년이었으니까 그 책의 조선 전래는 일본의 기증이 처음이었을 가능성이 있으나, 『만국공법』은 그보다 훨씬 이전에 전래되었을 것이라고 생각된다. 그 까닭은 조선 정부에서 1년에도 몇 차례씩 중국에 파견하는 사절에 의해 구득하여왔을 것임에 틀림이 없기 때문이다. 아편전쟁 뒤 서양의 지리와 역사를 최초로 소개한 『해국도지』만 해도 1844년 중국에서 간행된지 몇 달 뒤 중국에 파견되었던 사절에 의해 조선에 전래된 바 있었다. 그리고 『만국공법』이 간행된 1864년에서 강화도 조약이 체결된 1876년 2월까지 조선에서 중국에 파견된 사절 회수만 해도 23회를 헤아리고 있으니, 그 동안에 『만국공법』은 얼마든지 조선에 전래되었을 것이다.[4]

이광린 교수는 이에 관한 간접증거로서 오세창吳世昌의 회고, 이건창李建昌의 강위姜瑋 묘비명墓碑銘 등을 들고 있다. 이 추정에 일리가 있다고 본다. 중국에 가는 조선의 연경사들의 주요임무 중 하나가 서적의 구입에 있었음은 물론이다. 이광린 교수의 지적대로 1864~1876년간 23회에 걸친 연경사들이 이 새롭고 신기한 국제정세에 관한 서적에 관해 전하여 들었거나 구하여 보았을 것이다. 다만 1801년 신유사옥 이래로 모든 서양 서적들의 도입이 엄금된 상황이어서 이 책에 관한 언급이 문헌에 보이지 않고 있을 뿐이라고 추측한다.

『만국공법』이 1877년 12월 17일 이전에 이미 조선에 전래된 두 가지 증거를 들고자 한다. 하나는 '만국공법'이라는 용어의 사용 문제와 다른 하나는 영국 외교문서의 지적이다.

'만국공법'이라는 새로운 용어가 조선의 공공 문헌에 처음 나타난 것은 1876년 2월 12일(음력 1월 18일) 구로다 기요다카黑田淸隆와의 회견을 신헌申櫶이 보고한 '문답구어'問答句語라고 생각한다. 이 '문답구어'는 고종 13년 1876년 2월 14일(음력 1월 20일)자 『일성록』과 『고종실록』에 실려 있으나 『승정원일기』에는 실려 있지 않다. 또 주의할 점은 『일성록』과 『고종실록』의 기사 내용 중 글자의 차이가 있다는 점이다. 또 이날의 회담을 기록한 조선 측 문헌과 일본 측 문헌은 대강의 내용은 같다 하더라도 용어의 사용에는 약간의 차이가 있어 주목된다. 먼저 『고종실록』의 내용을 보자.

일본 전권이 말하기를 양국에 그 동안 사이가 멀어진 것은 곧 조례가 분

---

4 이광린(1982), p. 123.

명치 않았기 때문이다. 따라서 약조를 의정議定하여 영구하게 변하지 않을 장정章程을 삼는다면 양국은 전혀 다시 틈이 벌어질 단초가 없을 것이다. 또 이것은 모두 만국공법이 폐할 수 없는 것이라고 하다.[5]

그런데 같은 회담을 기록한『일본외교문서』는 '만국공법'이라는 용어를 사용하지 않고 '만국보통의 예萬國普通의 例', 또는 '만국교제의 법'이란 낱말을 쓰고 있다. 양국은 수 백년 동안 통상하여 왔는데 새삼 무슨 조약이냐는 신헌의 질문에 구로다는 일본이 제안한 새로운 조약은 "천지天地의 공도公道에 기초하여 만국보통의 예"에 따라 작성한 것이라고 대꾸하였다. 구로다는 같은 말을 되풀이하면서 한 번은 "만국 교제 보통의 예"라고 덧붙였다. 이에 신헌은 "(우리나라는) 외국에 통상한 일도 없으며 따라서 만국 교제의 법도 모른다."라고 대답하였다고『일본외교문서』는 적고 있다.[6]

이날의 회담은 당시 양국의 거의 모든 공식 회담의 통역을 담당한 우라세 히로시浦瀬裕가 역시 통역을 담당하였는데 그의 조선어 실력이 그리 신통하지 못했던 것 같다. 일본어로 된 조약안을 조선어로 각 조항을 일일이 통역하여 설명하였으나 신헌은 대충 그 뜻은 알겠다고 하고 한문으로 번역하길 요구하였다.[7]

그렇다면 문제는『고종실록』을 비롯한 조선 문헌에 나오는 신헌의 보고에는 '만국공법'이라고 분명히 적고 있는데 반하여,『일본외교문서』는 '만국교제 보통의 예', '만국 교제의 법'이라고 표기하였다는 것이다.

---

5 『고종실록』, 상, p. 516.『일성록』은 '문답구어'는 게재하고 있으나 '만국공법' 운운의 구절이 없다.

6 『일본외교문서』, 9, 문서번호 17, pp. 89-91.

7 ibid, p. 90.

일본 대표 구로다가 '만국 보통의 예' 또는 '만국 교제 보통의 예'라고 말한 것을 통역자가 '만국공법'이라고 전하였다고 가정할 수는 없을 것이다. 통역자의 조선어 실력이 보잘것없다고 하더라도 한문으로 된 이 용어를 그렇게 무리하게 전달하지는 않았을 것이다. 그렇다면 '만국 보통의 예'라고 들은 것을 신헌이 '만국공법'이라고 적어서 보고했을 가능성이 있는데 만일 그렇다면 『만국공법』의 조선 전래의 시기와 관련하여 중대한 시사를 하고 있다고 여겨진다. 신헌을 비롯한 당시 조선의 지식인들 사이에 '만국공법'이라는 낱말이 어느 정도 통용되고 있었다고 볼 수 있기 때문이다.

한편 1876년 2월 강화도 조약을 교섭할 당시 일본에서는 '만국공법' 또는 '국제법'이라는 용어가 크게 유행하고 있었는데 일본 대표들이 '만국 보통의 예' 또는 '만국 교제 보통의 예'의 용어를 사용한 것도 의아스러운 일이다. 물론 당시 일본에서 이들 용어가 사용되고 있었지만 '만국공법'이라는 낱말이 일본 식자들 사이에 더 널리 알려져 있었기 때문이다. 1875년까지 일본에서 출판된 만국공법 관계 서적들을 보면 다음과 같다. 1864년 중국에서 『만국공법』이 한역되어 출간되자 이 책은 곧 일본에 전하여졌으며, 급증하는 수요에 부응하기 위하여 게이오慶應 원년인 1865년 일본의 개성소開成所에서 다시 복간하여 널리 유포시켰다.

이에 앞서서 일본의 막부는 1862년에 10명의 학생을 네덜란드에 유학시킨 바 있었는데 이들 중에서 니시 슈스케西周助(명치정부에 임용되면서 니시 아마네西周로 개명), 쓰다 신이치로津田眞一郎(훗날 니시와 같은 이유로 쓰다 마미치津田眞道로 개명), 에노모토 다케아키榎本武揚 3명은 국제법을 연구하였다. 특히 니시는 네덜란드 레이덴 대학 비쎄링S. Vissering 교수의 집에서 2개월 동안 국제법을 배우고 1868년 『필서림씨설 만국 공법畢洒林氏說 萬國公法』

이란 제목으로 책을 출간하였다.[8] 니시의 이 책은 일본어로 된 최초의 국제법 저서이며 유럽의 국제법을 비롯한 법학 일반에 걸친 용어의 번역에 지대한 영향을 미쳤다.

또 같은 해인 1868년에 번역서들이 나왔다. 『만국공법석의萬國公法釋義』(번역자는 쓰쓰미코쿠 시시堤殼土志), 『만국공법萬國公法』(번역자는 鄭右十郎과 吳碩三郎), 그리고 『교도기원 일명 만국공법 전서 일호交道起源 一名 萬國公法全書 一號』(저술자는 우류 산인瓜生三寅) 등이 출간되었다. 그 다음해인 1869년에는 마르텐스의 『외교 지침Guide diplomatique』 중 상권上卷을 후쿠지 겐이치로福池源一郎가 『외국 교제 공법外國交際公法』이란 제목으로 번역, 출간하였다. 그리고 1870년에는 시게노 야스쓰구重野安繹가 휘튼의 국제법 저서를 『화역 만국공법和譯 萬國公法』이란 제목으로 번역하였고 1873년에는 미쓰쿠리 린쇼箕作麟祥가 울지의 『국제법 연구 서설Introduction to the Study of International Law』 일부를 일본어로 번역하여 『국제법 일명 만국공법國際法 一名 萬國公法』이라고 제목을 붙였다. '국제법'이라는 용어가 최초로 등장하였다. 미쓰쿠리는 이보다 앞서 같은 해에 프랑스의 『육법전서六法全書』를 완역하였는데 그는 여기에서 국헌國憲이라고 당시까지 번역되었던 'constitution'을 헌법憲法이라고 번역한 효시를 이루기도 하였다. 한편 도쿄 대학의 전신인 도쿄 개성 학교東京開成學校에서는 교과목을 열국교제법列國交際法이라고 하였으나, 1881년 학과개정을 단행한 도쿄 대학이 국제법 학과를 설치하여 국제법이란 학술상의 용어가 정착되었다.

이와 같이 1876년 2월 조선과 일본이 수호 조약을 교섭할 당시 일본 식자들 사이에는 '만국공법'이나 '국제법'의 용어는 널리 쓰이고 있었다.

---

8 『西周全集』, 1961, 제2권 pp. 3-101에 수록.

『만국공법』이 1877년 12월 17일 이전에 조선에 전래된 사실을 증명하는 명백한 자료가 바로 영국 문서의 기사이다. 일본 주재 영국 공사 파크스H. Parkes는 강화도 조약 체결에 참여했던 모리야마 시게루森山茂로부터 조선의 사정을 자세히 듣고 이를 1876년 3월 27일 본국 정부에 보고한 바 있다. 그런데 모리야마는 조선의 대표들은 이제 일본 이외의 나라들과 조약을 체결할 가능성을 인식하고 있으며 '휘튼 국제법의 베이징 번역본을 갖고 있다'라고 다음과 같이 말하였다는 것이다.

> 다른 나라들이 조선에 와서 일본이 한 것과 유사한 요구를 할 가능성을 그들은[조선 대표들: 필자] 충분히 내다보고 있으며 어느 정도 이에 대해 준비가 되어 있다. 그들은 중국과 외국이 체결한 모든 조약들의 사본을 갖고 있으며 휘튼H. Wheaton 국제법의 베이징 번역을 갖고 있다. 모리야마가 만난 한 관료는 20년 동안 계속 베이징을 방문했으며 홍콩에도 다녀왔기 때문에 그들은 유럽과 미국의 여러 다른 나라들을 알고 있다.[9]

여기에서 베이징을 오래 동안 다녔다는 인사는 바로 오경석吳慶錫을 말하고 있는 것이다. 하여간 『만국공법』이 1876년 2월 이전에 조선에 전래된 것만은 확실하다. 구체적으로 언제 조선의 지식인들이 그 책을 구해 읽기 시작했는지는 앞으로 더 천착해야 될 것이다.

(1) 사대교린 질서 해체에 대한 초기 저항

1876년 1월 30일 조선과 조약을 체결하려는 일본 대표단이 인천 앞

---

9   Parkes to Derby, Mar. 27, 1876; Park Il-Keun(1982), p. 47.

바다에 도착하고 2월 5일과 6일 예비 교섭이 강화부성에서 처음 있었다. 그리고 그들의 조약 초안을 넘겨받은 것이 2월 12일이고 14일 이 문제를 토의하기 위한 어전 회의가 수정전修政殿에서 열린 이후 조약 체결로 정책이 굳혀진다. 따라서 일본과 조약을 체결하는 문제는 엄청난 저항과 반대에 부딪히게 되었다.

대원군은 2월 2일 강화도로 가는 오경석, 현석운을 통해 신헌에게 하나의 서한을 전달하여 조약을 체결하면 안 된다는 뜻을 전달하였다.[10] 대원군은 비록 일선 정치에서 물러나 있었어도 그의 영향력은 막강한 것이었다. 그는 2월 12일에는 한발 더 나아가 의정부에서 회의하는 대신들에게 협박에 가득 찬 서한을 보낸다. 3백 년의 약조를 깨고 일본의 서계를 받아들인다는 것은 통탄할 일이라는 것, 일본의 군함이나 의복은 모두 양이들 것으로 양이의 통제를 받아 그들과 함께 오려는 속셈이라는 것, 일본이 병선을 이끌고 내양에 들어온 것은 조선 조정에 이미 사람이 없음을 알고 있다는 사실들을 통박하고 있다. 따라서 자신은 집의 애들[가동家僮]과 함께 나라를 위해 죽겠노라고 협박하였다.[11]

2월 17일(음 정월 23일) 최익현은 조헌趙憲의 고사故事를 본따 도끼를 메고 조약 체결을 다섯 가지 이유 반대하는 상소문을 올렸다. ① 우리가 대비하지 못하고 두려워서 화호를 구한 점. ② 양이의 물건은 사치한 것과 기이한 것이고 우리의 것은 생명에 관한 한정된 것이어서 몇 해 안

10 『심행일기沁行日記』, 권 상, 병자 정월 8일, 田保橋潔(1940), 上, p. 509에서 재인용. 필자가 2001년 이 논문을 집필할 때에는 『심행일기』가 우리 학계에 알려져 있지 않았다. 다보하시 기요시 교수가 위 책에서 일부 인용한 것을 재인용하였다. 2007년 8월 동북아역사재단의 후원으로 『근대한국외교문서』 편찬 제1차 회의가 열리자 필자는 『심행일기』를 발굴할 것을 제창하였다. 현재 국립외교원 교수인 김종학 박사가 당시 편찬위원회의 간사를 맡고 있었는데 김 박사가 『심행일기』의 완전한 판본을 찾아내고 2010년에 번역본을 발표하였다.
11 『용호한록龍湖閒錄』, 4, pp. 352-353, 정월 18일.

가서 우리 땅은 지탱할 수 없다는 점, ③ 왜와 양은 같은 것이어서 사학邪學이 전국에 충만할 것이라는 점, ④ 양이가 육지에 내려 대臺를 축조하려는 것이어서 재물과 부녀의 약탈이 있게 된다는 점, 그리고 ⑤ 양이는 짐승이어서 짐승과 화호한다는 것은 불가하다는 점들이다.[12]

같은 날 전 사간司諫 장호근張皓根도 일본의 13개 조항의 불가를 상소하였다.[13] 그러나 조약 체결을 결정한 조정은 이들을 흑산도와 녹도에 각각 유배시켰다.

한편, 2월 22일 부호군 윤치현尹致賢은 왜와 양은 다르며 양이와는 화친할 수 없으나 왜국과는 3백년간 교린한 나라이니 조약을 맺는 것이 마땅하며 지금 조정에서 초야까지 범람하고 있는 양물을 엄금할 것을 상소하였다. 이 상주는 고종으로부터 분석이 명백하고 절실한 말이라고 치하를 받았다.[14]

(2) 서양 공법의 초기 전래-김기수와 이동인

조약 체결을 마친 신헌申櫶은 3월 1일(음력 2월 6일) 고종을 알현하였다. 이날의 장면은 매우 중요하다. 1811년 역지빙례易地聘禮로 대마도 이즈하라에서 일본 사절과 만난 이후 처음 일본 대표단과 담판한 신헌이 보고하는 자리였다. 더욱 메이지 일본이 교린 질서를 부정하고 새로운 국제 질서를 모색하는 시점이어서 기왕에 있었던 조선과 일본의 회담이 아니었다. 두 세계관 충돌의 최초 담당자였던 신헌의 알현이었기 때문

---

12 『승정원일기承政院日記』, 번역본, 61, pp. 151-152.

13 위 책 61, pp. 153-154; 음 1월 27일 우통례 오상현, 1877년 음 3월 4일에는 부호군 이돈우도 같은 취지의 상소를 하였다, 위 책 61, p. 185; 67, pp. 37-38.

14 위 책 61, pp. 191-192.

에 중요한 의미를 지니고 있었다.

이날 고종은 여러 가지를 신헌에게 질문하였다. 일본 대표단의 면면을 먼저 물었다. 미야모토, 노무라野村靖, 모리야마, 다네다種田明, 가바야마樺山資紀는 물론 통역관 최조最助의 직위, 역할, 성품이 논의되었다. 그리고 10년 뒤에는 조약 조규의 한문 번역이 없어지기 때문에 우수한 일본어 역관이 필요하다는 것도 신헌은 진언하였다. 그리고는 일본 병기에 대한 문답이 오고 간다. 일본이 강화도에 가지고 온 소위 회선포回旋砲의 성능에 관해 자세한 대화도 이어진다. 또 화륜선의 제도에 관해서도 고종은 관심을 표시하였다.

그러나 이날 두 사람 사이에는 중대한 문제가 논의되었다. 고종이 장계로 알린 것 이외에 말할 것이 있으면 하라고 하자, 신헌은 먼저 병력의 증강을 역설하고 사대교린과 함께 무비를 튼튼히 하면 능히 나라를 지킬 수 있다고 진언하였다. 이어서 다시 말할 것이 있느냐는 고종의 질문에 신헌은 수신사 파견을 다음과 같이 아뢰었다. 즉, 조약 체결이후 6개월 이내에 일본에 답례하고 일본의 습속을 살피며, 또 유람하는 목적으로 일본에 사신을 파견하는 것을 구로다가 요청했다고 하면서 부산에서 화륜선을 타면 7~8일이면 도쿄에 도달할 수 있다는 것이었다. 이에 국왕은 그러면 이것이 통신사냐고 되묻자 신헌은 종전과 같은 사절의 직위에 구애받지 않고 번거로움을 피하고 다만 일을 아는 사람解事者을 보내면 되니 이는 통신사와는 다르다고 진언하였다.[15] 이러한 신헌의 얘기는 중대한 의미를 갖는다. 그는 지금 교린 제도의 변형을 말하고 있기 때문이다.

---

15 위 책 61, pp. 285-292;『일성록日省錄』, 71, pp. 246-249.『고종실록高宗實錄』, 상, p. 522은 매우 간략함.

신헌의 진언에 따라 수신사의 파견이 결정되었다. 일본도 수신사 파견이 신헌의 노력에 의해 이루어진 것을 잘 알고 있었다. 구로다는 1877년 2월 17일에, 그리고 이노우에는 3월에 신헌에게 서한을 보내어 수신사 파견 결정을 감사하고 있다.[16] 3월 17일(음력 2월 22일) 응교應敎 김기수金綺秀가 예조 참의로 승진되어 강화도 조약 이후 처음으로 일본에 파견되는 수신사가 되었다. 당상堂上 역관 현석운玄昔運, 이용숙李容肅이 수행하였다. 서울을 떠난 수행원은 모두 30명 정도였는데 전통적인 통신사 일행이 근 500명에 달한 것과는 매우 대조를 이루고 있다.

김기수는 1876년 5월 22일 부산을 떠나 6월 28일 부산에 다시 도착하는 1개월에 걸친 단기간 일본을 방문하였으나 그의 임무는 실로 막중한 것이었다. 메이지유신 이후의 일본을 처음으로 시찰하는 사절이었으며, 그의 견문은 조선의 일본 정책 수립에 결정적인 자료가 될 수 있었다. 다시 말하자면 교린 체제의 통신사가 아니라 공법 질서에서 말하는 외교사절의 의미를 어느 정도 지니고 있었다.

이 중대한 정책의 시행에 있어서 몇 가지의 문제점을 먼저 지적하지 않을 수 없다. 결론부터 말한다면 김기수는 이런 역사적인 임무를 수행하기에는 적절치 못한 인물이었으며, 따라서 최초의 수신사 파견은 실패였다고 필자는 판단한다. 김기수는 4월 27일(음력 4월 4일) 사폐辭陛하고 7월 21일(음력 6월 1일) 복명하였다. 그런데 이 두 날에 있었던 대화를 보면 김기수는 고종의 기대에 전혀 부응하지 못하고 있음을 알 수 있다.

김기수를 떠나보내면서 고종은 이번의 파견이 단순히 먼 길을 떠나고 바다를 건너가는 것이 아니라 처음으로 있는 일임을 전제하고, 일본의 정세를 모두 정확하게 살피는 것이 가장 중요하니 모두 빠짐없이 기록

---

16 『용호한록龍湖閒錄』, 4, p. 391, 392-393, 왜인답서倭人答書.

하여 가져올 것을 두세 번 강조하였다.[17] 김기수는 이런 고종의 지시를 따르지 못하였을 뿐 아니라 오히려 정탐하지 않은 자신의 행동을 변명하고 있다. 그가 남긴 『일동기유日東記游』의 후서後敍란 글이 바로 그것이다. 자신은 정탐을 일삼을 수 없다고 하면서 이런 것은 본원本元, 즉 근본이 아니고 말단末端에 불과한 것이라고 강변하고 있다.[18] 그리고 고종은 일본에 체류할 기간을 15일 정도로 할 것을 말하였는데, 이것은 다만 통신사의 예에 따른 것이지 반드시 그렇게 하라는 것은 아니었다. 그런데도 김기수는 15일을 경과하면 안 된다는 평계로 일본이 제시한 여러 시찰 일정을 거절하였다. 이런 거절의 예는 그의 『일동기유』 곳곳에서 보인다.

김기수가 돌아와 고종과 나눈 대화를 보면 더욱 한심하고 답답하다. 이날 고종은 국제정세로부터 시작해 일본의 정치, 사회, 군사, 학술, 문화를 비롯하여 세세한 부분까지 하문下問하였다. 김기수는 고종의 이런 질문에 옳게 대답을 못하고 있다.[19]

---

17 『승정원일기』, 5, p. 605.
18 『일동기유』, 『수신사기록』(1971), p. 111.
19 이날의 대화 내용은 김용구(2001), pp. 217-225 참조.

제7장

강연 및 연구 노트

1. 일본에서 연구를 위한 연구계획서. 1971, 여름.

일본 정부는 중국 진출의 연구 기지로 만주 하얼빈의 만철滿鐵 도서관과 서울의 경성제국대학京城帝國大學을 지목하였다. 그러나 1937년 중일전쟁 발발로 이들 도서관을 위한 투자를 중단하게 되었다.

해방 후 한국 대학 도서관 현실은 더 처참하였다. 정부의 열악한 외화 보유고 현실을 반영하는 것이었다. 한국 정부가 도서관에 주목한 것은 1970년대 중엽에 이르러서였다. 중동 수출로 외화 보유고가 축적되기 시작한 시점이었다.

나는 1971년 일본으로 떠나기 전에 검색할 자료들의 목록을 작성하였다. 그해 여름은 무더운 날씨가 계속되었다. 정릉 집 마루에서 타자기로 목록을 작성하였다. 당시로는 동북아 국제관계사의 주요한 구미歐美 연구와 자료들을 거의 망라했다고 생각한다. 근 50년이 지난 지금에도 빛을 보지 못하고 연구에 인용되지 않는 것은 안타까운 일이다. Lensen, G. A(1933), Allen, B. M.(1933), Brandt, M. von(1897) (1901) 두 책, Brandt, Kiernan, E. V. G.(1939), Lensen, G. A.(1964) (1966)의 연구들이 대표적인 예이다.

(1) Abkommen Zwischen Japan und Korea Betreffend die Japanishe Niederlassung in Mosampo. Das Staats Archiv. Sammelung der Officiellen Actenstueckezu Geschichte der Gegenwart. 1903. Vol. 67 No 12672. Leipzig.

(2) Abrikosov, Dmitrii Ivanovich. 1964. *Revelations of Russian Diplomat: the Memoirs of D. I. Abrikosov.* Seattle : University of Washington Press.

(3) Adam, Phelps. 1904. *On the Russian and Japanese War, Critical, Satirical, Candid.* London.

(4) Afans'er and Grudzinskii. 1898. *Russkie Instrutore v Koreia.* Khvarovk.

(5) Ahnert, E. E. 1904. *Journey through Manchuria.* St. Petersburg.

(6) Akademia Nauk SSSR, Institut Narodov Azii. 1964. *Politika SShA v Stranach Dalnego Vostoka (Iaponia, Iuzhnaia Koreia).* Moskva.

(7) Akagi, Roy H. 1936. *Japan's Foreign Relations, 1542-1936.* Tokyo : Hokuseido Press.

(8) Allan, James. 1898. *Under the Dragon Falg: My Experiences in the Chino-Japanese War.* London : Heinemann.

(9) Allen, Bernard M. 1933. *The Rt. Hon. Sir Ernest Mason Satow G.C.M.G.: A Memoir.* London : Kegan Paul, Trench, Trubner & Co. Ltd.

(10) Allen, Horace N. 1903. *Supplement to a Chronological Index.* Seoul : Methodist Publishing House.

(11) _____. 1904. *Korea, Fact and Fancy.* Seoul : Methodist

Publishing House.

(12) _____. 1908. *Things Korean: A Collection of Sketches and Anecdotes, Missionary Diplomatic*. New York: Flemming H. Revell.

(13) _____. 1910. *The Awakening of Korea*. New York: Thomas Y. Crowell & Co.

(14) Anderson, John H. 1911. *The Russo-Japanese War on Land, 1904-1905*. 2 vols. London: Hugh Rees.

(15) Ariga, Nagao. 1896. *La Guerre Sino-Japonaise Au Point de Vue Du Droit International*. Paris: A. Pedone.

(16) _____. 1908. *La Guerre Russo-Japonaise Au Point de Vue Continental et Le Droit International d'Après Les Document Officiels Du Grand Etat-Major Japonais*. Paris: A, Pedone.

(17) Asakawa, Kanichi. 1904. *The Russo-Japanese Conflict: Its Issue and Causes*. Boston: Houghton Mifflin.

(18) _____. 1904. *The Russo-Japanese War: Collected Articles and Documents*. Boston.

(19) Aubert, Hauptmann. 1909. *Der Russisch-Japanische Krieg, 1904-1905*, 2 Bande. Berlin.

(20) Avarin, V. La. 1934. *Imperialzm v Manchurii*. 2 vols. Moscow.

(21) Baba, T. 1894. *The War Between Japan and China*. Kobe.

(22) Barboutau, Pierre. 1896. *La Guerre Sino-Japonaise*. Tokyo.

(23) Baring, Maurice. 1905. *With the Russians in Manchuria*. London: Methuen.

(24) Bau, Mingchien J. 1921. *The Foreign Relations of China: A*

History and a Survey. New York : Fleming H. Revell.

(25) Behrmann, Max T. 1905. *Hinter den Kulissen des Mandschurischen Kriegstheaters*. Berlin : C.A. Schwetschke und Sohn.

(26) Belcher, Edward. 1948. *Narrative of the Voyage of H.M.S. Samarang during the Years* 1843–46. 2 vols. London : Reeve, Benham, and Reeve.

(27) Bertin, Charles E. 1914. *Guerre Russo-Japonaise: Liao-Yang*. Paris : Chapelot.

(28) Beveridge, Albert J. 1903. *The Russian Advance*. New York : Harper & Brothers.

(29) Bigelow, John. 1907. *Peace given as the World Giveth: or, the Portsmouth Treaty and Its First Year's Fruits*. New York : Baker & Taylor.

(30) Bird, Wilkinson D. 1909. *Impression of Some of the Manchurian Battlefields*. London : Hugh Rees.

(31) _____. 1911. *Lectures on the Strategy of Russo-Japanese War*, London : Hugh Rees.

(32) Birkenhead, Frederick E. S. 1905. *International Law as Interpreted during the Russo-Japanese War*. Boston : Boston Book.

(33) Bishop, Joseph B. 1920. *Theodore Roosevelt and His Time*. 2 vols. New York : Charles Scribner's Sons.

(34) Bishop, Isabella L. 1898. *Korea and Her Neighbors*. 2 vols. London : John Murray.

(35) Bland, John O.P. 1921. *China, Japan and Korea*. New York :

Charles Scribner's Sons.

(36) _____. 1917. *Li Hung-Chang*. London: Cassell.

(37) _____. and Edmund Backhouse. 1910. *China under the Empress Dowager: Being the History of the Life and Times of Tzu Hsi Compiled From State Papers and the Private Diary of Comptroller of Her Household*. London: William Heinemann.

(38) Blyth, James. 1913. *Beset by Spies: A Story of Some Incidents during the Russo-Japanese War*. London.

(39) Boullavie, Capt. Brevete. 1911. *La Cavalerie Russe en Manchurie*. Paris.

(40) Bourdaret, Emile. 1904. *En Corée*. Paris: Plon-Nourrit et Cie.

(41) Braisted, William R. 1958. *The United States Navy in the Pacific, 1897-1909*. Austin: University of Texas Press.

(42) Brandt, Max von. 1897. *Drei Jahre Ost-Asiatischerr Politik, 1894-7*. Stuttgart.

(43) _____. 1897. Ostasiatische Fragen; *China, Japan und Korea*. Berlin.

(44) _____. 1901. *Drei und dreissig Jahre in Ostasien Erinnerungen Eines Deutschen Diplomaten*. 3 vols. Leipzig.

(45) _____. 1913. *China, Japan und Korea und Neueste Geschichte Ostasten*, Leipzig.

(46) Brooke, Lord. 1905. *An Eye-Witness in Manchuria*. London: Eveleigh Nash.

(47) Brown, Arthur Judson. 1919. *The Mastery of the Far East: The Story of Korea's Transformation and Japan's Rise to Supremacy*

in the Orient. New York Scribener's Sons.

(48) Brown, Capt. C. Abbot. 1904. *The War in the East*. London.

(49) Buckingham, B. H., G. C. Foulk and Walter McLeon. 1883. *Observation upon the Korean Coast, Japanese-Korean Ports and Siberia: Made during a Journey from the Asiatic Station to the United States through Siberia*. Washington.

(50) Bujac, Emile. 1896. Précis de Quelques Campagnes Contemporaines: La Guerre Sino-Japonaise. Paris.

(51) _____. 1907. *La Guerre Russo-Japonaise*. Paris.

(52) Bulgakov, F. I. 1905-6. *Port Arthur; Yaponskaya Osada i Russkaya Oborona Ego s Morya i Sushi*. St. Petersburg.

(53) Bunker, Lieut-Col. 1909. *Story of the Russo-Japanese War, 1904-5*. London.

(54) Burleigh, Bennet. 1905. *Empire of the East, or Japan and Russia at War 1904-5*. London: Chapman & Hall.

(55) Burtsev, Vladimir L. 1910. Tsar; Vneshniaia Politika; Vinovniki Russko-Japonskoi Voiny po Tainym Dokumentam: Tainaia Zapiska Gr. Lamsdorfa.

(56) Buss, Claude A. 1955. *The Far East: A History of Recent and Contemporary International Relations in the East Asia*. New York: Macmillan.

(57) Cable, E. M. 1938. "United States-Korean Relations 1866-1871." *Transactions of the Korea Branch of the Royal Asiatic Society* 28: 1-62.

(58) Callahan, James Morton. 1901. *American Relations in the*

Pacific and the Far East. Baltimore : Johns Hopkins Press.

(59) Carles, William Richard. 1888. *Life in Corea.* London : Macmillan.

(60) Carnegie Endowment for International Peace. 1921. *Korea, Treaties and Agreements.* Washington, D.C. : Carnegie Endowment for International Peace.

(61) Cassell. 1904-5. *Cassell's History of the Russo-Japanese War.* 5 vols. London : Cassell.

(62) Missions-Étrangères de Paris. 1924. *Le Catholicisme en Corée: Son Origine et Ses Progrès.* Hongkong : Imprimerie de la Société des Missions Étrangères de Paris.

(63) Chang Chung-fu. 1931. *The Anglo-Japanese Alliance.* Baltimore : Johns Hopkins Press.

(64) Chasseur. 1905. *A Study of the Russo-Japanese War.* London : W. Blackwood and Sons.

(65) Chay, Jongsuk. n.d. *The United States-Korean Relations, 1895-1905.* Ph.D. Dissertation, University of Michigan.

(66) Ch'en, Jerome. 1961. *Yuan Shin-K'ai, 1859-1916.* London : George Allen & Unwin Ltd.

(67) Chimenz, Salvatore. 1914. *Cuor di Samurai: Vero Episodio della Guerra Russo-Giapponese.* Yokohama.

(68) Chinese Eastern Railway Comp. 1924. *North Manchuria and the Chinese Eastern Railway.* Harbin : C.E.R.

(69) Choi, Soo Bock. 1963. *Political Dynamics in Hermit Korea: The Rise of Royal Power in the Decade of the Taewonkun, 1864-1873.* Ph.D. Dissertation, University of Maryland.

(70) Christie, Dugald. 1914. *Thirty Years in Moukden, 1883-1913: Being the Experiences and Recollections of Dugald Christie*. London : Constable.

(71) Chung, Henry. 1919. *The Oriental Policy of the United States*. New York : Fleming H. Revell.

(72) _____. 1921. *The Case of Korea*. New York : Fleming H. Revell.

(73) Clippinger, Morgan. 1965. *The Modernization of Korea: Factors in the Non-Modernization of Korea in the 19th Century*. Ph.D. Dissertation, Columbia University.

(74) Clyde, Paul Hibbert. 1926. *International Rivalries in Manchuria, 1689-1922*. Columbus : Ohio State University Press.

(75) _____. 1958. *The Far East: A History of the West on Eastern Asia*. Hoboken : Prentice-Hall.

(76) Cochin, Denys. 1903. *La Guerre Fatale Entre Russes et Japonais. Quand se Battront-Ils?* Paris.

(77) Collingwood, Henry. n.d. *Under the Ensign of the Rising Sun: A Study of the Russo-Japanese War*. London.

(78) Conroy, Hilary. 1960. *The Japanese Seizure of Korea, 1868-1910*. Philadelphia : University of Pennsylvania Press.

(79) Cordier, Henri. 1901. *Histoire des Relations de la Chine Avec les Puissances Occidentales*. 3 vols. Paris : Félix Alcan.

(80) Cordonnier, Emilien L. V. 1914. *The Japanese in Manchuria, 1904*. 2 vols. London : Hugh Rees.

(81) Comp. by Imperial Maritime Customs, China. 1891. *Corean Treaties, 1876-1889*. Shanghai.

(82) Cowen, Thomas. 1904. *The Russo-Japanese War: From the Outbreak of Hostilities To the Battle of Liaoyang*. London : Edward Arnold.

(83) Crist, David S. 1940. *Russia's Manchurian Policy, 1895-1905*. Ann Arbor : University of Michigan Press.

(84) Cyon, Elie De. 1895. M. *Witte Et Les Finances Russes d'Après Des Documents Officiels Et Inédits*. Paris : Typ. Chamerot et Renouard.

(85) Daveluy, Rene. 1906. *Leçons de la Guerre Russo-Japonaise*. Paris.

(86) Dennis, Alfred L. P. 1923. *The Anglo-Japanese Alliance*, Berkeley : University of California Press.

(87) Denny, Owen N. 1887. *China and Korea*. Seoul.

(88) Deuchler, Martina. n.d. *Sino-Korean Relations in 1870's and 1880's*. Ph.D. Dissertation, Harvard University.

(89) Dickens, F. V. and Stanley Lane-Poole. 1894. *The Life of Sir Harry Parkes*. 2 vols. London : Macmillan.

(90) Diosy, Arthur. 1896. *The New Far East*. London : Cassell.

(91) _____. 1904. *Russia and Japan*. London.

(92) Dmitrieff, Dmitri. 1903. *Excursion for the Investigation of the Port of Yinkow*, Vladivostok.

(93) Dobrov, Alexander S. 1952. Dalnevostochnaia Politika SShA v Period Russko-Japonskoi Voiny. Moskva.

(94) Dong, Chon. 1955. *Japanese Annexation of Korea: A study of Korean-Japanese Relations to 1910*. Ph.D. Dissertation,

University of Colorado.

(95) Dong, Wonmo. 1965. *Japanese Colonial Policy and Practice in Korea: 1905-1945; A Study in Assimilation*. Ph.D. Dissertation, Georgetown University.

(96) Douglas, Robert Kennaway. 1913. *Europe and the Far East, 1506-1912*. Cambridge: Cambridge University Press.

(97) Du Boulay N.W.H. 1896. *An Epitome of the Chino-Japanese War 1894-1895: Compiled in the Intelligence Division of the War Office*. London: Harrison.

(98) Ducrocq, Georges. 1904. *Pauvre et Douce Corée*. Paris: Champion.

(99) Duncan, Chesney. 1889. *Corea and the Powers: A Review of the Far Eastern Question*. Shanghai: Shanghai Mercury.

(100) Eastlake, F. Warrington and Yoshiaki Yamada. 1896. *Heroic Japan: A History of the War Between China and Japan*. London: Kelly and Walsh.

(101) Elias, Frank. 1911. *The Far East: China, Korea and Japan*. London: A. and C. Black.

(102) Evening Courier, Shanghai. 1871. *Narrative of the United States Expedition to Corea*.

(103) Ellis, Ashmead–Bartlett. 1906. *Port Arthur: the Siege and Capitulation*. London: W. Blackwood and Sons.

(104) Fauvel, Albert Auguste. 1904. *La Corée*. Paris.

(105) Fedorva, N. M. 1904. *Dal'nii Vostok : Iaponiia, Koreiia, Man'chzhuriia: Istorikpgeiograficheskii i Etnograficheskii Ocherk*. St. Petersburg.

(106) Fenwick, Malcolm C. 1911. *The Church of Christ in Korea*. New York: George H. Doran Company.

(107) Ford, Harold P. 1950. *Russian Far Eastern Diplomacy, Count Witte, and the Penetration of China, 1895-1904*. Ph.D. Dissertation, University of Chicago.

(108) Ford, John D. 1898. *An American Cruiser in the East*. New York: A. S. Barnes.

(109) Foster, John W. 1904. *American Diplomacy in the Orient*. Boston: Houghton.

(110) France. L'Etat-Major de l'Armée 2é Bureau tr. 1910-3. *Guerre Russo-Japonaise, 1904-5. Histoire Redigé à l'Etat-Major General de l'Armée Russe*. 5 vols. Paris.

(111) Franke, Otto. 1923. *Die Grossmaechte in Ostasien von 1894 bis 1914*. Hamburg.

(112) Frazer, Everett. 1884. *Korea and Her Relations to China, Japan and the United States*. New York.

(113) Frith, Henry. 1898. *In the Yellow Sea: A Tale of the Japanese War*. London: Griffith and Farran.

(114) F. Schrrez, Trans. into French. 1877. *Diary of a Chinese Envoy to Korea by Koe-Ling*, Ambassador of H. M. Emperor of China to the Court of Chosen 1866.

(115) Gale, James S. 1909. *Korea in Transition*, Cincinnatti: Jennings and Graham.

(116) _____. 1924-25. *A History of Korean People, the Federal Council of Evangelical Mission in Korea*, Seoul. Vol. 20-21.

(117) Galperin, A. 1947. *Anglo-Iaponskii Souiz*, 1902–21. Moskva.

(118) Gifford, Daniel L. 1898. *Everyday Life in Korea*. New York : H. Revell.

(119) Gilmore, George W. 1894. *Korea of Today*. London : T. Nelson and Sons.

(120) Golovachev, P. M. 1904. *Rossiia na Dal'nem Vostoke*. St. Petersburg.

(121) Goto, S. 1895. *Bericht Ueber das Militaer-Quarantaen Ewesen in Japanisch-Chinesischen Kriege vom 27-28 Jahre, Meijis*. Tokyo,

(122) H. Doring, Graf. 1906. Der Russisch–Japanische Krieg Nebst Einer Beschreibung und Geschichte von Japan, Korea etc. 3 vols. Berlin.

(123) Historical Section, Committee of Imperial Defence, Great Britain. 1914. *Official History of the Russo-Japanese War* 3 vols. London.

(124) Griffis, William Elliot. 1882. *Corea, the Hermit Nation*. New York : Charles Scribner's Sons.

(125) _____. 1895. "Korea and the Koreans : In the Mirror of Their Language and History." *Journal of the American Geographical Society of New York*. 1–20.

(126) _____. 1900. *America in the East*. New York : A. S. Barnes.

(127) _____. 1912. *A Modern Pioneer in Korea*. New York : Fleming H. Revell.

(128) Griswold, Alfred Whitney. 1938; 1964. *The Far Eastern Policy of the United States*. New York : Harcourt, Brace and

Company; New Haven: Yale University Press.

(129) Gulick, Sidney Lewis. 1905. *The White Peril in the Far East: An interpretation of the Significance of the Russo-Japanese War.* New York: Fleming H. Revell.

(130) Gutzlaff, Charles. 1834. *Journal of Three Voyages Along the Coast of China in 1831, 1832 and 1833: With Notices of Siam, Corea and Loo-choo Island.* London: F. Westley and A.H. Davis.

(131) Haintz, Otto. 1937. *Der Russisch-Japanische Krieg von 1904-1905.* Berlin.

(132) Halstead, Murat. 1905. *The War Between Russia and Japan, Containing Thrilling Accounts of Fierce Battles by Sea and Land.* Philadelphia: Premier Publishing.

(133) Hamilton, Angus. 1904. *Korea.* New York: Charles Scribner's Sons.

(134) Hamilton, Ian Standish Monteith. 1905-7. *A Staff Officer's Scrap-Book During the Russo-Japanese War.* 2 vols. London: Edward Arnold.

(135) Harrington, Fred Harvey. 1944. *God, Mammon and the Japanese: Horace Allen and Korean-American Relations, 1884-1905.* Madison: University of Wisconsin Press.

(136) Hatch, Ernest F. G. 1904. *Far Eastern Impressions, Japan, Korea and China.* London: Hutchinson.

(137) Helfferich, Karl. 1906. *Das Geld Im Russisch-Japanischen Krieges.* Berlin.

(138) Henderson, Gregory. 1965. *Korea: the Painful Years*. Harvard University.

(139) Hershey, Amos Shartle. 1905. *The International Law and Diplomacy of the Russo-Japanese War*. New York: Macmillan.

(140) Hohenzollen, Carl, von. 1908. *Meine Erlebnisse Waehrend des Russisch-Japanischen Krieges, 1904-1905*. Berlin: E.S. Mittler.

(141) Hoshien-Tchen. 1921. *Les Relations Diplomatiques Entre La Chine Et Le Japon de 1871 à Nos Jours: Traité, Conventions, Echange de Lettres, etc*. Paris.

(142) Hsu Shuhsi. 1926. *China and Her Political Entity. A study of China's Foreign Relations with Reference to Korea, Manchuria and Mongolia*. New York: Oxford University Press.

(143) Hulbert, Homer Bezaleel. 1905. *The History of Korea. 2 vols*. Seoul: Methodist Publishing House.

(144) _____. 1906. *The Passing of Korea*. New York: Doubleday.

(145) Iaroslavsky, Emelian. 1939. *Russko-Japonskaia Voina: Otnosheme k Nei Bolshevikov*. Moscow.

(146) Iarovoi, P. F. n.d. *Russko-Japonskaia Voina: Sbornik Materialov*.

(147) Immanuel, Friedrich. 1906. *Der Russisch-Japanische Krieg. In Militaerischen Und Politischen Beziehung Dargestellt. 6 vols*. Berlin.

(148) Inouye, Jukichi. 1895. *A Concise History of the War Between Japan and China*. Osaka: Z. Mayekawa.

(149) Inspectorate Generale of Customs. 1891. *Treaties,*

Regulations, etc., Between Corea and Other Powers, 1876-1889. Shanghai.

(150) Jametel, Maurice. 1885. *La Corée Avant Les Traités: Souvenirs de Voyages.* Paris: Ch. Delagrave.

(151) Japan, Ministry of the Foreign Affairs. 1904. *Correspondence Regarding the Negotiations Between Japan and Russia, 1903-4.* Tokyo.

(152) Kajima, S. 1895. *The War Between Japan and China.* Tokyo.

(153) Kann, Réginald. 1905. *Journal d'Un Correspondant de Guerre En Extrême-Orient, Japon-Mandchourie-Coreé.* Paris: Calmann-Levy.

(154) Karminski, Friedrich. 1907. *Der Einfluss Des Russisch-Japanischen Krieges Auf Die Wirtschaftliche Entwicklung Japans.* Wien.

(155) Kemp, Emily G. 1910. *The Face of Manchuria, Korea and Russian Turkestan.* London: Chatto and Windus.

(156) Kerner, Robert J. 1942. *The Urge to the Sea: the Course of Russian History.* Berkeley: University of California Press.

(157) Kiernan, Victor G. 1939. *British Diplomacy in China, 1880 to 1885.* Cambridge: Cambridge University Press.

(158) Kim, Joobong. 1966. *Bibliography of Korean-Japanese Relations in Modern Times.* Ph.D. Dissertation, Columbia University.

(159) Klado, Nicolas. 1906. *The Battle of the Sea of Japan: an Authorized Translation from the Russian by J. H. Dickinson*

and F.P.Marchant. London: Hodder and Stoughton.

(160) Korostovets, Ivan Ia. 1922. *Rossia na Dal'nem Vostoke.* Peking.

(161) _____. 1896. *Kitaia-Iaponskaia Voina.* St. Petersburg.

(162) Krahmer J. 1904. *Die Beziehungen Russlands zu Japan (mit besondere Beruecksichtigung Koreas) Russlands in Asien.* Leipzig,

(163) Krausse, Alexis. 1900. *The Far East, Its History and Its Question.* New York: G. Richards.

(164) _____. 1900. *Russia in Asia: A Record and a Study, 1558-1899.* New York: G. Richards.

(165) Krupenski, Kurt. 1940. *Russland und Japan: Ihr Beziehungen bis Zum Frieden von Porsmouth.* Koenisberg.

(166) Kunowski and Fretzdorff. 1895. *Der Japonisch-Chinesische Krieg.* Leipzig.

(167) Kutakov, L. N. 1961. *Portsmutskii Mirnyi Dagovor.* Moscow.

(168) Ladd, George T. 1908. *In Korea with Marquis Ito.* New York: Charles Scribner's Sons.

(169) Launay, Adrien. 1895. *Les Missionnaires Français en Corée.* Paris: Téqui.

(170) Lawton, Lancelot. 1912. *Empires of the Far East: A Study of Japan and Her Colonial Possessions, of China and Manchuria and of the Political Questions of Eastern Asia and the Pacific.* 2 vols. London: G. Richards.

(171) Lee, Joong-Koon. n.d. *Japanese Economic Infiltration Into Korea: Past, Present and Future.* Ph.D Dissertation, Columbia

University.

(172) Lee, S. S. and J. H. Song. 1908. *Japan's Action in Korea, from the Conclusion of the Russo-Japanese War to the Present Date.*

(173) Lee, Yur Bok. 1970. *Korean-American Relations, 1882-1895.* Ph.D. Dissertation, University of Georgia.

(174) Lensen, Georg Alexander, ed. 1964. *Russia's Eastward Expansion.* Hoboken : Prentice-Hall.

(175) _____. 1966. *Korea and Manchuria between Russia and Japan 1895-1904 : The Observations of Sir Ernest Satow.* Tallahassee : Diplomatic Press.

(176) Leonov, R. 1893. *Documents Secrets de la Politique Russe En Orient, 1881-1890.* Berlin : R. Wilhelmi.

(177) Leroy-Beaulieu, Pierre. 1900. *The Awakening of the East.* London : Heinemann.

(178) Liem, Channing. 1952. *America's Finest Gift to Korea : The Life of Philip Jaisohn.* New York : William-Frederick Press.

(179) Lignitz, Victor von. 1911. *Der Japanisch-Russische Krieg.* Berlin : Voss.

(180) Lipscak. 1895. *Der Chinesisch-Japanische Krieg und die Machtstellung der Europaeischen Grosstaten in Ostasien.* Wien.

(181) Little, Archibald. 1905. *The Far East.* Oxford : The Clarendon Press.

(182) Lobanov-Rostovsky, Prince A. 1933. *Russia and Asia.* New York : Macmillan.

(183) Loeffler, Friedrich Otto. 1907. *La Guerre Russo-Japonaise :*

Enseignements Tactiques et Stratégiques. Paris : Berger-Levrault.

(184) Longford, Joseph H. 1911. *The Story of Korea.* London : T. Fischer Unwin.

(185) Lowell, Percival. 1885. *Chosen: the Land of the Morning Calm.* London : Trubner.

(186) Ludvig, Albert P. 1936. *Li Hung Chang and Chinese Foreign Policy, 1870-1885.* Ph.D. Dissertation, University of California, Berkeley.

(187) Lvov, F. A. 1901. *Likhodei Biurokeraticheskago Samovlastiia Kak Neposredst-vennye Vinovnik Pervoi Russko-Iaponskoi Voiny.* St. Petersburg.

(188) Maclennan, Arthur. 1919. *Japanese Diplomacy and Force in Korea.* San Francisco : Korean National Association.

(189) MacNair, Harley Farnsworth. 1923. *Modern Chinese History: Selected Readings: A Collection of Extracts from Various Sources Chosen to Illustrate Some of the Chief Phases of China's International Relations during the Past 100 Years.* Shanghai.

(190) _____ and Hosea Ballou Morse. 1931. *Far Eastern International Relations.* New York : Russell and Russell.

(191) Madrolle, Claudius. 1912. *Northern China, the Valley of the Blue River, Korea.* London : Hachette.

(192) Maksimov, A. I A. 1880. *Nasha Zadacha na Dal'nem Vostoke.* St. Petersburg.

(193) Malozemoff, Andrew. 1958. *Russian Far Eastern Policy, 1881-1904,* Berkely : University of California Press.

(194) Martynov, A. V. 1906. Quelques Leçons de la Triste Expériences de la Guerre Russo-Japonaise. Paris.

(195) Maurice, F. B. 1934. The *Russo-Japanese War*. Cambridge University.

(196) Maximov, A. 1894. *Nashi Zadachi na Tikhom Okeane*. St. Petersburg.

(197) Maxwell, William. 1906. *From the Yalu to Port Arthur*. London: Hutchinson.

(198) McCordock, R. Stanley. 1931. *British Far Eastern policy, 1894-1900*. Columbia Studies no. 346. New York: Columbia University Press.

(199) McCormick, Frederic. 1909. *The Tragedy of Russia in Pacific Asia*. 2 vols. New York: Outing Publishing Company.

(200) McCune-Howard, George M. 1936. *Korea's International Debut, 1882-1885*. Seminar Report. University of California.

(201) _____. 1937. *The Korean Problem, 1885-1895*. Ph.D. Dissertation, University of California.

(202) McKenzie, Frederick Arthur. 1907. *The Tragedy of Korea*. London: Hutchinson.

(203) _____. 1907. *The Unveiled East*. London: Hutchinson.

(204) Merrill, John E. 1964. *Domestic Policies of Japan in Korea, 1905-1910*. Ph.D. Dissertation, Stanford University.

(205) Meurer, Julius. 1905. *Der Russisch-Japanische Krieg in Seinen Rueckwirkungen Auf Den Weltfrieden*. Halle.

(206) Millard, Thomas F. 1906. *The New Far East*. New York:

Charles Scribner's Sons.

(207) _____. 1909. *America and the Far Eastern Question*. New York : Moffat, Yard and Co.

(208) _____. 1916. *Our Far Eastern Question*. New York : The Century Co.

(209) Minrath, Paul. 1933. *Das Englisch-Japanische Buendniss von 1902. Die Grundlegung der Entente-Politik in Fernosten*. Stuttgart.

(210) Mission de Sèoul. 1924. *Documents Relatifs Aux Martyrs de Corèe de 1839 et 1846*. Hongkong : Imprimerie de Nazareth.

(211) Mőllendorff R. von. 1930. *P. G. von Mőllendorff, Ein Lebensbild*. Leipzig : Otto Harrassowitz.

(212) Monger, George W. 1963. *The End of Isolation : British Foreign Policy*, 1900-1907. London : Nelson.

(213) Morison, Elting. E. 1951. "The letters of Theodore Roosevelt." *Harvard Library Bulletin* V(3), Autumn 1951 : 378-381.

(214) Morris, John. 1894. *War in Korea : A Brief Treatise Upon the Campaign Now In Progress, Its Origin and Probable Results*. London : Ward, Lock and Bowden.

(215) Morse, Hosea Ballou. 1910-18. *The International Relations of the Chinese Empire, 1894-1911*. 3 vols. Shanghai : Kelly and Walsh.

(216) Morthensen E. 1911. *Korea*. Kopenhagen.

(217) M. S. 1899. Ubiistvo Koreiskoi Korolevy : S Slo Ochevidtsa. In His Po Dal'nemu Vostoku; Putevye Zametki St. Petersburg. (This account is given in the words of A.Seredin-Sabatin, an

architect who found himself in the palace the day the Queen was murdered)

(218) Mueller, von. 1895. *Der Krieg Zwischen China und Japan, 1894-1895.* 3 vols. Berlin.

(219) Nahm, Andrew C. n.d. *Americans and the Japanese Occupation of Korea: The Case of Durham W. Stevens.* Kalamazoo: Western Michigan University Press.

(220) Nelson, M. Frederick. 1945. *Korea and the Old Orders in Eastern Asia.* Baton Rouge: Louisiana State University Press.

(221) Nojine, E. K. 1908. *The Truth about Port Arthur.* London: John Murray.

(222) Norregaard, Benjamin Wegner. 1906. *The Great Siege: The Investment and Fall of Port Arthur.* London: Methuen.

(223) Ono, Giichi. 1922. *War and Armament Expenditures of Japan.* New York: Oxford University Press.

(224) Orloff, N. 1904. *Die Eroberung der Mandschurei Durch Die Transbaikal-Kasaken im Jahre 1900.* Strassburg,: Wolstein und Teilhaber.

(225) Ostolopov, A. 1894. "Porty Lazarev & Shestakov". Sbornik Geograficheskith Topograficheskith: Statisticheskikh, Materialov Po Azii. St. Petersburg.

(226) Oyama, Hisashi and Gotaro Ogawa. 1923. *Expenditures of the Russo-Japanese War.* New York: Oxford University Press.

(227) Paik, L. George. 1929. *The History of Prostestant Mission in Korea, 1832-1910.* Seoul: Soongsil University Press.

(228) Palais, James B. n.d. *Nineteenth-Century Korean Political History, 1973-1876*. Ph.D. Dissertation, Harvard University.

(229) Palmer, Spencer John. 1977. *Protestant Christianity in China and Korea*.

(230) Paullin, Charles Oscar. 1912. *Diplomatic Negotiations of American Naval Officers 1778-1883*. Baltimore : Johns Hopkins Press.

(231) Pavlovich, M. 1909. *Vneshniaia Politika i Russko-Iaponskaia Voina*, 2 vols. St. Petersburg.

(232) Piacentini, L'Abbé Arthur. 1890. *Mgr. Ridel Eveque de Philippopolis Vicaire Apostolique de Corée, d'Apres Sa Correspondence*. Lyon.

(233) Pogio M. A. 1895. *Korea*. Wien und Leipzig : W. Braumüller.

(234) Pokotilov, Dmitrii Do. 1895. *Koreia: Iapono-Kitaiskoe Stolknorenie*. St. Petersburg.

(235) Pooley, A. M. 1915. *The Secret Memoirs of Count Tadasu Hayashi*. London : Eveleigh Nash.

(236) Politovsky, Evgenii S. 1906. *From Liban to Tsushima. A Narrative of the Voyage of Admiral Rojdestvensky's Fleet to the Eastern Seas*. London : Dutton.

(237) Repington, Charles. 1905. *The War in the Far East, 1904-1905*. New York : Dutton.

(238) Reports from British Officers Attached to the Japanese and Russian Forces in the Field. 1908.

(239) Sovremennaia Letopis. 1871. *Amerikanskaia Okspeditsua v*

Koreia. no.29. St. Petersburg.

(240) United States, Department of State. *General Index to the Published Volumes of the Diplomatic Correspondence and Foreign Relations of the United States, 1861-1898* (Korea, pp. 476-482).

(241) Wai-mang, George Yuan. 1967. *The Role of Yuan Shih-K'ai in Korea, 1885-1894*. Ph.D. Dissertation, Yonsei University.

2. 「국제법의 조선 전래에 관한 문제들」. 2001년 12월 14일 일본 규수 대학 대학에서 발표한 간략한 이 논문은 나의 다른 논문들과 중복된 내용이므로 제외한다.

3. 「19세기 유럽 공법의 동양 전파자들」, 일본 규슈 국제법학회 발표문 요지, 2001년 12월 16일.

규슈대학 발표를 앞두고 일본으로 떠나기 며칠 전 야나기하라 교수로부터 연락이 왔다. 규슈 대학 발표 다음날 열린 규슈국제법 학회에서 국제법 관련 특강을 부탁하는 내용이었다. 동양 사회에 영향을 미친 서양 국제법 학자들의 견해를 발표하였다. 그 요지만이 남아있어서 정리해 여기에 적는다.

규슈대학 큰 강의실에 들어서자 장내는 교수들로 만석이어서 놀라웠다. 규슈대학의 한상희 교수가 동시통역이란 궂은 일을 맡아주었다.

(1) 용어 문제

19세기는 언제인가? 여러 견해가 있다. 예를 들면 배러클루Barraclough, G.는 나폴레옹 전쟁부터 1890년으로, 아리기Arrighi, G.는 나폴레옹 전쟁부터 1914년으로, 그리고 홉스봄Hobsbawm, E.은 나폴레옹 전쟁부터 1917년으로 간주하고 있다.

19세기는 폭력 문화의 시기이다. 이런 성격을 처음으로 이를 이론화한 저자는 다닐렙스키Danilevsky, N. Ya,(1822-1885)였다.

이 시기에 다음과 같은 새로운 국제법 용어들이 등장하였다.

① '공법droit public'

이 용어의 유행은 나폴레옹 전쟁부터 1890년 전후에 나타났다. 이 용어의 등장에 관련해 슈미트Schmitt, C.는 1884~1885년 베를린회의를 중시하였다.

공법의 용어와 관련해 내가 소개한 주요 저서들은 다음과 같다.

Mably, G. B. de. 1748. *Le Droit Public de l'Europe, Fonde Sur Les Traites.*

Moser, J. J. 1777~1780. *Versuch Des Neuesten Europäischen Völkerrechts In Friedens-und Kriegszeiten,* 10 vols.

Ompteda, T. H. L. 1785. *Literatur Des Gesammten Sowohl Natürlichen Als Positiven Völkerrecht,* 2 vols.

Martens, G. F. von. 1785. *Primae Lineae Juris Gentium Europaearum Practici In Usum Auditorum Adumbratae.*

_____. 1789. *Précis du Droit des Gens Moderne de l'Europe*.

_____. 1796. *Einleitung in das Positive Europäische Völlkerrecht*,
국제법에 '실정법적positive'라는 형용사를 처음으로 사용하였다.

② '국제적international'

1780년 벤덤Bentham, J.이 처음 사용했다는 것이 통설이다. 노데지
Northedge, F. S., 하트Hart, H. L. A., 불Bull, H.도 이에 동의하였으나 수가나미
Suganami. H.가 이들 견해에 반론을 제기하였다.

③ '외교diplomacy'

버크Burke, E.가 그의 저서(1795-97) 『대역죄 죄인들의 평화*Letters on a
Regicide Peace*』에서 처음 사용하였다.

(2) 19세기 유럽 공법의 특징

① 실정법 주의 − 유럽 국가의 의사인 조약과 관습을 중시

② 유럽 중심주의 − 유럽 문명의 반영. '폭력'의 세계화

③ 팽창주의 − 무주지無主地 terra nullius 개념과 국가승인의 창조적 효과설

④ 형식주의 − 현실과 명분의 괴리. 로리머Lorimer, J. 교수가 강조함.

(3) 초기 전파자들

① 마르티니Martini, Martino(1614~1661) 신부가 1648년(?)에 수아레즈 Suarez, F. 저서를 한역漢譯했다는 기록(Pfister, L. 1932)이 사실이라면 유럽 국 제법의 최초 번역이라고 볼 수 있다.

② 네르친스크Nerchinsk 조약 체결(1689)에 참여한 제르비용Gerbillon, J. F., 페레이라Pereira, T. 신부들의 기록도 초기 전파자의 기록이다. 린쩌슈林則 徐의 바텔Vattel, E. de 번역도 초기의 전파이다.

(4) 마틴Martin, W. A. P.(1827~1916)

선교사로 자연법을 중시해 이런 경향이 번역에 반영되었다. 그런데 마틴은 독일어를 몰라서 독일 저서들을 번역하지 못했다. 그는 미국인 으로 미국 국제법 저서를 우선 번역하였다. 『공법편람』. 『공법회통』 범 례를 참조할 것. 1862년에 휘튼Wheaton, H. 저서의 번역을 시작할 당시 그는 유럽 공법에 문외한이었다. 그가 고대 중국 국제법 연구 시작한 것 은 독창적인 발상이었다.

(5) 마틴 한역漢譯 저서들의 문제점

① 휘튼(1785~1848)
마틴은 왜 휘튼의 저서를 선택하였는가? 『만국공법』 초판 영문 서문 을 참조하길 바란다.

② 휘튼의 주요 저서들

㉮『베스트팔렌 평화에서 빈 회의까지 유럽에서 국제법 발달의 역사 *Histoire des Progrès du Droit des Gens en l'Europe Depuis La Paix de Westphalie Jusqu'au Congrès de Vienne*』(Leipzig: Brockhaus, 1841)

프랑스 학술원 현상 논문이다. 1845년에 영문으로도 출간되었다. 1846년에 증보하였다. 국제법의 역사에 관해서는 19세기 최초 업적이다.

㉯『국제법의 요소들: 국제법의 역사 개설 첨부*Elements of International Law: with a Sketch of the History of the Science*』(Philadelphia: Carey, Lea & Blanchard, 1836년 초판) 부제인 「국제법의 역사 개설」은 초판에만 있었고 그 후 판본들은 삭제. 1820년 뉴욕 역사학회에서 발표했던 글이다. 초판 이후의 판본에서는 주요 부분을 본문에 삽입하였다.

휘튼 자신이 생전에 다듬은 최후 개정판은 1846년 제3판과 1848년의 프랑스어 판본이다. 그의 사후 여러 판본이 출간되었는데 두 판본이 중요하다. 휘튼의 전기傳記 작가로도 유명하고 영국 주재 미국 대리공사를 지낸 로렌스Lawrence, W. B.의 1855년 판본. 그리고 1866년 데이너Dana, R. H. 판본이 잘 알려져 있다. 특히 데이너 판본은 제8판이라고 불리며 널리 사용되고 있다.『국제법 고전*The Classics of International Law*』총서도 데이너 판본을 게재하고 있다. 그러나『만국공법』의 번역 저본底本은 1855년 로렌스의 판본이다.

③ 휘튼 견해의 특징

국제법은 유럽과 기독교의 산물이며 개명開明된 기독교 국가들의 법이라고 강조한다. 국제법의 보편성을 다음과 같이 부정하고 있다.

같은 국제법이 존재하는가? 이 세상의 모든 국민과 국가들의 같은 국제법이란 물론 존재하지 않는다. 매우 희귀한 예외는 있지만, 공법은 과거에도 항상 그러하였고 현재에도 그러한 것과 같이 유럽의 개명된 그리고 기독교 국민들이나 유럽에 기원을 둔 국민들에 국한되어 있다. 유럽의 국제법과 인류의 다른 인종들의 국제법의 구별은 오래전부터 공법학자들이 지적하여 온 것이다. 문명국들 사이에 이해되고 있는 국제법은 독립적인 국가들 사이에 존재하는 사회의 본질로부터 정의正義에 합치되게 이성으로 추론되는 행위의 규칙들이라고 규정할 수 있는데 이런 규칙은 일반적인 동의로 수정될 수 있다.

일반 국제법의 이런 부정은 초판부터 계속 유지되고 있다.

④ 중국 문제에 관해 1846년 제3판에서 처음으로 다음과 같이 언급하고 있다.

> (터키, 페르시아 국가들이 자신의 특이한 관행을 포기하였다는 것과) 같은 지적이 중국 제국과 유럽, 미국의 기독교 국가들 사이 최근 외교적인 교제에도 적용될 것이다. 이 경우 중국은 그의 만성적慢性的인 반무역적反貿易的인, 반사교적反社交的인 원칙들을 포기하고 전쟁과 평화의 상호 교제에 있어서 다른 국가들의 독립과 평등을 인정하지 않을 수 없게 되었다.

⑤ 국제법의 연원淵源

그러면 이런 유럽 공법은 어디에 기초하고 있는가? 문명국-기독교 국가 사이의 법인 유럽 공법에는 '원原source'이 6가지라고 휘튼은 길게 설명하고 있다. 국제법학에 있어서 연원淵源 문제를 처음으로 명백하게 서술하였다. ㉮ 권위 있는 국제법 학자들의 의견, ㉯ 이전지공법以前之公法pre-existing international law을 확인, 수정, 규정하는 조약들, ㉰ 개별 국가들의 법령, 특히 포획심판소의 규칙들, ㉱ 중재재판소나 포획심판소와 같은 국제재판소의 판결, ㉲ 정부에 비밀로 제출한 여러 기관의 공식적인 법적 견해들, ㉳ 전쟁, 평화조약, 기타 국제관계에 관한 협정들의 역사.[1]

⑥ 그로티우스Grotius. H.의 재평가

19세기에 들어서면서 과연 누가 그로티우스를 다시 복원시켰느냐에 관하여는 의견이 갈라져 있으나 휘튼을 지목하는 견해가 유력하다. 휘튼은 전술한 1820년 12월 28일 뉴욕 역사학회 1주년 기념 강연에서 미국에서 처음으로 그로티우스의 『전쟁과 평화의 법』을 적극적으로 평가하였다. 그의 의견에 전 대통령 Adams, J, 현 대통령 Jefferson, T., Kent, J., 교수, Marshall, J. 대법관과 같은 저명한 인사들이 격찬하였다. 휘튼의 영향으로 동양 3국에서도 '호가虎哥Grotius'를 국제법의 아버지로 평가하는 신화가 창조되었다.

⑦ 창조적인 승인설을 창안

휘튼은 헤겔Hegel, G. W. F.의 견해를 국가승인설에 활용하였다.

헤겔은 『법철학』의 국제법에 관한 강의에서 국가는 절대적 존재인데, 그런 절대성은 다른 절대적 존재들의 인정을 받아야 한다는 점을 강조하였다. 헤겔의 이런 견해를 국가승인설에 결부시켰다. 법적de jure 승인과 사실상de facto의 승인이라는 용어도 휘튼이 처음으로 다음과 같이 구별해 사용하였다.

---

1 영어는 1855년 Lawrence 판본에서, 한문은 『만국공법』에서 인용.

존재하게 된 신생국가는 그의 내적인 주권을 확인하기 위하여 다른 국가들의 승인을 필요로 하지는 않는다. 이런 점에서는 사실상 국가가 존재하면 법률적인 주권을 확립하는데 충분한 것이다…… 다른 한편 국가의 대외적인 주권은 그것이 완전하고 충분한 것이 되기 위해서는 다른 국가들의 승인이 필요하다. 사실 신생국가가 그의 행동을 그들 시민과 그 영토 안에서만 국한한다면 이런 승인이 없어도 될 것이다. 그러나 모든 구성원이 서로 부여된 권리와 상호간에 준수할 의무를 인정하고 있는 국가들의 대大사회에 들어가길 원한다면 이러한 승인은 신생국가가 이 대사회의 모든 이익에 완전한 참여를 위해서는 본질적으로 필요한 것이다. 신생국가 이외의 모든 국가들이 이런 승인을 허용할 것인지 거부할 것인지는 완전한 자유이다.

이런 창조적인 효과설은 19세기 유럽 국가들의 세계 팽창을 뒷받침한 이론이다. 휘튼의 저술은 19세기 유럽 공법이 지닌 특징을 모두 지니었을 뿐 아니라 그것을 더욱 발전시켰다. 그의 『국제법』이 한역漢譯되어 동양 3국에 전파되면서 한동안 동양 지식인들 사이에 널리 유행한 것은 역사적인 풍자 대상이다.

(6) 마르텐스Martens, Karl von馬爾頓(1790~1863)

마틴이 두 번째로 한역한 책은 마르텐스의 저술이었다. 그는 독일 지역 국가들에 주재하는 프로이센의 대리공사를 주로 역임한 외교관이었다. 유명한 국제법 학자였던 그의 숙부 마르텐스de Martens, G. F.의 영향으로 국제법 분야에 관심을 지니게 되어 다음과 같은 저술을 집필하였다.

㉮『국제법의 널리 알려진 원리 *Causes Célèvres du Droit des Gens*』(1827)

㉯『외교 지침. 외교와 영사의 권리와 기능Guide Diplomatique. Précis des Droits et des Fonctions des Agents Diplomatiques et Consulaires』(1832). 그의 주저다. 이 주저는 그의 사후 한자 동맹Hanseatic League 도시들의 프로이센 주재 외교관이며 저명한 국제법 학자 게프켄Geffcken, M. H. F. 葛福根이 1866년에 증보하였다. 마틴이 1876년『성초지장星軺指掌』이라는 제목을 붙여 번역한 저본은 이 증보판이다.

이 저서는 외교의 일상적인 사항을 기록하고 설명한 것으로 당시 동양 지식인들이 이를 이해하는 데 어려움은 없었을 것이다.

(7) 울지Woolsey, T. D.吳爾璽(1801~1889)

1877년 마틴이『공법편람公法便覽』이라는 제목으로 번역해 동양 3국에 큰 영향을 미친 원전의 저자로 미국 뉴욕 태생이다.

그의 국제법 접근 방법은 매우 특이하다. 그는 신학 연구에서 출발해 20대에 설교할 수 있는 자격을 얻었다. 유럽의 여러 대학에서 그리스 언어와 고전문학을 수학하고 1831년 예일 대학의 그리스 언어 및 문학 교수가 되었다. 1846년 이 대학 총장이 될 때까지 이 방면 연구에 몰두했으나 총장이 된 이후 그의 관심 분야는 역사, 정치학, 국제법으로 바뀌어 이들 분야 강의를 시작하였다.

1860년에『국제법 연구 서설Introduction to the Study of International Law』초판이, 1878년에는『정치학, 또는 이론적으로 또는 실제적으로 고찰한 국가Political Science, or the State theoretically or practically considered』를 발간하였으나 두 책 모두 신학에 기초한 비과학적인 저술이라고 혹평을 받았다.

울지의 국제법은 초판 이후 계속 증보판이 나왔는데 그 자신이 수정한 최후 판본은 1879년 제5판이었다. 그러나 세상에 널리 알려진 것은

1890년 그의 아들이 증보한 제6판이었다. 마틴의 번역 저본은 1874년 제4판이다.

울지의 저서는 실정법주의가 주류를 이루고 있던 19세기 후반에 철저한 자연법이론에 입각한 저술이었다. 책 서문에 "온 인류에 보편적인 복음이 전파되고 있는 것과 같이 보편적인 국제법의 가능성" 연구가 가장 중요하다고 강조하였다.

그는 철저한 기독교 국제법의 전파자였다. "우리는 국제법을 기독교 국가들이 그들 상호관계와 상호 신민들의 관계에 있어서 의무적인 것이라고 인정하는 규칙의 총체라고 규정한다." 그리고 이런 국제법 규칙은 기독교 국가들이 야만이나 반半문명국들에 대한 관계에는 적용되지 않으며 이 경우 유럽 국가들은 "그들의 정책이나 정의의 관념에 알맞을 정도의 국제법 의무를 준수"하면 된다고 말하고 있다. 사실 이것이 유럽 공법의 요체라고 울지는 지적하고 있다.

그러면 국제법은 왜 기독교 국가들로부터 유래되었는가? ① 종교가 갖고 있는 고도의 도덕적인 기준, ② 고대로부터 전수하여 온 철학과 법학의 전통, ③ 로마 제국 이래 긴밀한 역사적인 단결이라고 설명하고 있다.

그리고 그는 철저한 자연법론자였다. 국가 사이의 관행은 '진실과 정의'에 입각해야 한다고 역설하고 있는데 여기에서 진실과 정의는 기독교의 그것임은 물론이다. 기독교 문명국들 사이의 법으로 유럽 이외의 지역은 공법이 적용되지 않는 지역이다. 야만과 반半문명국에 대한 전쟁과 간섭의 권리를 강조하고 있다.

울지의 학문적인 수준은 휘튼에 비할 바 아니었으나 마틴이 번역한 이유는 그가 잠시 국제법을 연구하기 위해 미국에 귀국했을 때 그와 친분을 맺었기 때문이었다.

(8) 블룬칠리J. C. Bluntschli, J. C.(1808~1881)

마틴이 1880년 『공법회통公法會通』이라고 한역한 책의 저자인 블룬칠리
는 당시 동양에 알려진 그 누구보다도 높은 학문적인 수준의 법학자였다.

현실 정치에 관심으로 취리히Zurich 정치 연구소 'Institut politique'
에 입학하였다. 베를린, 본Bonn 대학에서 수학하고 본 대학에서 박사학
위를 받았다. 1830년에 취리히로 돌아와 관직 생활을 시작해 일생 교
수와 정치인 사이를 왕래하였다. 그의 친구 말대로 그는 "4/7는 정치가,
3/7은 대학교수"였다.

1836년부터는 취리히 대학에서 로마법, 법학사 그리고 독일 사법私法
의 정교수가 되었으나 취리히 시장市長 선거에서 낙선하였다. 1848년에
뮌헨München 대학교수가 된 이후 사법私法에서 공법으로 관심이 변화하
였다.

1851~52년에 우수한 업적으로 평가받은 『일반 국가학Allgemeines
Staatsrecht』을 출간하고 브라테르Brater, K.와 함께 『독일 국가학 사전Deutsches
Staatswörterbuch』(1857~1870)을 편집, 출판하였다. 이 사전은 수십 년 동안 가
장 널리 사용되었다.

1860년에는 바덴Baden 정부가 그를 하이델베르그Heidelberg 대학 교수
와 바덴Baden 제1원(일종의 상원)의 의원을 겸할 것을 제의해 수락하기도
하였다.

그러나 그는 이때부터 국제법 분야 연구에 몰두하였다. 대표적 저술
『문명제국의 근대 국제법Das moderne Völkerrecht der civilisierten Staaten als Rechtsbuch
dargestellt』은 1868년 초판이, 1872, 1878년에는 제2, 3판이 나왔다.

블룬칠리 저서는 여러 언어로 번역되었는데. 라르디Lardy, M. C.가 프랑
스어로 번역한 것은 1869년에 초판이 나온 이래 계속 증보하여 1895년

에 제5판이 나왔다. 마틴의 번역 저본은 이 프랑스 판본인데 몇 년도 판을 사용하였는지는 불분명하다.

블룬칠리는 국제법을 종교로부터 해방시킨다는 입장에서 출발하였다. 국제법의 적용 지역이 이제 유럽을 벗어나 전 세계로 확산되었다는 점도 강조하였다. 그러나 기독교 대신 문명이란 척도로 대체하였다. 국제법은 문명국 사이의 법임을 강조하였다. 그의 저서는 헤프터Heffter, A. W., 마르텐스Martens, F. F. 와 같은 1급 저술은 아니나 국제법의 본질을 명쾌한 문장으로 보급시키는 데 주력하였다. 조선 지식인들도 1890년대 그의 저서를 활용하였다.

그는 있는 법 'lege lata'뿐이 아니라 있어야 할 법 'lege ferenda'을 중시하였다. "법학은 과거에 이미 채택한 명제들을 기록하는 것에 국한하면 안 되고 현재 유효하게 나타나 있는 법적 신념도 표현해야 한다."

그의 저서는 독특한 형식으로 구성되어 있다. 서문과 862개의 명제들 9권으로 편성되었다. 각 명제는 국제법의 법전이 되어야 할 내용이었는데, 이들 명제는 그 자신이 소문자로 다시 해설하였다. 그러나 이들 명제 중에는 일반적으로 승인되었다고는 보기 힘든 명제들이 있을 뿐 아니라 독일 민족주의적인 열정으로 분식粉飾된 명제도 있어 주의해야 한다.

그는 국제법의 최초 법전화는 미국 남북전쟁 시기 링컨 대통령의 전투 지시들을 리버Lieber, F. 교수가 1863년 하나의 법전 '계획안'으로 작성한 것이라고 판단하였다. 자신의 저서 구상도 여기에서 연유되었다. 그는 이 '계획안'을 부록으로 첨가하였다. 마틴도 이 부록을 번역했으나 블룬칠리가 자신의 구상을 밝힌 긴 서문은 번역에서 제외하였다.

(9) 홀Hall, W. E.(1835~1894).

홀에 관해서는 2003년 12월 6일 부산대학교와 규슈대학 합동 세미나에서 발표한 나의 논문을 참조하길 바란다.

4. 「외교사란 무엇인가?」, 서울대학교 정년퇴임 강연(서울대학교 박물관 강당), 2002년 8월 29일.

> 외교사는 열강의 외교문서를 분석하는 학문 분과다. 이 간단하고 자명한 논리가 우리 학계에서 잘 지켜지지 않는 풍토는 의아한 일이다. 제도상 학계를 떠나면서 이 초보적인 명제를 다시 말하였다.

(1) 외교사와 외교문서

외교사는 외교문서를 분석하는 학문입니다. 그런데 이 자명한 명제가 지금 망각되고 있습니다. 그러면 외교문서는 무엇입니까? 외교문서는 국제 경험을 적어놓은 글입니다. 살아서 꿈틀거리는 문서입니다. 그러나 시체와 같이 죽은 글로 취급되고 있습니다. 생명력을 불어넣어야 합니다. 그리하여 과거의 대외 인식을 되살려 오늘의 방향을 제시해야 합니다.

그런데 이런 외교문서의 편찬에 무관심한 민족이나 국가도 있습니다. 어느 수준의 경제 발전을 이룩하였으면서도 자신의 외교 문서를 보존하지 못하고 외국의 외교 문서에 관해서도 모르고 있는 것은 한국이 유일한 예가 아닐까 합니다. 이런 국가는 적어도 국제 정치의 정신적인 후진국이 아닐 수 없습니다. 나는 이것을 '오지사고奧地思考'라고 불렀고, 한국은 아직 이런 단계에 머물러 있습니다.

그러나 과거에 우리는 위대한 외교문서집을 편찬한 바 있습니다. 이제 그 경험을 계승해 되살려야 합니다. 그러면 누가 그 경험을 역사적으로 재생합니까? '철학적인 지식인'이 그 역할을 맡아야 할 것입니다.

(2) 외교사와 비교 문명권

오늘 말씀드리고자 하는 내용의 핵심은 2002년에 펴낸 나의 책『외교사란 무엇인가』표지에 함축되어 있습니다. 자신의 사상이나 견해를 이렇게 그림으로 먼저 표현하고 알리는 계보는 매우 오래되었습니다. 그 대표적인 예가 18세기초『새로운 과학Scienza nuova』을 세상에 내놓은 비코Vico, G.일 것입니다. 비코의 책은 하나의 그림으로 시작하고 있습니다. 제가 '외교사란 무엇인가'라는 제목과 직접 관련이 없어 보이는 비코를 서두에 언급하는 이유는 비코야말로 현대의 용어를 빌리자면 비교문명권 이론의 창시자이기 때문입니다. 문화의 유형에 따라 상이한 질문에 상이한 해답이 나온다는 것을 최초로 명백히 말한 사람이 바로 비코입니다. 외교사에 관한 저의 기본입장은 외교사를 비교문명권의 입장에서 다시 서술해야 된다는 것이기 때문에 비코를 인용한 것입니다.

여기에서 문명권이란 국제 사회의 유형을 말합니다. '문명의 개념이 무엇이냐', '그것과 문화는 어떻게 다르냐' 하는 교과서식 개념 논쟁은 생략합니다. 문명권을 '특정한 국제정치 명분이 당연시되고 통용되는 지역'이라고 일단 정의합니다. 동양의 '천하天下', 서양에서 말하는 '오이코멘oikoumene'에 해당합니다. 그러나 이것은 막연한 개념이 아닙니다. 천하와 오이코멘이 어느 지역이냐 하는 것은 명, 청 회전會典과 서양 공법公法에 자세히 규정되어 있습니다. 물론 회전이나 공법은 명분의 세계를 말하는 것으로 현실의 세계와 차이가 있는 것은 오히려 당연합니다. 제가 말하는 문명권은 이런 뜻이라는 것을 먼저 말씀드립니다.

(3) 『동문휘고』와 외교문서 발간의 전통

나의 『외교사란 무엇인가』의 표지를 잠시 보아주십시오. 바탕의 희미한 한문책은 『동문휘고』 범례 부분입니다. '동문휘고'라는 글자를 시력 검사 안경을 통하여 확대하였습니다. 『동문휘고』를 통해 세상을 보아야 한다는 제 견해를 집약적으로 표현한 것입니다. 다시 말씀드리면 『동문휘고』를 편찬한 문화적 전통을 다시 '창조'해야 한다는 것입니다. '창조'는 무에서 유를 만들어 낸다는 의미가 아닙니다. 과거의 경험을 다시 조명해 새로움을 준다는 뜻입니다. 제 책의 결론은 '전통의 창조'에 관한 것인데, 이때 '창조'가 바로 그런 뜻입니다. 라틴어의 'inventio'와 같이 다시 발견한다는 뜻입니다.

『동문휘고』를 편찬한 과거의 경험을 이제 다시 살려 생명력을 불어넣어야 한다는 말입니다. '동문'은 '동문동궤同文同軌'의 줄임입니다. 유교 문화권의 문서집이라는 뜻입니다. 이 문서집은 정조 8년(1784)에 편찬하기 시작해 1788년에 완성되었습니다. 정조에 관해서는 최근 우리 국사학계에서 우수한 연구들이 나오고 있습니다. 그런데 정조의 위대성은 그의 대외 인식에도 잘 나타나 있습니다. 그가 세자로 있을 당시 중국 세계에 대해 지녔던 높은 관심은 홍대용洪大容의 『계방일기桂坊日記』에 나오는 두 사람의 대화에서 자세히 살펴볼 수 있습니다.

정조가 즉위하여 보니 중국에 관한 많은 문서들이 일실逸失되고 승문원承文院의 등본謄本도 정비되어 있지 않은 것을 발견하게 되었습니다.

그리하여 이들 사대事大 문서들을 모두 정리하고 일본 관계의 교린交隣 문서도 정비하려고 하였는데, 이 계획 자체가 매우 혁신적이었습니다. 문서들을 수집하고 분류하는 것은 그야말로 역사적인 위업입니다. 나는 이 작업이 제2차 세계대전 이후 프랑스의 외교문서집 발간 작업보다 더 힘든 것이었다고 판단합니다. 프랑스 외무성은 사실 큰 어려움을 겪었습니다. 1940년 5월 독일군이 파리를 점령하기 직전에 상당한 분량의 문서를 소각하였기 때문입니다. 1961년에 편찬위원회를 구성하여 소각된 문서들을 기존 문서들의 내용에 입각해 재구성하는 작업에 착수하였습니다. 그러나 이런 작업은 1960년대의 일이었습니다. 외교문서 발간에 상당한 지적인 축적이 있은 연후의 일입니다. 서양의 열강들이 19세기 초 외교문서를 본격적으로 발간하기 이전인 18세기에 조선이 이미 사대교린 문서를 새로이 분류하고 편찬하였다는 것은 우리의 위대한 업적이라고 자부합니다. 1788년의 시점에서 사대-교린 문서들을 한 데 묶어 놓은 자료집은 중국이나 일본에서도 찾아볼 수 없습니다.

『동문휘고』의 구성 자체도 매우 과학적입니다. 『동문휘고』는 초편初編 60책과 속편續編 36책으로 구성되어 있습니다. 1788년에 완성된 것이 바로 이 초편입니다. 초편은 원편原編, 별편別編, 보편補編, 부편附編으로 나뉘어 있습니다. 원편은 청국이 중국에 들어간 이후 조선과의 문서들이고 별편은 그 이전의 문서들, 보편은 연행사들의 문견록聞見錄을, 그리고 부편은 교린문서들을 싣고 있습니다. 요즘 용어를 빌리면 원편, 별편, 그리고 부편은 좁은 의미의 외교문서이고 보편은 넓은 의미의 외교문서입니다.

속편은 초편이 완성된 이후 3년마다 그동안에 있었던 사대-교린 문서들을 보완한 것입니다. 이 보완 작업은 고종 18년(1881)까지 90여 년에 걸쳐 10여 차례 보완이 이루어져 36책으로 완성되었습니다.

『동문휘고』의 속편이 1881년에 그친 것은 애석한 일입니다. 이때부터 2002년 현재까지 한국의 그 어느 정권도 이에 관한 문제의식조차 없었다는 사실은 실로 한심한 일입니다. 다만 1978년에 국사편찬위원회에서 4책으로 『동문휘고』 영인본이 나온 것이 그래도 다행한 일입니다. 그러나 아직 이 귀중한 외교문서집은 자세히 분류되거나 색인 작업조차 되어있지 않습니다. 외교문서 발간 하나만 보더라도 현재 우리 학계의 수준을 가늠할 수 있습니다.

제가 『동문휘고』를 길게 얘기한 이유는 외교사란 바로 외교문서를 분석하는 학문 분야이기 때문입니다. 따라서 외교문서의 현황을 아는 것은 외교사 연구의 첫걸음입니다. 그런데 이 간단한 명제가 조금 전에 말씀드린 바와 같이 제대로 지켜지지 못하고 있습니다. 그 이유는 명백합니다. 미간 문서들은 말할 것도 없고 이미 발표된 열강의 문서들을 섭렵하려면 오랜 시간이 걸릴 뿐 아니라 여러 언어의 지식이 필요하기 때문입니다. 한 가지 예를 들면 19세기 중국이나 일본의 외교문서는 이문吏文과 소로분候文에 관한 특별한 지식이 있어야 해독할 수 있습니다. 언어의 지식만이 아닙니다. 외교문서를 해석하는 일, 다시 말하자면 외교문서가 지닌 역사적인 현재성을 되살려 여기에 생명력을 불어넣는 작업은 여러 유형의 국제사회들에 대한 지식이 있어야 가능합니다.

(4) 외교사는 어떠한 학문인가?

그러면 이런 어려운 역정을 거쳐야 하는 외교사란 어떠한 학문이며 왜 배워야 하는가? 이를 알기 위해 세계외교사 일반을 서술한 책들을 아무리 탐독해도 쓸데없는 일입니다. 이런 책들이 내세우고 있는 외교사 연구의 필요성은 현학적인 상투어, 개념 조작을 벗겨보면 매우 상식적인 설명에 지나지 않습니다. 국제정치 구조의 역사적인 흐름을 파악해야 현재 구조의 특징을 알 수 있고 그래야 미래의 국제정치 사회에 잘 적응할 수 있다는 것입니다. 인간에게 과거, 현재, 그리고 미래가 있다는 소박한 명제를 국제정치 구조라는 거창한 수식어로 바꾸어 놓은 것에 불과합니다. 한국외교사 연구의 필요성으로 자주 열거되는 설명도 마찬가지입니다. 19세기 한반도 주변의 국제정치 구조가 현재의 구조와 유사하다고 자주 거론됩니다. 이런 막연한 이유가 학문의 존재 이유가 될 수 있습니까? 설사 '유사'하다 한들 그것이 오늘날 우리의 삶에 어떤 의미가 있습니까?

몇 가지 문제를 더 제기해 보겠습니다. 1814~15년 빈Wien, Vienna회의는 분명히 유럽의 외교사에서 하나의 큰 분수령이었습니다. 영국과 러시아가 세계를 지배하게 되는 발판이 마련되었기 때문입니다. 그러나 1815년 6월 9일 빈 회의 최종 의정서의 내용을 숙지한다는 것이 21세기에 무슨 의미를 지니고 있습니까? 또 세계외교사 책들은 비스마르크Bismarck, O. von 체제에 관해서 길게 설명하고 있습니다. 이런 장황한 설명은 19세기 중엽 이래 독일 역사학의 영향이고 독일 민족주의와 밀접하게 연결되어 있습니다. 그런데도 국내 저서들이 이 문제에 상당한 지면을 할애하고 있는 이유를 저는 알 수가 없습니다. 독일 역사학의 영향을 받은 일본 저서들이 지난날 우리 학계에 남긴 흔적에 불과합니다. 그리고 여러 시험에 비스마르크에 관해 자주 출제되어서 외교사 책들이 길게 설명하고 있을 뿐입니다. 비스마르크 체제가 오늘날 국제정치의 현실과 무슨 직접적인 관련이 있단 말입니까?

한반도 주변 문제도 마찬가지입니다. 1876년 2월 27일 체결된 한국과 일본의 강화도 조약 내용을 안다는 것이 오늘날 한일 관계를 분석하는 데 무슨 도움이 됩니까? 1880년 조선에 전래된 황쭌센黃遵憲의『조선 책략』이 21세기 한국의 외교 방향 설정에 어떻게 관련되어 있다는 것입니까? 이런 의문들은 세계외교사나 한국외교사 전반에 걸쳐 얼마든지 제기될 수 있습니다.

이런 의문들에 대해 명백하고 정확한 해답을 주지 못하는 근본 원인은 외교사 교과서들의 서술 체계에 있다고 생각합니다. 저의『세계외교사』(서울대 출판부) 책을 포함하여 국내외의 모든 외교사 책들은 일정한 순서에 따라 열강들의 교섭사를 서술하고 있습니다. 1814~15년 빈 회의, 동방의 문제들, 크림 전쟁, 이탈리아와 독일의 통일, 비스마르크 체제, 제1, 2차 세계대전으로 서술은 이어집니다. 이 순서가 바로 유럽 중심주의를 극명하게 나타내 주고 있습니다. 강대국 학자들은 그 본질을 알려고도 하지 않고 그럴 필요도 느끼지 않습니다. 이런 서술 체계를 비판하면 강대국 학자들은 그런 시도를 국수주의적인 발상이라고 도외시합니다. 그들은 유럽 중심주의적인 설명 이외에는 이해할 수 없으며 세계외교사는 유럽 팽창의 역사라는 고정 관념을 탈피할 수가 없기 때문입니다.

이런 유럽 중심주의를 비판해야 할 강대국 이외의 많은 학자들이 오히려 비교문명권 시각에 입각한 제 입장을 매우 생소하다고 여길 것입니다. 그들은 자신들이 의존하고 있는 강대국 외교사 서술 체계 속에 담겨진 유럽 중심주의에 빠져 자기 위치를 망각하고 있기 때문입니다. 그리고 제2차 세계대전 이후 냉전 시대에는 군사와 경제 요인 분석이 중요한 것이었기 때문에 문명이나 문화를 거론하지도 않았습니다.

그러나 인간의 역사는 사랑과 증오에 관한 서술입니다. 이 간단한 명제가 냉전 시대에는 사라졌습니다. 그러나 냉전은 인간의 긴 역사에서 관망하면 매우 짧은 시간에 불과합니다. 인간의 역사는 언제나 문화의 이야기입니다. 이제 외교사는 다시 써야 합니다. 외교사는 외교 행위자 교섭의 역사이며, 그 행위자가 누구인가에 따라 교섭이 달라지는 것은 자명한 일입니다. 한 행위자가 지닌 다른 행위자에 대한 태도는 그들의 오랜 역사적인 구조로부터 나오게 마련입니다. 따라서 외교사는 비교문 명권의 관점에서 분석해야 한다고 생각합니다.

(5) 문명권의 폭력적 충돌

제가 외교사를 비교문명권의 입장에서 분석해야 한다고 역설한 이후 몇 가지 오해가 있는 것 같아서 이에 관해 말씀드리겠습니다. 먼저 '충돌'이라는 용어입니다. 충돌은 어떤 물리적인 대결을 의미하는 것은 아닙니다. 정신적인 '만남'을 의미합니다. 이질 문명권의 명분이 서로 만날 때 일어나는 마찰, 왜곡, 선택, 오해, 그리고 모방 전체를 뜻합니다. 저는 슈펭글러Spengler, O.가 말하는 '가정假晶pseudomorphosis'의 현상을 염두에 두고 있습니다.

또 하나의 오해는 제가 19세기 문명권의 충돌은 '폭력적'이라고 강조한 점에 관한 것입니다. 역사적으로 볼 때 문명권 사이의 만남은 충돌이 아니라 공존이었다는 견해가 있으나 이것은 정치사의 입장에 선 것은 아니라고 생각합니다. 정치사는 상대방을 지배하려는 폭력의 역사이기 때문입니다. 이 경우 폭력은 물리적인 힘만을 의미하는 것이 아닙니다. 자기의 의사와 이익을 최고의 가치로 간주하고 다른 사람을 여기에 종속시키려는 고도로 발전된 심리적 상태를 의미합니다.

(6) 문명권 충돌과 외교사 서술체계

문명권 충돌의 인식에 입각하면 위에서 열거한 의문들은 곧 풀릴 수 있습니다. 세계외교사는 15세기부터는 이슬람 문명권과의 충돌, 17세기부터는 슬라브 문명권과의 투쟁, 19세기부터는 유교 문명권과의 격돌에 관한 역사입니다. 그리고 슬라브와의 투쟁이 1991년 구소련의 해체로 끝난 것이 아닙니다. 슬라브 문제는 역사가 존재하는 한 언제나 세계정치의 중심에 있게 될 것입니다. 마치 이슬람의 문제가 1923년 터키 공화국이 세속적인 국가로서 탄생했지만 종식되지 않는 것과 같은 맥락입니다. 15세기 오토만 제국이 비잔티움을 멸망시킨 이후 나타난 유럽 문명권과 이슬람 문명권의 충돌도 역사가 있는 한 계속 세계정치의 중심 문제로 남게 될 것입니다.

그런데 19세기 이후 서유럽 세력의 세계 팽창의 특징은 세계 제국帝國을 건설하려는 이른바 '파우스트Faust 정신'에 입각한 확장이었습니다. 먼 거리를 정복하기 위한 욕망, 탐험에 대한 집착, 더 많은 생산을 향한 발전, 그리고 신속한 여행을 위한 기계 발명 욕구를 '파우스트 정신'의 특징으로 슈펭글러는 열거한 바 있습니다. 유럽 문명권과 유교 문명권의 충돌은 파우스트 정신의 동북아 지역 확산을 의미하며 그에 따라 아시아의 지표地表는 피로 물들게 되었습니다. 그 충돌이 1839~1842년 아편 전쟁으로부터 시작된 것이 이런 사실을 웅변으로 말하여주고 있습니다.

(7) 문명권의 유형과 외교문서

19세기 유럽 문명권의 외교문서들 속에는 이런 특징들이 잘 나타나 있습니다. 다른 유형의 국제 사회에 대한 폭력적인 확장을 정당화하고 있습니다. 야만의 지역이라고 유럽 공법은 규정하고 있습니다. 이질 문명권에 대한 이런 태도는 다른 유형의 문명권에서도 찾아볼 수 있으나 19세기 유럽 문명권의 경우처럼 상세하게 제도화한 예는 찾아볼 수 없습니다. 유럽의 열강은 이러한 인식을 공유하면서 다른 문명권과 그 구성원에 대하여 각자의 국가 이익에서 나오는 특유한 인식을 지니고 있습니다.

미국의 외교문서들에는 특이한 면이 있습니다. 유럽 문명권의 공통 인식을 공유하면서도 미국적인 '예외성'을 강조하고 있기 때문입니다. '세계 교회주의적ecumenical'인 사고의 틀이 매우 강합니다. 저는 1871년 조선 침략을 준비하는 과정에서 나타난 미국의 외교문서 속에 담긴 '정신구조'가 지금 국제 테러에 대한 미국인의 반응과 무엇이 다른지 모르겠습니다.

슬라브 문명권의 외교문서들은 매우 성격이 다릅니다. 19세기 러시아 외교문서들은 유럽 문명권에 대한 혐오와 열등의식으로 충만되어 있습니다. 그러면서 다른 한편으로는 그리스 정교正教의 전통을 계승한다는 소명召命 의식으로 관철되어 있습니다.

17세기 말 피터 대제의 서유럽 방문 이래 러시아는 끝없는 멸시와 천대를 유럽으로부터 받아 왔습니다. 한편 서유럽은 러시아에 대한 두려움을 떨쳐버리지 못하였습니다. 나폴레옹 전쟁, 빈 회의, 신성동맹, 2월 혁명, 크림 전쟁, 독일의 통일, 제1차 세계대전, 뮌헨 협정, 제2차 세계대전, 그 어떠한 세계적인 사건도 유럽과 슬라브 충돌의 결과가 아닌 것이 없습니다. 슬라브에 대한 서유럽의 멸시는 제2차 세계대전 때 동부전선 전투에서 그 극을 이룹니다. 히틀러는 동부 군사령관들에게 소련과의 전투에서는 전쟁법을 준수하지 않아도 된다고 지시하였습니다. 키예프

근교 언덕에는 큰 칼을 들고 있는 엄청난 규모의 여인상이 서 있습니다. 전쟁법의 보호를 받지 못하고 사망한 구소련인 영령들을 추모하고 있습니다.

그런데 러시아의 외교문서는 유럽으로부터 받은 이 멸시를 아시아 지역에서 보상받으려 한 것이 큰 특징입니다. 러시아적인 오리엔탈리즘이죠. 저는 비교 문명권 이론을 처음 체계화한 다닐렙스키N. Ya. Danilevsky를 자주 인용합니다. 그러나 그는 친구인 도스토예프스키와 더불어 철저한 아시아 확장론자였습니다. 따라서 러시아 외교문서 속에 담긴 아시아에 대한 태도는 매우 극단적이고 과격한 성격을 지니고 있습니다.

19세기 한반도가 유교 문명권 이외의 국제사회와 만난 것은 이런 여러 성격의 '정신구조'와 충돌하게 된 것을 의미합니다. 그러나 한반도의 역사적인 여건은 여기에 그치지 않았습니다. 중국이라는 세력이 있었습니다. 19세기 후반 중국 외교문서의 특징은 사대 질서를 국제법 질서로 전환시키려는 것으로 일관되어 있습니다. 제가 처음 인용한 『조선책략』이 바로 대표적인 예입니다.

청조 이래 유교권 밖에 있었던 일본의 존재도 있었습니다. 메이지유신 직후 한국과 새로운 형태의 외교 교섭을 진행할 당시 그들의 외교문서들은 한국에 대한 일본적인 '정신구조'를 너무나 솔직하게 담고 있습니다. 저는 이런 인식이 지금까지도 면면히 흐르고 있다고 생각합니다. 1876년 강화도 조약은 두 정신구조들이 충돌한 대표적인 문서입니다.

이와 같이 한반도는 3중, 4중의 '정신구조'들이 충돌하는 단층 지역이 되었습니다. 『동문휘고』의 속편이 1881년에 그친 것은 우연한 일이 아닙니다.

(8) 문명권들과 한반도

그러면 한반도에 대한 문명권들의 기본 인식을 언급하겠습니다.

먼저 유럽 문명권의 기본 인식은 한반도를 오지奧地로 보았다는 점입니다. 야만의 지역이기 때문에 그 지역을 점령하거나 침략하여도 '어떤 의식儀式protocol'이 필요 없다는 것이 그들 외교문서에 자주 보이는 것은 오히려 당연합니다. 1866년 프랑스의 침략이나 350여 명의 조선인을 살육한 1871년 미국의 침략을 생각하면 충분합니다. 거문도 사건도 마찬가지입니다. 이런 인식을 공유하면서도 유럽 각국은 각국 사이에 개별적인 차이가 있었습니다.

① 영국

영국은 기본적으로 한반도를 러시아와 대결하는 지역으로, 그리고 경제적인 가치 여부, 두 가지 잣대로만 판단했습니다. 이런 인식 태도는 1882년 말 허즐렛E. Hertslet이 작성한 「조선에 관한 각서Memorandum respecting Corea」에 잘 나타나 있습니다. 허즐렛은 외무성 사서司書로 그 누구보다도 영국의 비밀문서들을 열람할 수 있는 위치에 있었고 그 자신이 외교사 연구의 권위자였습니다. 각서의 핵심은 러시아가 움직이지 않으면 아무런 행동도 취하지 말라는 것입니다. 다시 말씀드리면 한반도를 오지 상태 그대로 유지시킨다는 것이었습니다. 한국이 동북아 3국 중 가장 뒤늦게 서양 열강과 만나지 않을 수 없었던 국제 정치적인 여건입니다. 영국은 중국의 충실한 후원자였습니다.

영국의 한반도에 대한 이런 태도를 더 규명하기 위해서는 그들의 미간 문서를 섭렵해야만 합니다. 먼저 국립 공문서관Public Record Office에 소장된 외무성 문서들을 철저히 조사해야 합니다. 이 문서관은 외무성 문서뿐 아니라 모든 부처의 문서들을 보관하고 있습니다. 따라서 연구할 문제에 따라서는 F.O.로 시작하는 외무성 문서 이외에 타 부처 문서들도 검색해야 합니다.

영국 외무성의 미간 문서와 관련하여 최근 작고한 하기바라 노부토시萩原延壽의 업적을 지적하지 않을 수 없습니다. 1959년 이곳에서 청일전쟁 시기 영국의 문서들을 조사하고 있던 하기바라는 한 영국 직원으로부터 "사토우 문서라고 하는 재밌는 자료가 있는데 잠깐 보시지 않겠습니까?"라는 말을 듣게 됩니다. 이때부터 하기바라와 어네스트 사토우E. Satow 문서의 긴 인연이 시작됩니다.

하기바라는 사토우가 남긴 65년간의 방대한 일기를 노트에 적어 넣기 시작하였고 1976년부터 1990년까지 아사히신문朝日新聞에 장장 1947회에 걸쳐 "머나먼 절벽遠い崖"이란 제목으로 사토우의 일기를 연재하였습니다. 그리고 이것을 보완하여 1998년부터 단행본으로 발간하기 시작하였고 그가 타계하기 직전인 2001년 10월에 14책으로 완결하였습니다. 사토우의 문서는 한국 초기 개화파 연구에 필수적인 자료입니다.

영국의 미간 문서와 관련해 또 지적할 것은 1982년에 박일근 교수가 발간한 문서집에는 중요한 자료들이 포함되어 있는데도 연구자들이 그 동안 널리 인용하지 않고 있다는 점입니다. 특히 이 문서집에 수록된 F.O. 405, Part IV 조선 관련 자료들은 한국외교사 연구에 중요한 사료들입니다. 이들 문서들은 저도 오래전에 같은 문서관에서 복사한 자료입니다. 그런데 놀라운 일은 1880년 초반의 문서들 중 열람할 수 없는 자료가 있다는 사실입니다. 저는 F.O. 228−691b, 1881-4, Corea (Confidential Print)를 열람할 수 없었습니다. '공개보류retain'되어 있었기 때문입니다.

② 미국

미국은 한반도 문제에 무관심과 경시의 태도로 일관합니다. 무관심하였기 때문에 제일 먼저 한국과 조약을 체결할 수 있었습니다. 무관심하였기 때문에 슈펠트R. W. Shufeldt 개인의 공명심에 의한 행동과 그를 지지하는 몇몇 정치인의 행보를 묵과하였습니다. 그리고 당시 수입관세율인 5%보다 두 배인 10%의 관세를 인정하고 자동적인 주선周旋good offices을 인정하였습니다. 슈펠트는 아시아 함대 사령관으로 승진하지 않으면 퇴역하게 될 개인적인 위기에 처하여 있었습니다.

미국의 외교문서에 나타난 무관심의 일화는 얼마든지 있습니다. 한두 가지만 소개하겠습니다. 미국의 무역 개척을 위해 1878년 말 슈펠트는 세계 순방의 길에 올랐습니다. 이때 국무성은 슈펠트가 한국 정부와 교섭하는 데에 일본 정부의 협력을 받도록 일본 주재 미국 공사 빙엄J. A. Bingham에게 훈령하겠노라고 약속하였습니다. 1880년 2월 슈펠트는 싱가포르에 도착하자 도쿄의 빙엄 공사에게 "우리 모두가 훈령을 받은 일을 진행하기 위해 일본에 5월 도착하는 것이 바람직한지 의견을 주기 바람"이란 전문電文을 보냈습니다. 그런데 다음날 슈펠트는 "의견을 줄 수 없음. 훈령을 받지 않았음."이라는 의외의 회신을 받아 보게 되었습니다. 뒤늦게 이 일을 알게 된 에바츠W. M. Evarts 국무장관은 4월 1일에 "실수로 귀하에게 갈 훈령을 보내지 않았음."이라는 사과의 전문을 빙엄 공사에게 보내는 희극을 연출했습니다.

흥미 있는 또 다른 일화를 소개하겠습니다. 1883년 초대 공사로 한국에 부임한 푸트L. H. Foote 공사는 곧 고종을 비밀리에 알현하고 고문顧問 파견을 요청받았습니다. 이런 중대한 문제를 푸트는 10월에 긴 보고문으로 작성하여 본국 정부에 보냅니다. 계속 독촉하여도 본국 정부로부터는 아무런 회신이 없었습니다. 1년이 지난 1884년 11월에야 프렐링하

이즌F. Frelinghuisen 국무장관이 "당신의 보고가 잘못 분류되었었다."라고 회신하는, 외교문서 관리로서는 있을 수 없는 일이 벌어졌습니다. 한국으로부터 발신된 보고서를 다른 지역의 문서로 분류했었다는 것입니다.

미국의 한반도 경시 태도는 제2차 세계대전 직후 미국이 일본의 외무성 문서를 모두 접수하여 마이크로필름으로 복사할 때 절정을 이룹니다. 미 당국은 같은 사항이나 사건에 관련된 일본 문서들 중 중국에 관한 방대한 양의 문서들은 모두 복사하면서도 바로 옆에 있는 얼마 안 되는 한국 관계 문서들은 복사에서 제외시켰습니다.

그런데도 한국은 1860년대부터 미국에 대해 호감을 계속 지녀 왔습니다. 이런 태도가 1871년 미국의 한국 침략 이후에도 지속된 것은 참으로 기이한 일입니다. 1844년에 한국에 전래되어 엄청난 영향을 미친 『해국도지海國圖志』의 영향이 아닐까 추측합니다. 『해국도지』는 미국에 관하여 매우 우호적으로 서술하고 있습니다. 한국은 미국과 수호 조약을 체결한 이후부터 서울에 온 미국 공사들의 적극적인 태도와 워싱턴 당국의 소극적인 태도를 구분하지 못하였습니다. 미국에 대한 짝사랑은 이때부터 잉태되어 지금까지도 면면히 흐르고 있습니다.

이런 짝사랑의 역사를 추적하는 것은 우리에게는 매우 중요한 일입니다. 따라서 국립 문서 보관소National Archives에 소장된 미간 문서들을 더 철저히 검색해야 할 것입니다. 중요한 문서들은 물론 국무성과 해군성의 미간 문서들입니다. 미국의 관행은 미수교未修交 국가들에 관한 사항은 국무성과 해군성이 동시에 관할하였는데 이런 관행은 1882년 조선과 미국의 수호 조약 체결로 끝나게 됩니다.

현재 워싱턴에 있는 국립 문서 보관소에는 해군성 문서만 소장되어 있고, 국무성 문서들 중 19세기 조선에 관련된 것들은 이미 잘 알려진 문서들의 마이크로필름만을 보유하고 있습니다.

국무성의 주요 미간 문서들은 칼리지 파그College Park에 위치한 국립
문서 보관소에 소장되어 있는데 미국의 한 회사(Scholarly Resources Inc.)가
마이크로필름으로 보급한 바 있고 이 중 조선 관련 문서들은 국내에서
도 영인된 바 있습니다.

③ 러시아

러시아 외교 문서들이 슬라브 문명권의 정신구조를 밑에 깔고 한반도
를 보고 있었음은 물론입니다. 1859년 한국과 국경을 맞대게 된 러시아
는 한반도 현상 유지 정책의 주창자였습니다. 러시아는 자신의 후진적
인 경제 상황 때문에 한반도가 계속 오지奧地로 남아 있기를 희망하였습
니다. 그들의 용어로 'zamknutnaya strana', 즉 '폐쇄국가'가 되길 희
망하였습니다. 당시 양대 세계국가였던 영국과 러시아 두 나라의 정책
으로 말미암아 한반도는 세계정치의 주변 중 주변으로 남게 됩니다.

러시아의 미간 문서가 중요한 것은 말할 필요도 없는데 이를 검색하
는 일이 그 어느 나라의 경우보다 곤란한 실정입니다. 구소련 당국이 여
러 문서 보관소들의 현황을 발표한 것을 보면 국가 문서들은 각 지방
의 여러 기관에 분산 비치되어 있으며, 각 기관마다 각자의 규칙과 원칙
을 갖고 있고 열람 허락 여부도 통일되어 있지 않습니다. 이런 문서 보
관소들의 난맥상은 소련 붕괴 이후 제도 개편이 있은 뒤에도 마찬가지
입니다. 주목할 만한 개혁은 공산당 문서를 포함한 모든 국가 문서들은
새로 만들어진 '로스콤아르히브Roskomarkhiv'(러시아 연방정부 문서 문제 위원회
Komitet po delam arkhivov pri pravitelstve Rossiskoi Federatsii) 산하에 두게 되었
다는 점입니다. 물론 이런 제도적인 개혁이 이루어졌다고 해서 기존의
문제점들이 일거에 없어진 것은 아닙니다. 무엇보다도 문서들이 모두
공개된 것이 아니고, 특히 공산당 문서들은 열람이 제한되어 있습니다.

이런 상황이어서 한국외교사나 동북아 문제에 관한 미간 문서들의 자세한 색인들이 있을 수 없습니다. 그리고 구소련의 몇몇 연구를 제외하고는 러시아 문서고들을 직접 조사한 서방 학자들의 한국 외교사 관련 연구 역시 거의 전무한 상태입니다. 따라서『붉은 문서Krasnyi arkhiv』에 실린 문서들과 러시아 학자들, 특히 로마노프B. A. Romanov, 나로츠니츠키A. L. Narochnitsky, 박B. M. Pak의 연구들에 의존해 왔는데 이제 이런 초보적인 단계를 뛰어넘어야 할 것입니다. 19세기 한국 외교사에 관련된 주요한 미간 문서들의 현황은 저의 책『외교사란 무엇인가』(2002)에 소개되어 있습니다.

④ 프랑스, 중국, 그리고 일본

유럽의 '정신 구조'에 더하여 가톨릭의 전파를 소명으로 여겨 온 프랑스의 외교문서, 한반도를 언제나 만주와 연결시켜 중국 본토의 안보와 밀접히 간주한 중국의 문서들, 그리고 명치유신 이후 한반도를 자신의 국내 문제로 삼아 온 일본의 사료들이 한국외교사 연구에 중요한 것은 말할 필요도 없습니다.

현재 한국과 프랑스 사이의 현안인 이른바 외규장각 도서 반환 문제 하나만 보아도 프랑스 미간문서 검색의 중요성을 알 수 있습니다. 그러나 1866년 프랑스의 조선 침략에 관해 프랑스 미간문서를 철저히 검색한 연구가 국내외 학계에서 그동안 이루어졌는지 매우 의심스럽습니다. 프랑스의 외교적인 관행은 국교가 없는 지역의 문제는 해군성이 제1차적인 책임을 지고 관할하였기 때문에 해군성과 외무성 문서들 모두가 중요합니다. 따라서 파리의 뱅센느Vincennes에 소장되어 있는 해군성 문서들이 1886년 조선과 프랑스 사이에 수호 조약이 체결되기 이전의 문제들에 관해서는 매우 중요합니다. 다행히 최석우의 문서집(1986)이 발간되어 해군성 미간문서들의 내용을 알 수 있어서 다행인데, 이 문서집은 해군성 문서의 조선 관계 문서를 망라한 것은 아닙니다.

프랑스 외무성의 문서도 물론 중요합니다. 갑신정변 직전 일본의 정책 변화에 관한 프랑스 역할을 둘러 싼 야마베 겐타로山邊健太郎와 펑더 저우彭澤周의 1962~1963년 논쟁을 보면 프랑스 미간문서 검색이 중요함을 알 수 있습니다. 이들 모든 미간문서의 자세한 목록을 오랑쥬M. Orange가 앞으로 4책으로 완간할 예정으로 있어서 기대됩니다.

중국의 미간문서들도 더 철저히 검색해야 한다고 생각합니다. 먼저 고궁박물원故宮博物院의 문서들을 인계한 제1 역사당안관歷史檔案館이 자체 소장하고 있다는 조선 관련 문서들을 1996년과 1998년에 두 책으로 발간한 바 있습니다. 그러나 이들 문서집은 조선에 관련된 미간문서들을 철저히 조사해 발간한 자료집은 아닙니다.

다음으로 주목해야 될 자료가 상하이上海 도서관에 보관되어 있는 리홍장李鴻章자료들입니다. 1985년 이래 이 도서관에 소장된 자료들을『이홍장전집』이란 제목으로 발간하고 있는데, 이 전집의 편집자들 말에 의하면 기왕의『이문충공전집李文忠公全集』은 많은 자료들을 누락시켜 발간하지 않아서[密存不刻] '전집'全集이 아니라 '선집'選集에 불과하다는 것입니다. 위에 들은 것은 한두 가지 예에 불과합니다.

일본의 경우 좁은 의미의 외교 문서들 중 미간 자료들은 연구자들이 용이하게 접근할 수 있습니다. 미 당국이 복사한 마이크로필름과 제가 발간한 50책의 문서집으로 미간외교 문서의 내용을 알 수 있기 때문입니다. 또 일본 외교 사료관이 외무성기록에 관한 총 목록을 3책으로 출간하여 연구자들은 외무성이 소장하고 있는 모든 미간문서들의 소재를 곧 파악할 수 있게 되었습니다.

한국외교사 연구의 경우 일본의 개인문서들이 더욱 중요합니다. 중요한 개인문서들은 일본 국회도서관 6층에 자리 잡고 있는 헌정자료실憲政資料室에 소장되어 있습니다. 헌정 자료실 문서에 관해서도 저의 『외교사란 무엇인가』를 참조해 주시기 바랍니다.

이와 같이 한반도의 국제 정치적인 여건이 이 지역을 오랫동안 오지로 남게 하였는데 이것이 한국 정치사의 외연外延입니다. 이런 여건을 어떻게 타개하였느냐는 것이 곧 한국 정치사의 내연입니다. 이것이 바로 세계정치의 중심과 주변의 문제입니다. 주변의 정치사는 중심의 정치사에 대한 이해 없이는 풀 수 없습니다. 지역정치사는 세계정치사와 연결되지 않을 수 없습니다. 이런 의미에서 정치사는 외교사와 같은 맥락에 서 있습니다. 오늘은 외교사와 관련하여 말씀드리고 있기 때문에 이 문제에 관한 말씀은 생략합니다.

⑤ 지식인의 세 가지 유형

그러면 이들 열강의 문서들 속에 함축되어 있는 '정신 구조'를 찾아내어 21세기 국제 정치 구조에서 한국적인 삶을 영위할 수 있는 길을 찾는 역할은 도대체 누가 담당해야 됩니까? 그것은 곧 지식인으로서의 교수들 몫입니다. 지식인은 누구입니까? 저는 지식인은 글자나 언어와 같은 기호를 통하여 자신의 견해나 사상을 사회에 전파하고 영향을 미치는 사회 계층이라고 생각합니다.

먼저 지적할 것은 교수는 곧 지식인이라는 등식은 존재하지 않는다는 것입니다. 이런 부등식의 현상은 그 사회가 후진적일수록 더욱 그러합니다. 기호를 통해 아무런 역할도 하지 못하는 사이비 지식인을 제외한다면 지식인은 크게 보아 세 유형이 있다고 생각합니다.

첫째로 '기술자technician로서의 지식인'들입니다. 강대국의 국제정치 이론을 충실히 전파하는 지식인들입니다. 이들의 역할은 긍정과 부정

두 가지입니다. 강대국 이론의 현황을 그나마 전달하는 적극적인 면이 있습니다. 그러나 '전달'은 자기 해석이 결부되기 때문에 경우에 따라서는 매우 위험한 전달이 됩니다. 다른 한편 국제정치 이론은 강대국의 선전이기 때문에 충실한 전달로 자신들은 불가피하게 문화제국주의의 첨병이 됩니다.

둘째로 '이념 전달자, 또는 창조자idéologue, ideologist로서의 지식인'들입니다. 국가와 사회의 이념이 아니라 특정한 정치 집단의 명분 창조자나 전달자들입니다. 이들의 역할은 그들이 지탱하려는 정치 집단의 성격과 관련이 있게 마련입니다. 이들의 역할은 선진국과 후진국 사이에 크게 다르기 때문에 한마디로 말할 수는 없으나 역사적으로 볼 때 이들은 매우 위험한 처지를 당하는 경우가 있습니다.

끝으로 '철학자philosophe, philosopher로서의 지식인'들입니다. 자신이 처한 국가나 사회의 방향을 설정하여 그 원칙을 제시하는 지식인들입니다. 저는 지금 여러분들이 철학자로서의 지식인이 되길 바랍니다.『동문휘고』편찬의 위대한 전통을 '창조'할 수 있는 집단은 바로 이러한 철학자로서의 지식인들이기 때문입니다.

⑥ 맺음말

저는 1956년 이 학교에 들어온 이후 교정 밖을 단 한 번도 나가보지 못한 둔재입니다. 그리고 1969년 교수가 된 이래로는 국제정치학의 여러 분야를 넘나들면서 방황하고 고민하였습니다.

한국이라는 세계정치의 주변 지역에서 세계정치의 중심 지역의 학문인 국제정치학을 연구한다는 것은 실로 어렵고 고독한 일입니다. 우리는 강대국의 학자들이 아닙니다. 주변의 국제정치학자들은 중심의 그들보다 수십 배의 노력이 필요합니다. 국제정치학의 세계적인 흐름을 알아야 됨과 동시에 우리 주변 문제에 대한 연구가 필요하기 때문입니다. 강대국 학문이 지니고 있는 가치 체계를 직시할 수 있어야 하고 한반도의 역사적인 현재성을 정확히 인식해야 하기 때문입니다.

저도 강대국 학문 세계의 황야를 외로이 떠돌다가 다시 한반도 문제로 돌아 왔습니다. 그러나 전통을 창조하는 지식인의 역할을 얼마나 수행하였는지 지금 이 자리에서 깊이 자책하고 있습니다. 부디 여러분들은 훌륭한 철학자로서의 지식인이 되길 바랍니다.

5. 「『만국공법』 초판본과 『공법신편』에 관하여」, 부산대학교와 규슈대학 합동 세미나, 2003년 12월 6일.

> 『만국공법』 초판본에 관해서는 여러 차례 발표한 바 있다. 마틴이 최후로 번역한 『공법신편』에 관한 글은 학계에 처음으로 새로운 사실들을 밝힌 글이다. 내가 발표한 논문의 전문全文이 일실逸失되어 그 요지만이 남아 이를 여기에 적어놓는다.

『공법신편公法新編』

(1) 영국의 국제법 학자 홀Hall, William Edward(1835~1894)의 『국제법 논설Treatise on International Law』(초판 1880)을 번역하였다. 번역 저본은 Hall의 1890년 제3판인지 1895년 제4판인지 분명하지 않다.

Hall을 당씨堂氏라고 적어놓았다. 번역이라고 했으나 실은 일종의 편찬이었다. 마틴은 원전의 자구字句에 구애되지 않고 생략하기도 하고 원전에 없는 내용을 자세히 서술하기도 하였다. 홀의 원서原書는 절節로 나누어 서술하고 있는데 마틴은 문답問答의 형식을 가미해 대학당의 교과서로 사용토록 하였다. 그리고 홀Hall 원전의 주석들을 본문에 삽입하였다. 그러나 『만국공법』, 『공법편람』, 『공법회통』 이후 30~40년 공법 발전을 알 수 있게 하였다.

(2) 한국과 일본 어느 도서관에도 『공법신편』은 소장되어 있지 않다. 하버드 대학 연경Yenching 도서관에 책이 있다고 목록에는 있으나 현물은 없다. 분실되었거나 잘못 분류된 것으로 추정된다. 중국 상하이 도서관에 소장되어 있다.

(3) 표지의 형식

영문과 한문이 같이 적혀 있다. 영문 하단에는 출판연도가 1901년으로, 한문 하단에는 1903년으로 표시되어있다. 정확한 출판 시기에 관해 혼란이 있었다. 『공법신편』은 1902년 음력 9월에, 마틴의 영문 서문에 보면 양력 1902년 12월 26일에 출판되었다.

(4) 이홍장李鴻章(1823.2.15~1901.11.7.)의 절필絶筆

이홍장이 1901년 음력 9월에 한문으로 적어놓은 서문이 있다. 이 서문을 의역意譯한 영문 서문도 있다. 내용은 다음과 같다.

공법은 만국의 공공법公共法이다. 의화단을 지칭하는 경자년庚子年의 난亂을 다음과 같이 설명하고 있는데 영어 서문은 매우 간략하다. 북방은 대난大亂이었으나 동남 지역은 난을 면한 것은 우리가 공법을 지키고 그들도 역시 공법을 지킨 결과다. 마틴이 중국에 온 지 50년이며 그는 동문관, 대학당大學堂 총교습總敎習을 지냈다.

그는 지난여름 북경에 체류해 겨우 위험을 피했다. 그리고 다시 이 책을 완성하였다. 이 책 서문에 경자년 난의 원인을 자세히 서술했으나 원한을 갖고 있지는 않다.

더욱이 제1권 제1장 주석에서 광서 10年(1884) 법월法越 전쟁 시(영문: In the war with France in 1885) 프랑스 인민을 보호하라는 조서詔書를 설명하고 있다. 프랑스가 독일을 대하는 것 보다 더 신의에 차 있다. 중국이 공법을 준수한 증거다.

『공법신편公法新編』을 국문國門에 걸고 해외로 넓혀 중국과 외국이 모두 지키면 전쟁은 영원히 없어질 것이다. 이것은 나와 마틴이 모두 염원한 것이다.

내가 마틴을 안 것은 매우 오래되었다. 그의 나이는 70여년, 나는 80이다. (영문: "I am four score.") 나와 마틴은 늙었으나 이 책이 완성된 것을 보니 기쁘고 교섭을 맡은 자들의 귀감이 되어 주길 바라는 바다.

임인년壬寅年(1902)에 마틴이 다음과 같은 후기를 적었다. 이홍장의 위 글은 그의 절필絶筆이다. 이 글을 쓰고 며칠 후인 1901년 11월 7일 그는 사망하였다. (영어 서문; "Note- This is probably the last document that came from the pen of the veteran minister, as he died within the next ten days.")

(5) 단방端方(1861-1911, 호북순무湖北巡撫(무악撫鄂)) 서문, 광서 28년(1902년) 음력 11월

마틴이 중국에 온 지 50년이며 그는 동방의 학에 밝았다. 만국공법과

중국고세공법을 발행하였다. 호북湖北에 오자 마침 홀Hall의 공법 책 번역을 완성完成해 내게 서문을 부탁하였다.

서문의 주요 내용: 서인西人의 공법은 곧 중국의 의리이며 오늘의 공법가들은 곧 옛날의 예가禮家이다. 공법은 크게 보안 성법性法, 치법治法, 국제법國際法 세 가지이고 예가의 종류는 길吉, 흉凶, 군軍, 빈賓, 가嘉 5가지이다.

(6) 마틴의 서문, 신축년(1901년) 음력 7월 작성하였고 영문 서문은 1901년 8월 작성.

혜惠(Wheaton), 오吳(Woolsey), 보步(Bluntschli) 3인의 책을 번역했으나 이들은 모두 미국, 독일인이다. 영국의 공법이 결여(각국의 공법 책을 번역하겠다는 1880년 『공법회통』서문 참조)되었다. 홀Hall의 저서는 편파偏頗하지 않아 이를 번역하려고 했다.

무술戊戌(1898)에 대학당大學堂 서한西學 총교습總教習에 임명되자 개필開筆하였다. 권란拳亂(의화단의 난)으로 중지하였다. 다행히 저고底稿를 구호救護하여 금년 맹하孟夏에 서산西山의 보주동寶珠洞에 피서避暑할 때 완성하였다.

부교습副教習 책오策鰲가 시종 협력하여 3월에 완성하였다. 책명을 『공법신편』이라고 하였다. 서인西人이 이를 듣고 사신을 죽이고 공사관을 포위 공격하는 사람들과 어찌 공법을 말하느냐고 기탄忌憚하는 사람들이 있었다. 나는 이런 일은 일시적인 일이고 중국은 본래 사신을 범犯하지 않는 것이 정례定例인데, 이는 춘추春秋 전국戰國에서만 보이는 것이 아니고 광서 10년 대만의 전쟁에서도 프랑스 공사관은 보호되고 내지의 프랑스 선교사, 상민을 보호하라는 유지諭旨가 있었다. 이제 중국이 이미 자주自主 외교하니 공법을 논하지 않을 수 없다.

내가 나이가 들었으나 이를 번역하려 했던 것은 역시 공법을 방교邦交의 대종大宗으로서 새로 익힘이기 때문이다. (영문: "I am leaving to the Chinese a guide book…")

후기: 장지동張之洞의 초청을 받아 무창武昌의 대학당 총교습이 되었다. 이때 원고를 다시 교정해 상재上梓하였다. 임인壬寅(1902) 음력 9월, 영문은 1902년 12월 26일 작성하였다.

(7) 책오策鰲 변언弁言, 신축(1901년) 음력 7월

무술戊戌(1898)에 마틴이 총교습이 되자 홀Hall의 책 번역을 결정하고 나에게 협력을 요청하였다. 기해己亥(1899년) 맹동孟冬에 시작하였다. 경자庚子(1900) 단오端午에 절반을 완성하였는데 난이 일어났다.

어떤 사람이 말하기를 마틴이 북경에 돌아왔다고 해 곧 상경해서 그를 만나 공법 번역을 계속하자고 요청하였다. 마틴은 기뻐서 그것이 자기 마음이라고 하였다. 보주동에서 그의 지도를 받아 완성하였다.

(8) Terms and Phrases(「중서자목합벽中西字目合璧」)

마틴은 이 새로운 장절을 마련해 국제법의 용어들을 설명하였다. 몇 가지 예를 들면 다음과 같다.

권리: Rights and privileges (1877年 『公法便覽』 凡例 參照)

외교: Foreign intercourse

방교邦交: Diplomacy

애저미돈서愛底美敦書 : Ultimatum

각거소점지예各據所占之例 : Uti possidetis

6.「국제정치와 오해」, 한림대학교의료원 6개 병원 순회강연, 2004년 3월.

2003년 8월 한림대학교 특임교수로 부임하고 다음 해 3월 의료원의 구성원을 대상으로 강연을 하게 되었다. 이런 제의를 몇 달 전 받고 고민에 빠졌다. 학생만을 상대로 하는 강의를 일생 해온 처지에 정치학자가 아닌 일반인들에 강연을 해본 적이 없었기 때문이었다.

국제정치 구조는 역사적으로 중심과 주변이 존재해 왔는데 주변 지역인 한반도에서 중심의 압력을 제어하면서 주변에서 인간적인 삶을 영위할 수 있는 길은 무엇인가에 관해 소견을 발표하기로 하였다.

당시에는 PPT가 일상화되지 않은 시점이어서 슬라이드를 사용하였다.

(1) 슬라이드 1. 우리 대외 인식의 문제점

우리 사회는 1970년대 중반 이후 역사상 그 유례를 찾아볼 수 없을 정도로 경제적으로 발전해 기적의 나라라고 부르고 있습니다. 연구와 교육 분야도 이에 힘입어 도약의 단계를 맞았습니다. 여러분들이 전공하고 계신 첨단과학인 의학 분야의 발전은 상당한 것이 아닌가 하고 저와 같은 문외한은 생각하고 있습니다. 오래전에 서울대학교 출판부의 일을 맡아 본 적이 있습니다. 그때 의학 관련 총서를 발간해 큰 선풍을 일으킨 적이 있었습니다. 그 연구가 세계적인 수준이라고 호평도 받았습니다.

그러나 우리 사회의 대외 인식을 고양시킬 의무를 지닌 한국 국제정치학 분야는 이런 의학과 같은 분야와는 달리 여러 문제점을 안고 있습니다. 격변하는 국제정치 구조를 제대로 추적하지 못하고 학문 세계의 중심인 미국 국제정치학 이론을 제대로 이해하지도 못하고 있습니다. 또 세계문제를 보는 시각도 우리의 눈이 아니라 남의 대외인식을 빌려 바라다보고 있습니다.

이때 대외인식이란 의미는 한 사회가 국제정치 문제에 대해 반응하는 집단적인 무의식이라고 말할 수 있습니다. '정신 구조,' '세계관'이라고도 이름 붙일 수 있는데 이것은 먼 과거, 오래된 믿음과 공포에서 나오는 표현될 수 없는 강박관념에 기초하고 있습니다.

그런데 이런 대외 인식을 올바르게 우리 사회에 심어주지 못하고 있다면 그 책임은 누구보다도 저와 같은 국제정치학자들에게 있다고 생각합니다. 오늘 제가 말씀드리고자 하는 것은 바로 이런 문제입니다.

(2) 슬라이드 2. 발표순서

저의 논지는 매우 간단합니다. 국제정치학은 강대국의 학문이어서 중심과 주변이 형성되지 않을 수 없다는 것입니다. 따라서 중심과 주변 사이에는 오해가 반드시 수반되는데 그들이 서로 다른 이질문명권에 속한다면 그런 오해는 더욱 크지 않을 수 없습니다. 그리고 그런 오해는 주변지역의 문화 수준에 따라 천차만별입니다. 중심지역을 정확히 파악하고 자기 위치를 확인하며 주어진 국제정치 구조에서 자신의 인간적인 삶의 방향을 설정하는 주변도 있습니다. 그런가 하면 중심의 본질을 무시한 채 자신의 위치를 망각하는 주변지역도 있습니다. 이런 범주의 주변지역 중 정신적으로 가장 낙후된 지역을 오지奧地라고 부릅니다.

이들 지역에서는 오해는 단순한 오해에 머물지 않고 오인誤認, 굴절, 선입관, 왜곡, 저항, 선택, 괴리, 그리고 무지를 포함합니다. 오늘 말씀드릴 주제의 '오해'는 이런 모든 현상을 포함합니다.

우리는 현재 주변 중의 주변지역에 살고 있어서 대외 인식에 여러 문제점을 안고 있습니다. 그러나 1800년 이전에는 동양 최고 수준의 대외 인식을 가졌던 전통이 있습니다. 그 대표적인 예로 홍대용洪大容에 관해 몇 말씀드려야 현재의 정신적인 낙후성을 폭로하는 것에 대한 정신적인 위안을 받을 것 같습니다.

끝으로 우리가 안고 있는 여러 문제들 중에서 첫째로 국제정치의 구조, 둘째는 이론, 그리고 시각이라는 3가지 측면에서 말씀드리겠습니다. 결론으로는 18세기 우리가 지녔던 위대한 전통을 '창조'하는 것이 오늘날 우리의 역사적 임무라는 점을 말씀드리겠습니다.

(3) 슬라이드 3. 홍대용 초상화

이 초상화는 홍대용과 오래 교류하였던 중국 선비 엄성嚴誠이 그린 것입니다.

담헌 홍대용은 북학파의 거두였습니다. 북학파는 오랑캐라고 조선 지식인들이 천시했던 청나라를 통해서 세계문화를 배워야 한다는 일군의 학자들을 말합니다. 여기에는 박지원, 이덕무, 박제가와 같은 기라성 같은 학자들이 있었습니다만 세계 인식 문제에 있어서 저는 홍대용을 높게 평가해 왔습니다.

충청도 천원군 출신인 홍대용은 여러 번 과거에 실패해 결국 가문의 혜택으로 관직에 나아가게 되는 음보蔭補로 1774년 영조 50년에 토목공사와 건축 관련 직책인 선공감繕工監 감역監役, 그리고 왕세손(훗날 정조)을 호위하는 세손익위사世孫翊衛司 시직侍直이 되어 훗날의 정조와 극적으로 만나게 됩니다. 이때 두 사람이 나눈 대화를 보면 국내 정치 개혁은 물론이고 대외 문제에 대한 관심이 매우 높은 것을 알 수 있습니다. 홍대용은 이때 이미 중국을 다녀왔고 일대 명문인 『의산문답毉山問答』을 집필한 이후였습니다.

그는 1765년 35살 되던 해에 북경에 다녀왔습니다. 그는 중국학자들과 만나 일대 토론하려는 열망에 불타 있었습니다. 북경으로 가는 도중 중국학자 몇 사람을 만났으나 수준 이하로 실망합니다. 북경에 도착하자 그의 일행 중 이기성이란 사람이 북경의 유리창이란 곳에서 안경을 낀 단아한 두 사람의 중국인을 만나게 됩니다. 유리창은 서점과 문구의 거리로 조선 연행사들이 언제나 즐겨 찾던 곳입니다. 지금도 그대로 보존돼 있습니다. 이기성은 시력이 좋지 않았던 홍대용을 위해 안경을 구하려던 참이었습니다.

그는 중국인에게 좋은 안경을 구하기 힘드니 안경을 자신에게 파는 것이 어떠냐고 서슴없이 말하게 됩니다. 그 중국인은 자신의 안경을 벗어 주고 그대로 사라집니다.

홍대용은 그 중국인을 수소문해 드디어 그들이 머물고 있던 곳을 찾아갑니다. 이들은 절강성에서 과거를 보러 북경에 온 엄성과 반정균潘庭均이었습니다. 훗날 중국 최고의 학자들이 됩니다. 북경에 온지 두 달만의 일입니다. 중국학자들을 만나려는 열정을 여기에서 우리는 알 수 있습니다.

그는 또 남당南堂에 있던 서양인들을 찾아갑니다. 남당은 북경의 동서남북 네 곳 성당 중 가장 규모가 큰 성당으로 마테오 리치가 창건한 곳입니다. 현재 인민 광장 남쪽 유리창 부근에 위치하고 있습니다. 남당은 우리 조선과는 깊은 인연을 가진 곳입니다. 조선 사람으로 처음 세례를 받은 이승훈李承薰 선생이 찾아간 곳이 바로 이 남당이었습니다.

그는 이곳에서 독일인으로 중국의 천문과 기상을 책임 맡고 있던 할레르슈타인Hallerstein, A.von과 고가이슬Gogeisl, A.로부터 서양의 천문, 천주학은 물론이고 음악이나 회화에 이르는 방대한 지식을 얻게 됩니다. 그리하여 당시 조선 사람으로서는 서양 세계에 관해 최고의 지식을 지니게 되었습니다. 『열하일기』를 쓴 연암 박지원朴趾源은 자신의 친구인 홍대용이 지전설, 즉 하늘이 움직이는 것이 아니라 지구가 돈다는 학설을 창안했다고 까지 말하고 있습니다.

그는 이런 박학한 세계 지식에 입각해 『의산문답』이라는 실로 놀라운 글을 씁니다. 의산은 조선과 중국 접경에 있는 의무여산醫巫閭山을 가리킵니다. 이곳에서 허자虛子와 실옹實翁사이에 일대 논쟁이 벌어집니다. 물론 가상하여 묘사한 문답 형식의 숨막히는 드라마입니다. 허자는 허례허식에 물든 부패한 유생을, 실옹은 그 자신과 같은 실학사상을 지닌 인물입니다.

이 논쟁에서 실옹은 중국이 세계의 중심이 아니라고 말합니다. 서양 사람은 서양이 세계의 중심이라고 생각하고 있다고 천명하면서 사대질서의 명분을 정면에서 부정하였습니다. 그리고는 중국이나 오랑캐인 서양은 다르지 않고 같은 것이라는 당시로는 혁명적인 결론에 도달합니다. 그는 더 나아가 공자가 만일 오랑캐 세계에 살았다면 '역외춘추域外春秋', 즉 중국 밖의 역사책을 집필했을 것이라고 하여 서양 국제사회의 정당성을 인정하고 있습니다.

저는 홍대용을 한 예로 들었습니다만 당시 조선 지식인들의 지적인 갈망은 이와 같이 처절하였고 그 수준은 가히 세계적이었습니다. 그런데 우리의 이런 지적 전통은 어디로 갔습니까? 오늘의 암담한 현실을 보도록 하겠습니다.

(4) 슬라이드 4. 국제정치 구조와 오해

세계의 정치구조는 급격히 변화하는 데 주변지역이 이에 대해 정확히 인식하지 못하고 있는 것은 심각한 문제입니다. 19세기나 지금이나 우리는 이런 문제를 안고 있습니다.

① 1991년

현재의 미국은 과거의 미국이 아닙니다. 과거의 잣대로 미국을 판단하면 안될 것입니다. 미국은 공화국이면서 제국帝國입니다.

1991년 구소련의 붕괴는 실로 역사적인 사건이었습니다. 서유럽과 러시아 사이에 300여년에 걸친 대립이 일단 종식되었기 때문입니다. 역사상 그 어느 제국보다 진정한 의미의 세계국가로 등장한 미국의 시대가 도래하였습니다. 군사, 경제는 물론이고 미국적인 문화가 세계를 지배하고 있습니다. 이제 미국 식자들 사이에는 '미국 제국帝國'이라는 용어가 아무 거부감 없이 사용되고 있습니다.

그런데 미국이 세계를 지배하기 위해 새로운 국제법 규범을 제창하고 있다는 데에 주목해야 합니다. 이 새로운 규범은 몇 가지 특징을 갖고 있습니다.

첫째가 예방 개입론입니다. 국제사회에서 무력을 사용할 수 있는 것은 유엔의 헌장에 입각한 경우와 타국의 무력 공격에 대한 자위권뿐이라는 것은 널리 알려진 사실입니다. 그런데 미국은 이런 자위권을 매우 광범하게 해석해 미국 안보에 관련된 사태에 대해서는 사전에 군사적으로 개입할 수 있다는 논리를 현재 제창하고 있습니다. 이라크 사태에서 우리는 이런 논리의 대표적인 예를 보고 있습니다.

둘째로 미국의 예외주의를 들 수 있습니다. 예외주의란 미국이 유럽 문명권에 속하면서도 유럽이 보유하지 못한 정신적인 장점을 일반적으로 지칭해 왔습니다. 그런데 오늘날 미국의 예외주의는 세계 그 어느 나라와도 자국은 다르다고 하는 정신적인 우월감을 뜻하고 있습니다.

이런 우월감의 표현이 작년 4월 60개 국가가 비준해 7월에 정식으로 출범한 '국제형법재판소'에 대한 미국의 반대로 나타나고 있습니다. 1998년 '로마 규약'으로 탄생한 이 재판소는 전쟁 범죄, 대량 살상, 그리고 인류에 대한 범죄를 처벌할 수 있는 역사상 최초의 상설 재판소입니다.

그런데 처음에는 이 재판소 설립에 적극적이었던 미국이 해외에 주둔하고 있는 미국 시민이나 군인에 대해 이 재판소가 권한을 갖게 될지 모른다고 판단해서 재판소 자체에 반대하고 있습니다. 로마 규약 체결 당시에는 예측하지 못한 반미 감정의 세계적인 확산에 대한 우려일 것입니다.

로마 규약을 서명하거나 비준한 국가에 대해서 미국은 개별 조약의 체결을 추진하고 미국의 면제 특권을 얻고 있습니다. 현재 70여 개 국가와 이런 조약을 체결하였습니다. 따라서 이 재판소의 성공 여부는 전통 국제법을 지지하는 유럽 열강과 새로운 국제법을 주장하는 미국 사이의 충돌 결과에 달려 있는데 앞으로 최대 현안 중 하나로 당분간 남게 될 것입니다.

끝으로 이와 같은 예방 개입론과 예외주의의 결과로 국제법과 국내법의 전통적인 구별이 아무런 의미도 없게 되었습니다. 아프카니스탄 사태로 체포돼 현재 쿠바의 관타나모 미군 기지에 억류된 660명 포로의 법적 지위 문제가 이를 잘 말해 주고 있습니다. 전통적인 국제법의 입장에서 본다면 이들 포로들은 1949년 제네바 협정이나 1977년 제네바 의정서에 의한 혜택을 받을 수 있습니다. 그러나 미국은 미국 국내법이 적용돼야 한다고 해석해서 국제 적십자의 간섭을 지금 배제하고 있습니다.

저는 지금 미국의 새로운 규범 제창에 대해 가치 판단을 하고자 하는 것은 아닙니다. 미국의 세계 정책으로 새로운 국제 질서가 자리를 잡게 될 때까지 적어도 앞으로 20~30년 동안은 혼란을 거듭할 것이라는 점을 강조하려는 것입니다.

이 기간에 무엇보다 전쟁과 평화가 무엇인가에 대해서 합의되지 못할 것입니다. 무력 투쟁의 형태가 문제입니다. 테러가 군사적인 것인가 아니면 정치적인 것인가에 대한 기본 문제에 혼돈을 거듭할 것입니다.

다음으로 평화의 수단에 대한 혼란입니다. 제국帝國인 미국의 군사력과 유엔의 헌장을 어떻게 조화시킬 수 있는가 하는 것이 문제입니다. 불가피하게 유엔 헌장 개정에 관한 논의가 대두될 여지가 있습니다.

이와 더불어 경제의 세계화 문제도 첨예한 현안입니다. 세계화 문제는 현재 찬반 양론의 논의들이 범람하여 사람들은 그 방향이 무엇인지 모르게 되었습니다. 그러나 세계화를 주장하는 대부분의 사람들이 미국인이라는 사실은 의미 있는 일입니다. 따라서 하나의 세계화가 있는 것이 아니라 복수의 세계화들이 있는 것입니다.

사실 북핵 문제, 주한 미군의 재배치 또는 철수 여부의 문제는 이 혼란 기간 동안에 계속될 한 지역 문제에 불과합니다. 이들 문제도 결정적인 해결을 보지도 못한 채 계속 현안으로 남게 될 것입니다.

따라서 우리는 이런 혼란기간에 어떻게 대처하고 미국이 제창하는 새로운 규범들로 이룩될 국제사회의 형태는 어떤 것이며 그런 세계 질서에서 어떤 길을 걸어야 하느냐를 고민하는 것이 급선무일 것입니다.

이런 오해나 인식 부족은 실은 19세기 이래 우리가 지니고 있는 부정적인 정신적 유산입니다.

(5) 슬라이드 5. 『만국공법』표지

(6) 슬라이드 6. 회전會典

　1864년이란 해는 동양과 서양의 국제 관념이 본격적으로 충돌하기 시작한 시점입니다. 물론 그 이전에도 한문으로 된 세계 문제를 다룬 대중적인 책들이 있었으나 서양 국제사회의 원칙이나 명분을 서술한 책은 없었습니다. 따라서 『만국공법』이라는 책이 세상에 나온 1864년은 동양 3국의 대외인식이란 측면에서는 매우 획기적인 해입니다.

　이 책은 미국 선교사 마틴Martin, W. A. P.이 당시 세계적인 학자였던 미국인 헨리 휘튼의 『국제법 요강』이란 저서를 한문으로 번역한 책입니다. 마틴이란 사람은 서양 국제정치학을 동양에 전파시키는 데에 결정적인 역할을 한 사람입니다. 그는 1850년 22살 되던 해에 중국으로 건너와 1916년 세상을 떠날 때까지 중국에서 교육 사업에 일생을 바친 사람입니다. 중국에서 처음으로 서양 학문을 교육하는 동문관同文館이란 기관이 설립되자 그 총교습, 즉 교장이 되었고 북경 대학의 전신인 북경대학당이 설치되자 그 초대 총교습을 역임한 사람입니다.

　마틴이 천신만고 끝에 번역해 중국 정부의 승인을 받아 300부의 초판이 나왔습니다. 이 원본은 한국이나 일본에는 없고 미국의 하버드와 예일 도서관에 있는데 이 사진은 예일 도서관에 소장된 것을 찍은 것입니다.

　이 희한한 책이 언제 한국에 전래됐는지 아직 모릅니다. 일본 사람들은 1877년 자신들이 전파했노라고 선전하고 있습니다만 저는 이보다 수년 전에 조선의 관리들이 이미 이 책을 수중에 갖고 있었다고 생각합니다.

　하여간 이 책의 전래로 전혀 이질적인 정신 구조 사이의 충돌이 시작되었습니다. 그리고 수많은 오해, 곡해, 그리고 착각이 뒤따르게 되어 현재까지도 지속되고 있습니다.

가장 크게 착각한 것은 동양과 서양 세계를 지배하는 명분이나 규범 자체에 대한 것이었습니다. 다시 말하자면 서양의 만국공법과 동양의 회전을 혼동한 것입니다. 여기에 보시는 회전의 표지는 1899년 청나라가 마지막으로 펴낸 것입니다. 청나라는 5번에 걸쳐 회전을 중수한 바 있습니다. 그런데 이 회전이란 법전은 현대 용어로 말한다면 중국의 국내법이면서 동시에 동양 사회를 규율하는 국제법이었습니다.

그러나 서양의 '공법'이라는 책들은 회전과는 전혀 다릅니다. 서양 사회를 해석하는 개인 학자들의 의견을 담은 책일 뿐입니다. 이런 만국공법이란 책을 처음 대하면서 이것도 서양 국제사회를 규율하는 회전과 같은 법전이라고 착각했던 것입니다. 그래서 서양 사람들이 이 법전을 숨기고 알려 주지 않는다고까지 불평할 정도였습니다.

이런 착각은 한동안 지속되었고 1883년에 발간한 근대적 신문인 '한성순보'도 그런 착각의 기사를 싣고 있었습니다.

(7) 슬라이드 7. 국제정치 이론과 오해

국제정치 구조 변화에 대한 인식 부족은 중심과 주변의 국제정치 이론에 대한 괴리로 이어집니다. 이런 오해나 오인도 주변의 문화 수준과 관련돼 있습니다.

① 미국 국제정치 이론의 주류

한국과 미국의 국제정치학 사이에는 '담론'이나 '문법' 또는 '기호'가 서로 달라서 대화가 잘되지 않고 있습니다. 고도의 정보화 시대에 매우 중세적인 현상이 아닐 수 없습니다.

　미국 국제정치학의 큰 주류는 국제정치 현상을 수리적數理的인 방법이나 통계적인 기법으로 일반 이론을 창출하려는 방법론입니다. '로체스터 학파'가 대표적입니다. 미국 정치학회 회보인 『미국정치학잡지』는 이런 방법론의 글이 대종을 이루고 있어서 이 잡지를 윌리엄 라이커 Riker, W.의 잡지라고 말하고 있습니다. 라이커는 수리 방법론의 하나인 '합리적 선택 이론'의 창시자 중 대표적인 사람입니다.

　이런 방법론을 연구하지 않으면 현재 미국 주요 대학의 교수가 될 수 없을 정도입니다. 하버드 대학에 재직하면서 전통적인 방법론을 고수하고 있는 저명한 국제정치학자인 스탠리 호프만Hoffman, S.은 자신은 현재의 상황이었다면 교수가 될 수 없었다고 말하고 있습니다.

　그런데 우리 국제정치학의 주류는 철학과 역사에 입각한 방법론입니다. 미국 주류 정치학을 연구하고 돌아오면 취직이 힘든 실정입니다. 따라서 잠시 말씀드린 『미국정치학잡지』에 실린 논문들을 이해하는 학자들이 국내에서 매우 드문 실정입니다.

　저는 지금 한국과 미국의 국제정치학 주류가 다르다는 것을 비판하는 것이 아닙니다. 다르다는 사실은 그 자체 의미가 있는 일입니다. 다만 미국의 주류 이론을 이해하고 있어야 된다는 매우 초보적인 얘기를 하고 있는 것입니다. 다른 나라도 아니고 미국과 오랫동안 혈맹관계에 있었다는 한국이 그들 주류 이론을 제대로 파악하지 못하고 있는 것은 매우 기이한 현상이 아닐 수 없습니다.

　수리적인 기법에 의한 주류 이론을 파악하려면 이 분야에 대한 지식이 필요하기 때문에 대화가 단절될 수밖에 없다고 일단 양보할 수 있습니다. 그러나 전통적인 방법론에 입각한 미국의 저서들도 옳게 이해되고 있는지 의심스럽습니다. 얼마 전부터 우리 학계에서는 '문명의 충돌'

이라는 화두로 논쟁을 벌이고 있습니다. 1996년에 나온 새무엘 헌팅턴 Huntington, S.의 저서가 촉발시킨 논쟁이었습니다. 하버드 대학의 교수이 고 이름이 널리 알려진 그가 '문명의 충돌'이란 책을 발표하자 국내에 서는 그가 마치 비교문명권의 대가인 것으로 착각하기 시작하였습니다. 그래서 헌팅턴이 문명과 문화를 구별하지 않은 것은 이해할 수 없는 일 이라고 개탄하던가, 그가 열거한 8개의 문명권에 왜 불교 문명권을 제 외시켰다고 따진다거나, 일본 문명을 왜 여기에 삽입시켰냐고 반문하는 논쟁이 계속되었습니다. 이런 국내 논쟁은 헌팅턴의 저서나 의도와는 전혀 관련이 없는 문제 제기입니다.

그는 문명 문제의 전문가가 아니고 문명권에 관한 그의 설명은 역사 인류학자인 메튜 멜코Melko, M.의 책에 크게 의존하고 있습니다. 우리 국 제정치 학계에서 멜코가 어느 정도 알려져 있는지 의심스럽습니다. 헌 팅턴이 이야기하고자 하는 것은 그 자신이 매우 명백하게 말하고 있 습니다. 20세기말과 21세기초의 세계에서는 냉전시대와 달리 국제 분 쟁이 문명이나 문화의 요소로 발생한다는 전제입니다. 그는 20세기말 이전이나 21세기초 이후의 세계에 관해서는 자신은 모른다고 단정하 고 있습니다. 그리고 역사적으로 여러 문명들이 존재했던 단층지역Fault Line, 예를 들면 발칸 지역 같은 곳에서 앞으로 국제 분쟁이 야기될 것이 라고 예측하였습니다. 그는 9/11 사태와 같은 것을 예견한 것은 전혀 아 닙니다. 국내에서 이 사태를 헌팅턴과 연결해 거론하는 것은 이상한 일 입니다.

그가 주장하는 두 번째 명제는 이슬람권과 중국 문화권이 장차 연합 하는 것을 저지해야 한다는 것입니다. 이런 정책 제안을 미국 정부의 음 모라고 비판하는 것은 전혀 차원이 다른 문제입니다. 학자는 자기 소신 에 따라 정책을 제안할 수 있습니다. 미국 보수주의 정치학자의 거두인 헌팅턴이 그 나름대로 내어놓은 정책 판단을 시비할 것은 없습니다. 이에 관한 국내 학계 일각의 논의는 불모의 논쟁일 뿐입니다.

헌팅턴의 공로는 실은 다른 곳에 있다고 생각합니다. 문명의 충돌이라는 명제는 인류학이나 역사학에서는 오래 전부터 연구되어 온 과제이고 그 연구 수준도 대단합니다. 그런데 헌팅턴이 이런 명제를 인접 과학 발전에 둔감한 국제정치학계에 소개한 점이라고 생각합니다. 사실 그가 문명 문제를 제기한 이후 세계의 국제정치학계에서는 문명이란 현상의 중요성을 강조하는 연구들이 상당히 나오고 있습니다. 냉전 시대에는 군사나 경제 현상이 중요하다고 인식돼 이 방면의 연구들이 주종을 이루었습니다. 그러나 이제 냉전시대에는 사라졌던 문명에 관한 연구들이 앞으로 계속 진척되리라 전망합니다.

중심 이론을 이와 같이 오해하고 착각한 것도 19세기이래 부정적 유산의 하나입니다.

② 19세기의 오해

조금 전에 『만국공법』에 관해 말씀드린 바 있습니다. 그런데 이 책의 저자인 휘튼은 실정법주의의 주창자입니다. 실정법주의란 국제사회를 규율하는 규범은 국가의사뿐이라는 학설입니다. 이때 국가는 물론 유럽 국가들을 지칭합니다. 따라서 국제법은 유럽 열강의 법규범입니다. 유럽 이외의 국가들은 국제법의 혜택을 받지 못하는 하나의 객체에 불과하다는 것입니다. 다시 말하자면 국제법이란 유럽 열강의 세계 팽창의 법적 도구에 지나지 않는 것입니다.

『만국공법』은 이런 학설의 대표적인 책입니다. 이 책에 이어 마틴이 번역한 『공법편람』이란 책의 저자인 울지Woolsey, Th.는 기독교 국제법의 맹신자였으며 『공법회통』이나 『공법신편』이란 책의 원저자들인 블룬출

리와 홀Hall, W. E.은 국제법이란 유럽 열강 사이의 법규범이라는 점을 주장하는 대표적인 인물들이었습니다.

그런데 이들 저서들을 받아들인 조선에서는 서양의 공법이 마치 정의와 이성에 입각한 평화의 법으로 한동안 인식하였습니다.

이들 저서의 내용에 대한 오해의 예는 한두 가지가 아닙니다. 대표적인 것 한가지만 더 들겠습니다. 당시 조선 지식인이 가장 매력을 느낀 것은 균세均勢, 즉 세력 균형이라는 개념이었습니다. 오랑캐로써 오랑캐를 제압한다는 동양의 오래된 외교 정책인 이이제이以夷制夷와 같은 개념으로 인식했기 때문입니다. 그러나 동양의 이이제이는 근본적으로 평화의 수단인데 반해 서양의 세력 균형 개념은 전쟁을 포함하는 개념이었다는 매우 근본적인 차이가 있습니다.

이런 오해를 자아낸 원인은 그것을 번역한 마틴에게도 책임이 있었고 또 동양의 법 관념을 선입관으로 갖고 있었던 데도 있었습니다. 그러나 이들 저서의 원전들에 접근하려는 지적 단계에 조선이 19세기 내내 도달하지 못했던 것이 주요 원인이었습니다. 이 점이 우리와 일본이 다르다고 지적하는 것은 실로 안타까운 일입니다.

(8) 슬라이드 8. 국제정치 시각과 오해

오해 중 가장 심각한 것은 자기 자신에 대한 오해입니다. 국제정치 현상을 보는 시각이 중심의 눈을 통해 이루어지고 있는데도 마치 자신의 의식인 양 착각하고 있다는 것입니다. 주변 지역이 문화적으로 수준이 높지 않은 경우 중심 이론의 선전에 걸리게 됩니다. 우리가 바로 이 범주에 해당되는데 대표적인 예 몇 가지 들겠습니다.

① 냉전 시대의 세계 인식

냉전 시대의 특징은 미국과 소련의 세계적인 대립이었는데 세계 문제를 보는 시각이 미국의 세계 정책에 입각해 있었습니다. 구소련에 대한 인식이 이를 잘 나타내 주고 있습니다.

먼저 구소련 군사비 계산이 문제입니다. 소련 당국이 발표한 군사비가 전혀 믿을 수 없어서 미국은 독특한 방법으로 그 군사비를 계산해 세계에 전파시켰습니다. 소련의 군사 시설과 인원을 만약 미국이 보유한다면 달러로 얼마나 될 것인가 하는 간접 추정 방식이었습니다. 소련 군사비가 엄청나게 증액하게 되는 것은 자명한 일입니다. 한가지 예를 들죠. 소련군인의 봉급을 미국 군인이 받는 달러로 환산한다면 얼마나 증가되는지 상상하실 수 있을 것입니다. 소련의 위협을 증명해야 되는 냉전 국제정치학의 전형적인 예입니다. 우리는 이런 시각으로 소련을 바라다보고 있었습니다.

소련 인식에 관한 또 한가지 예로 소련의 태평양함대의 전력에 관한 것을 들 수 있습니다. 미국의 관심은 괌이나 필리핀에 있는 해외 기지를 공격할 수 있는 이 함대의 군사 능력이었습니다. 태평양함대가 보유했던 이런 군사 능력은 보잘것없다는 것이 일반적인 미국의 판단이었습니다. 미국의 입장에서는 미국 본토를 공격할 수 있는 소련의 북양함대가 가장 중요한 것이었습니다. 따라서 미국의 분석으로는 태평양함대의 전력은 제1차적인 위협 대상이 아니었습니다. 이런 분석이 그대로 우리에게 전파돼 이 함대가 그리 위협적인 것이 아니라는 연구들이 한국에서 유행하였습니다.

과연 그렇습니까? 우리에게는 태평양함대에 주로 배치돼있던 천 톤급의 경함정이지만 사정거리 4백 킬로의 미사일을 장정한 나뉴슈카 nanushka급 쾌속정이 우리에게는 무엇보다 위협적인 병력이었습니다. 이들은 우리의 후방 산업지역을 공격할 수 있는 전략무기이기 때문입니다. 이런 전략무기와 전투지역에서만 사용되는 전술무기를 구별하는 미국식 방법은 우리에게는 무의미한 것입니다. 우리에게는 태평양함대의 모든 병력이 전략무기입니다.

미국의 냉전 국제정치학이 지닌 맹점은 수준 높은 주변지역에서는 잘 인식된 문제였습니다. 영국이나 스웨덴의 전략문제 연구소는 나름대로 소련의 군사비를 계산하고 있었습니다. 그런데도 우리가 미국 선전에 일변도로 의존하여 온 것은 한심한 일이기도 합니다.

이와 같이 중심의 선전을 철저히 분석하지 않고 이에 의존하는 부정적인 지적 전통도 19세기 이래의 유산입니다.

② 19세기 시각과 영국

19세기는 영국과 러시아가 세계적인 규모에서 대립하고 있었던 시기입니다. 그런데 우리가 일본이나 서양 세력과 접촉하면서 영국의 영향권에 곧 편입하게 된 것은 기억할 만한 일입니다. 한반도가 영국의 세력범위에 편입된 것은 결과적으로는 다행한 일일지 모릅니다만, 세계 인식에 있어서 영국의 선전망에 걸려든 결과가 되었습니다.

러시아의 위협을 과장하는 소위 방아론, 즉 러시아를 방어해야 된다는 주장이 그 대표적인 예입니다. 러시아와는 1860년부터 국경을 맞대게 되었는데 1870~80대부터 만주 지역의 러시아 군사력이 엄청나게 과장돼 국내에 유포됩니다. 도문강 근처에 군함이 16척, 병력이 무려 3천명을 헤아린다는 정보들이 전파됩니다.

그러나 실제의 군사력은 이와는 전혀 다른 것이었습니다. 1884년 12월 갑신정변 이후 혹시 한반도 주변에서 분쟁이 발생하지 않을까 하여 러시아 외무성은 해군성에 이 지역에 배치돼 있는 러시아 함대의 실상을 비밀리에 질의한 바 있습니다. 이에 해군성은 순양함 1척, 쾌속 범선 2척, 그리고 수송선 1척뿐이라고 답변한 바 있습니다.

(9) 슬라이드 9. 오지奧地 사고를 넘어서

① 오지 사고

이와 같이 중심의 논리에 전적으로 의존하는 주변 중의 주변 지역이 지닌 정신 구조를 '오지 사고'라고 할 수 있습니다. 대외 문제에 대한 이런 오지 의식은 우리가 지니고 있는 부정적인 역사적 질병이기도 합니다. 이제 우리는 이 역사적 질병의 원인을 망각한 채 지금도 그 병을 앓고 있습니다. 그러면 우리는 언제부터 이런 질병에 전염되었을까요?

저는 정조가 승하한 1800년이 큰 분수령이었다고 생각합니다. 영조와 정조 시기의 실학, 특히 북학파에 의한 세계 인식은 가히 놀라울 정도였습니다. 또한 중국에 파견된 학자들의 세계 문제에 대한 탐구의 열정은 처절할 정도였고, 그 대표적인 예로 담헌 홍대용에 관해 말씀드린 바 있습니다.

대외 인식의 면에서 볼 때 정조가 일궈 낸 문화정책의 꽃은 『동문휘고同文彙考』라는 책으로 나타납니다. 『동문휘고』는 정조 12년 1788년에 완성된 책으로 요즘 용어로 말하면 외교문서집입니다. 정조가 임금이 된 이후 승문원의 문서를 조사해 보니 중국 관련 문서들이 상당히 없어진 것을 알게 됩니다. 이에 중국과 일본에 관계되는 문서들을 조사해 편찬하려고 계획합니다.

저는 이 작업의 어려움이 세계 제2차 대전 이후 프랑스 정부가 소실된 외교문서를 다시 편집한 것보다 더 힘든 것이었다고 생각합니다. 1940년 5월 독일 군대가 파리를 점령하기 직전에 프랑스 정부는 상당한 분량의 외교문서들을 소각하였습니다. 전쟁이 종식된 후에 이들 없어진 문서들을 남아 있는 문서들에 입각해 재구성하는 작업을 진행하였습니다. 그러나 프랑스 정부의 이 작업은 1960년대의 일입니다. 외교문서집 발간에 관한 지적 축적이 수백 년 쌓이고 난 이후의 일입니다. 그러나『동문휘고』의 편찬은 18세기의 일입니다. 이때에 외교문서를 편찬하였다는 것은 실로 획기적인 일이 아닐 수 없습니다.

뿐만 아니라『동문휘고』의 구성 자체도 매우 과학적이어서 현대의 외교문서의 개념을 그대로 반영하고 있습니다.『동문휘고』는 초편 60책과 속편 36책으로 구성돼 있습니다. 초편은 1788년에 완성되었고 속편은 1881년까지 보완된 문서들입니다. 초편의 구성을 보면 원편, 별편, 보편, 부편으로 나뉘어 있는데 원편은 1644년 청 나라가 중국에 들어 간 이후 조선과 중국 사이의 문서들, 별편은 그 이전의 문서들, 보편은 연행사들의 문견록, 그리고 부편은 일본과의 문서들입니다. 원편, 별편, 부편은 요즘 용어로는 좁은 의미의 외교문서를, 보편은 넓은 의미의 외교문서를 가리키는 것입니다. 1788년 현재 중국이나 일본에서도 이런 문서집은 존재하지 않았습니다.

(10) 슬라이드 10.『동문휘고』

그런데 이『동문휘고』가 3년마다 보완돼 1881년에 이르고는 그 이후 2004년 현재까지 한국의 그 어떤 정권이나 정부도 외교문서집 발간을 계획하거나 구상하지도 않았습니다. 역사적 질병을 치유할 진단서가 없게 된 것입니다.

대외인식 문제에 있어서 우리는 아직 주변 지역에 머물고 있다고 제가 말씀드린 이유가 바로 여기에 있습니다.

(11) 결론: 전통의 창조

이제 우리는 『동문휘고』를 편찬했던 위대한 전통을 창조해야 합니다. 창조는 무에서 유를 만들어 내는 것이 아닙니다. 창조의 라틴말인 inventio는 과거의 경험을 다시 조명해 여기에 새로움을 준다는 뜻이며 '다시 발견한다.'는 의미입니다. 그러면 그 창조의 기수旗手는 누가 돼야 합니까? 여러분이나 저와 같은 대학인들이 앞장설 수밖에 없습니다. 그리고 이런 지적 재창조의 역사적인 작업에 우리 한림대학교가 밑거름이 되어야 할 것입니다.

오랜 시간 경청해 주셔서 감사합니다.

7. '창조'의 국제정치학 - 한국외교사 연구의 새로운 방향을 위하여, 한림대학교 한국학연구소 발표. 2004년 4월 28일.

간헐적間歇的으로 생각했던 한국외교사 연구의 문제점을 한림대학교에 부임하면서 체계적으로 구상해 처음 발표한 글이다. 2004년 당시 나의 학문적 수준이다.

(1) 무엇이 문제인가?

1991년 구소련의 붕괴로 세계정치 구조는 본질적으로 변했습니다. 무엇보다 행위자들이 무엇인지 구별할 수 없게 되었습니다. 미국과 같은 진정한 의미의 세계국가, 19세기 중엽 이래 국제정치의 기본 단위인 근대국가, 세계 제1차 대전 이후 인위적으로 조립된 근대국가들의 해체와 기존 중세 단위들의 등장, 그리고 테러집단과 같이 새로 등장한 행위자들이 공존하고 있는 매우 불안한 구조입니다.

이런 국제정치 구조에서 우리는 그 어떤 행위자들보다 어려운 처지에 놓여 있습니다. 우리는 3세기에 걸친 역사적 여건을 동시에 걸머지고 있기 때문입니다. 근대국가 형성이라는 19세기의 문제, 냉전의 탈피라는 20세기의 문제, 그리고 세계화의 21세기 문제를 동시에 고민하고 있습니다.

3세기에 걸친 이런 문제를 조망하는 데 있어서 한반도의 역사적 성격을 규명하는 것이 가장 중요하다고 생각합니다. 저는 여기서 말하는 역사적 성격을 좀 다른 의미로 말하고 있습니다. 열강의 한반도 인식틀과 우리의 대외문제에 대한 인식틀의 구조를 말합니다. 정신구조나 세계관이라고도 지칭할 수 있습니다. 저는 이런 정신구조를 연구하는 것이 외교사라고 생각합니다.

이렇게 볼 때 한반도의 역사적 성격을 규명하는 데에는 무엇보다 한국 외교사의 연구가 절실합니다. 그런데 이처럼 중요한 학문 분과가 지금 황폐한 처지에 놓여 있다면 학문의 세계에서나 정치현실의 세계에서나 심각한 문제가 아닐 수 없습니다.

그러면 한국외교사 연구에 무엇이 문제입니까? 제가 그동안 생각하고 느낀 점을 간략히 말씀드립니다.

① 의식

외교사 연구에만 국한된 점은 아닙니다만, 특히 한국외교사 연구에 있어서의 문제점은 왜 이 분야를 연구해야 되느냐에 대한 문제의식이 분명하지 않다는 것입니다. 저는 한국이 지난날부터 오래 지녀온 대외문제에 대한 경험들이 오늘날 국제사회에서 한국적인 삶을 영위하는 데에 새로운 의미와 해석을 부여하는 것이 한국외교사 연구의 목적이어야 한다고 생각합니다. '창조' 즉 라틴어의 'inventio'는 무에서 유를 만든다는 뜻은 아닙니다. 과거의 경험에 오늘날의 새로운 의미를 준다는 뜻입니다. 통상적으로 과거가 현재를 설명한다고 합니다만 저는 그 반대로 '현재가 과거를 설명한다'는 명제가 더 정확하다고 봅니다. 그래서 제가 오늘 말씀드릴 주제를 "'창조'의 국제정치학"이라고 이름 붙였습니다.

② 인식

다음으로 지적할 것은 한국의 정치사나 외교사는 세계 정치사의 흐름과 떼어서는 생각할 수 없다는 점입니다. 특히 1839년 아편전쟁 발발 이후에는 더욱 그렇고, 약소국일수록 세계 정치사의 영향을 많이 받는 것은 당연한 일입니다. 1894년 청일전쟁 이후 조선 정치사의 흐름을 세계 정치사와 관련시켜 설명해야 된다는 것은 모두 아는 일입니다. 그러나 왜 조선이 1882년에 이르러서야 서양 열강과 조약을 체결할 수 있었는가? 왜 조선은 '은둔의 나라'라는 오명을 받아야 했는가? 1866~1882년 사이의 조선 문제들, 임오군란, 갑신정변의 해석, 이 모든 것은 영국, 프랑스, 러시아의 세계정책과 떼어서 생각할 수는 없습니다.

③ 방법

한국외교사 연구에는 용어, 서술, 서술체계에도 문제가 있다고 봅니다. '전쟁', '개국', '쇄국', '서세동점', '전통과 근대', '독립과 자주', '외교와 교섭', '충격과 반응' 등 일련의 용어들을 그 속에 함축된 의미를 검토도 하지 않고 무차별하게 사용하고 있습니다.

서술 방식도 대외 관련 문제들을 연대기적으로 열거하는 것이 통례인데 이것이 역사적으로 무슨 의미가 있습니까? 1876년 2월 27일 체결된 조선과 일본의 수호조약의 내용을 암기하는 것이 오늘날 한일관계를 분석하는 데 무슨 도움이 되겠습니까? 1880년 9월 조선에 전래된 '조선책략'이 21세기 한국의 외교 방향 설정에 어떻게 관련돼 있습니까?

그리고 서술체계 자체가 유럽의 세계팽창을 무의식적으로 합리화시켜주는 방식으로 구성돼 있습니다. 수호조약들부터 서술하는 것이 이런 '유럽중심주의'를 잘 말해주고 있습니다. 여러 문명권들이 역사적으로 존재하였고 이들 문명권의 충돌이라는 비교문명권의 입장에서 한국외교사를 조망해야 된다고 생각합니다.

(2) 수준

외교사는 외교문서를 분석하는 학문 분야입니다. 이것은 매우 초보적인 얘기입니다. 그런데 이런 초보적인 명제에 한국 외교사 연구들이 과연 부응하고 있는가 하는 데에 우리 외교사 연구가 지닌 문제의 심각성이 있습니다. 이 점은 앞으로 길게 말씀드리겠습니다. 저의 생각을 화면에 보시는 순서대로 말씀 드리겠습니다.

① 전체적인 수준

저는 지금 '전체적'인 수준을 말씀드리고 있는 것입니다. 세계적인 수준의 연구들이 있습니다만 매우 소수에 불과합니다. 지금 화면에서 보시는 바와 같이 오늘날 우리 연구의 수준은 취급하는 자료들, 서술체계, 그리고 사용하는 용어들이 모두 1940년대에 머물고 있습니다. 1940년대에는 한국외교사 관련 열강의 문서들이 매우 제한된 분량만이 발표돼 있었습니다. 그런데 아직도 여기에 머물고 있다면 사람들은 한심하다고 여길 것입니다.

경성제국대학 교수 다보하시 기요시田保橋潔의 연구는 지금도 절대적인 영향을 미치고 있습니다. 물론 그의 철저한 식민지 사관은 지적할 필요도 없습니다. 한국외교사에 영향을 미친 아마베 겐타로山邊健太郎는 소학교 출신 학력밖에는 없었고 국제공산주의 운동에도 참여했으나 한국 역사 연구에 일생을 바칩니다. 그는 일본 대학 교수들의 일제 침략을 옹호하는 어용 이론을 공격하는 데 주력합니다. 그는 침략 정책을 합리화시켜주는 일본 정부의 문서들보다는 일본 국회 도서관 6층에 있는 '헌정자료실'의 개인 문서들을 광범위하게 발굴하고 이에 입각해 한국외교사에 관한 여러 연구들을 발표했습니다. 그러나 이들 개인문서들 자체도 정치성이 있는 것이며 무엇보다 그는 한국어를 해독하지 못해 한국 자료들을 섭렵하지 못한 것에 문제점이 있습니다. 따라서 그는 일본 정부의 침략성을 폭로하는 데는 성공했으나 한국인의 역사적 자주성을 이해할 수는 없었습니다. 경성제대 교수인 오쿠다히라奧平武彦, 보성전문대 교수 와타나베渡邊勝美의 연구들도 훌륭하지만 다보하시에는 미치지 못합니다.

하버드 대학 박사 논문인 존스Jones, F. C.의 한국외교사 연구를 능가하는 연구들이 아직 없습니다. 영국이나 미국의 미간 외교문서들을 이처럼 방대하게 검색한 것은 그 자신의 말대로 처음이었는데 70년이 지난 지금에도 그런 연구는 없습니다. 불행하게도 그는 이 저서 발표 이후 중국 경제사 연구에 몰두해 한국 관련 연구들을 하지 않았습니다.

영국의 키어넌Kiernan, E. V. G.의 경우 영국과 중국 관계에 관한 영국 미간 외교문서에 입각한 그의 연구에는 한국 관련 미간 자료들에 관한 서술이 상당히 많으며 아직도 참조해야 할 연구입니다.[2]

2　잊혀진…

청화대학의 왕신충王信忠 교수는 장정불蔣廷黻 교수의 제자인데, 그의 저서 제목은 청일전쟁의 외교적 배경이라고 돼 있습니다만 근본적으로 한국외교사 연구입니다. 중국 문서들을 철저히 섭렵한 훌륭한 업적인데, 이를 발표한 이후 일본에 건너가 사업에 투신해 학계와 멀어진 것은 애석한 일입니다.

나라가 없는 상황에서 일본인들을 제외하고는 그 누가 한국외교사를 연구하겠습니까? 이런 점에서 지금 일고 있는 '식민지 근대화론'을 다시 생각합니다. 만일 나라가 있었다면 한국학의 진로는 달라졌을 것으로 생각합니다.

또 하나 안타까운 일은 중국학의 페어뱅크Fairbank, J. K.나 일본학의 라이샤워Reischauer, E. O.에 비견할 수 있는 맥큔McCune, G.이 1948년에 40세로 일찍 세상을 뜬 일입니다. 만일 그가 오래 살았다면 미국에서의 한국학, 특히 외교사 방면의 연구들은 크게 진척되었을 것이라고 추측합니다. 그는 1937년 조선왕조실록의 연구를 위해 서울에 옵니다. 이때 라이사우어와 함께 영어의 한글 표기의 맥큔-라이샤워 시스템McCune-Reischauer system을 발표하지요.

그는 또한 서울의 미국 영사관에 소장된 1883~1905년 사이의 외교 문서들을 자신의 라이카 카메라로 찍고, 혹시 일본 경찰이 알아차리지 않을까 해서 연희전문학교 실험실에서 그의 장인이 인화해 미국으로 가지고 갑니다. 이 문서집이 3책으로 나옵니다만 맥큔은 첫 번째 책을 발간하고는 사망합니다. 그 후 두 책의 편집자들은 그에 도저히 미치지 못하는 한국 관련의 평범한 교수들입니다.

맥큔의 경우와는 달리 페어뱅크나 라이샤워는 오래 자신들의 학문 분야 보급에 공헌을 남깁니다. 중국학 태두인 페어뱅크는 1929년 영국으로 건너가 그곳에서 모스Morse, H. B.를 만납니다. 모스는 35년 동안 중국

해관에서 봉직하고 '통계 서기관Statistical Secretary'(총세무사 다음의 직책)을 끝으로 1908년 은퇴해 영국에서 집필 생활을 하고 있던 당대 최고의 중국 외교사 전문가입니다. 페어뱅크는 모스를 자신의 '스승이자 양조부 mentor and adopted grandfather'라고까지 불렀습니다. 그 후 그는 영국을 떠나 중국 청화대학으로 가서 장정불蔣廷黻 교수를 만납니다. 장정불 교수는 1912년에 이미 미국에서 박사학위를 받고 귀국해 청화대학 교수, 그리고 호적胡適선생과 함께 '정치평론'을 주관한 중국 최고의 외교사 전문가였습니다. 그는 물론 소련과 미국 주재 대사를 역임하기도 했습니다.

전후 미국에서의 일본학은 라이샤워 교수가 태두였습니다. 일본 불교 전문가인 아버지를 따라 일본에서 출생하였고, 16살까지 일본 교육을 받았습니다. 그는 하버드 대학교수로, 메이지유신의 공신이자 재무상을 여러 차례 지낸 마쓰카타松方正雄의 손녀를 두 번째 부인으로 둔 바 있습니다. 그는 현실 세계에서도 막강한 영향력을 발휘해 일본학 보급에 크게 학계에 기여합니다.

(3) 한국외교사 발전 부진의 이유들

그러면 한국외교사 연구가 1940년대 수준에 머물게 된 원인은 어디에 있습니까? 저는 그 이유가 세계적인 연구 경향과 아울러 한국 학계에 고유한 것, 두 가지가 함께 어울려 있다고 생각합니다. 먼저 외교사 연구를 위축시킨 세계적인 경향을 간략히 말씀드리겠습니다.

① 세계적인 것

최근까지 세계 역사학계의 큰 흐름은 외교사연구와는 거리가 먼 것이었습니다. 이런 사정은 미국 역사학회 회장 취임사에서 예일대학의 크레이그Craig 교수가 미국역사학잡지American Historical Review 1983년 2월호 권두 논문에서 명백하게 지적하고 있습니다. 그는 전통적으로 저명한 역사학자들은 정치사 또는 외교사 분야의 전문가들이었는데 제2차 세계대전 이후에 이런 전통이 사라진 것을 통탄하면서 국제관계사 연구에 역사학자들이 매진해 줄것을 당부하였습니다.

외교사연구 부진에 가장 치명적인 영향을 미친 것은 1930년대부터 프랑스에서 일고 있는 이른바 아날Annales 학파입니다. 브로델Braudel, F.은 정치사나 외교사는 '사건사'에 불과하다면서 역사는 '긴 시간'을 통해 이루어진 '구조'의 인식이 중요한데 정치사, 외교사는 바다 수면 위 하나의 거품에 불과해 거품으로 바다를 알 수는 없다고 야유하고 있습니다.

부진의 또 다른 원인은 이른바 유물사관과 그 아류亞流 들의 영향입니다. 역사의 발전에는 경제적 요인이 가장 중요하다고 인식해 사회경제사의 연구가 특히 중시되는 풍토가 조성되었습니다.

다음으로는 이데올로기 사학의 영향입니다. 모든 학문은 선전이며 이데올로기적인 성격을 지니고 있습니다만, 민중이나 계급을 역사 발전의 주체로 삼고 이들의 투쟁을 전면에 내세우고 있다는 점에 이데올로기 역사학의 특징이 있습니다. 외교사는 특권 계층의 착취 놀음에 불과하다고 치부합니다. 초기 마르크스의 작품에서 그 원형을 봅니다.

이런 지적 풍토에서 그나마 전형적인 외교사연구들은 영국, 프랑스, 그리고 이탈리아 학계에서 겨우 그 명맥을 유지하고 있습니다.

한국외교사 연구 부진의 큰 외적 원인은 미국 대외정책사의 경향입니다. 미국은 열강과의 공존을 전제로 한 외교사보다는 미국의 대외관계에 치중하고 있습니다. 이런 점에서 얼마 전에 나온 케임브리지Cambridge 의 미국 대외관계 역사는 냉전사 전공인 미국의 라피버LaFeber, W. 교수가 책임 집필했는데 외교사연구는 아닙니다.

② 한국적인 것

이런 세계적인 요인의 외연적인 여건 이외에도 한국학계 자체에서 나오는 원인들이 있습니다. 먼저 한국외교사 연구는 1940년대 수준에 머물러 있으면서 동시에 전후의 냉전적인 유산이 첨가돼 있습니다. 미국학계에 일변도되어 카리에Carrié, R. 책을 각 대학에서 교과서로 채택하고 있는 실정입니다. 이 책의 동양 관련 서술은 문제가 매우 많습니다.

또 다른 원인은 미국과 한국의 교과 과정에서 나오는 파행적인 영향입니다. 다 아시는 바와 같이 미국 정치학과에서는 역사 교육은 배제돼 있고 외교사는 역사학과의 소관입니다. 리바오Lebow는 예일대학 박사학위 과정 시절을 회상하면서 이런 사정을 잘 말해주고 있습니다. 아프리카, 중동, 남미 여러 나라들의 정치제도를 비교하는 정치학 강의 시간에 그는 이들 나라의 역사적 사실을 증거로 제시해 줄 것을 교수에게 요청하였습니다. 그 교수는 역사학과로 갈 것을 요구합니다. 바이마르 역사의 권위자 강의에서 그는 그런 독일의 역사가 다른 지역에서 나타나지 않은 이유를 질문했습니다. 그는 결국 이 대학에서 추출됩니다. 그는 역사와 정치학을 결부시킨『평화와 전쟁 사이에서』라는 훌륭한 업적을 훗날 세상에 내어놓습니다.

한국외교사 연구가 지닌 냉전의 유산 중 또 하나는 구소련의 외교사연구에 대한 무관심입니다. 유물사관을 국가적 명분으로 삼은 구소련에서 훌륭한 외교사 연구들이 있었다는 것을 이해하지 못하고 있습니다. 화면에서 보시는 학자들의 연구들은 한국외교사 연구에 필수적인 것들입니다.

한국외교사 연구 부진의 또 하나 가장 큰 원인은, 세계적인 현상입니다만, 기초연구의 기피 현상입니다. 이런 현상은 외교사 연구에 특히 두드러져 있습니다. 외교사 연구를 위해서는 오랜 시간과 여러 언어의 지식이 필수적이기 때문입니다. 이런 어려운 일을 왜 하겠습니까? 한 가지 예를 들면 이문吏文과 후문候文을 익혀야 한국 외교사에 관한 중국, 일본 외교문서를 알 수 있는데 이 얼마나 고된 일입니까? 2차 대전 직후 우에다 도시오植田捷雄, 에토 신기치衛藤藩吉, 반노 마사타카坂野正高의 노력이 우리에게도 먼저 선행돼야 합니다.

이런 척박한 풍토에서 열강의 미간 문서들을 검토하라고 주문할 수 있겠습니까? 런던의 국립 공문서관에서 1959년부터 2001년 사망 직전까지 일본 관계 영국의 미간 외교문서를 파헤친 하기바라 노부토시萩原延壽를 생각하지 않을 수 없습니다.

(4) 외교문서의 국제정치학

외교사 연구의 기본 자료인 외교문서의 발간이나 내용 자체가 국제정치적인 성격을 지니고 있습니다. 19세기 초 컬러 북스color books의 발간이 영국 의회의 예산안 동의와 밀접히 관련돼 있으며, 20세기 초 본격적인 외교 문서의 발간도 1차 대전의 책임을 회피하기 위하거나 자본주의 국가들의 착취상을 폭로하기 위한 정치적인 선전의 일환이었습니다.

주변사의 경우는 이런 점이 더 두드러질 뿐 아니라 천시나 경시를 받고 있습니다. 몇 가지 예를 보도록 하죠. 1880년 2월 슈펠트Shufeldt, R. W.는 '해양의 제국'을 창설하겠다는 꿈에 부풀어 싱가포르에 도착합니다. 그는 도쿄의 빙험Bingham, A.공사에게 '우리가 함께 훈령을 받은 일을 추진하기 위해 5월에 일본에 도착하는 것이 어떤지 회답 바람'이라는 전문을 보냅니다. 그러나 그는 '훈령을 받은 적이 없음'이라는 의외의 회답을 받습니다. 1878년 말 그가 미국을 떠날 때 국무장관은 조선과 교섭할 때 일본의 협력을 요청하도록 빙험에게 부탁하겠노라고 약속했었습니다. 뒤늦게 이런 일을 깨달은 에바츠Evarts, W. M. 국무장관은 4월에 '실수로 귀하에게 보낼 훈령을 보내지 않았음'이라는 전문을 빙험 공사에게 전문을 보냈습니다.

또 한가지. 푸트Foote, L. H. 공사가 1883년에 서울에 부임하자 고종이 기뻐 춤을 추었다는 것은 유명한 얘기입니다. 고종은 곧이어 푸트에게 미국 자문관 파견을 비롯한 여러 요청을 푸트에게 비밀리에 부탁합니다. 푸트의 보고에 미국 정부는 아무런 회답이 없다가 1년 후에야 그 문서 원본이 '잘못 분류mislaid'됐다는 회신을 보냅니다. 이런 조선 경시의 태도는 전후 일본 외무성 문서들을 미 당국이 마이크로 필름으로 복사하면서 두드러지게 나타납니다.

미국 외교문서로서 자주 인용하는 FRUS의 내용이나 편집이, 특히 한국 관련 부분에서는 삭제나 축소되어 있으므로 그 인용에 특히 조심해야 합니다. 축소나 누락이 심한 것은 영국 외교문서 BDFA도 마찬가지입니다.

따라서 열강의 문서고에 있는 미간문서들을 철저히 검색하는 것이 주변 지역 외교사 연구에는 필수적입니다. 물론 미간문서라고 다 중요한 것은 아닙니다. 미간의 상태로 남아 있는 것은 발간할 가치가 없는 문서이거나 발간하기에는 너무나 중요하기 때문에 문서고에 남아 있는 것 두 가지 중 하나입니다.

(5) 한국 외교사 연구의 새로운 방향을 위하여

한국외교사 연구가 1940년대에 머물고 있고 여기에 냉전적 유산을 아직 지니고 있다는 것은 심각한 문제입니다. 따라서 이제부터 다시 처음부터 시작할 단계에 있습니다. 용어 선택, 서술체계를 재조정하고 열강의 미간, 기간 문서들을 검색하는 초보적인 작업부터 시작해야 합니다. 그러나 우리의 외교사 연구는 다른 강대국의 외교사와 같이 여기에 머물 수는 없습니다.

한국외교사 연구의 목적은 첫째, 열강의 외교문서 속에 내재해 있는 그들의 한반도에 대한 인식 태도를 찾아내는 일입니다. 그들이 어느 문명권에 속하는가, 그리고 같은 문명권이라도 차이가 있게 마련입니다. 둘째, 우리 문서 속에 함축된 대외인식의 본질이나 수준을 추출해 여기에 새로운 의미를 부여하는 데 있습니다. 끝으로 이와 아울러 그런 인식 태도 또는 세계관이 오늘날 한반도에서 인간적인 삶을 영위하는 데 어떤 문제가 있는지 검토하는 것이 한국외교사 연구의 목적이며 아울러 한국 국제정치학의 존재 이유라고 생각합니다. 이것을 '창조'의 국제정치학이라고 부른다고 처음에 말씀드렸습니다.

새로운 의미를 부여하는 것을 '창조'라고 했습니다. 그러나 그런 의미부여 작업에는 국수주의적인 해석은 절대 금물입니다. 이런 오류를 지금 우리는 범하고 있는 것이 아닌가 생각합니다. 외규장각 반환 문제도 다시 생각해야 합니다. 프랑스도 구소련이 2차 대전 중 강탈한 자국의 국가 문서의 반환에 관한 교섭이 진행되고 있습니다. 외규장각 문제로 결국 우리는 프랑스의 유능한 지한파 학자들을(예: 마르크 오랑즈Marc Orange) 잃고 말았습니다. 1905년 조약 문제도 같은 맥락에서 다시 생각해야 합니다. 일본의 지한파 학자들은(예: 하라다原田環) 지금 이 문제로 안타까워하고 있습니다. 한국 기관이 재정 원조를 해 개최되고 있는 국제학술회의에서 과연 한국의 입장을 외국의 전문가들이 과연 얼마나 이해하는지 의문입니다. 19세기~20세기 초 세계 국제법의 현황을 파악하는 것이 중요하다고 봅니다. 얼마 전 한일 관계에 때아닌 파란을 일으킨 독도 문제도 같은 맥락이라고 생각합니다.

세계 학계 수준에 입각해서 '창조'의 작업을 진행돼야 합니다. 이런 점에서 맥네일McNeill, W. 교수가 신화myth와 역사history 두 단어를 합성해 고안한 단어인 'mythistory'의 극복은 의미 있는 일입니다. McNeill은 프랑스와 독일을 염두에 두고 역사의 세계화를 제창하고 있습니다. 프랑스의 역사 해석은 독일의 입장에서는 하나의 신화이고 반대도 마찬가지입니다. mythistory는 작게는 동북아 3국, 크게는 세계 학계로 진출하는 우리 외교사연구에 큰 암시를 준다고 생각합니다.

장시간 경청해 주셔서 감사합니다.

8. 「거문도 점령과 유럽 공법」, 일본 규수九州대학 주최 세미나, 2005년 2월 19일.

영국 정부의 거문도 점령으로 일본 정부는 한때 긴장하였다. 일본의 도서島嶼도 점령의 대상이 되지 않을까 우려하였다. 이런 점에서 거문도 문제를 일본 학계에서 발표하게 되었다. 나는 거문도 문제에 관해 한국 학계에서 이미 자세히 발표하였으나 일본 학계에서는 2005년에야 학문적 관심의 대상이 되었다. 세미나에서 발표한 글은 메모이기에 나의 2009년 저서와 함께 참조해 주길 바란다.

1885년 4월 14일 거문도 점령 명령
1885년 4월 15일 점령 완료
1887년 2월 28일 거문도 철수

(1) 용어

① 거문도는 1845년 벨처Belcher, E.[3]가 '발견.' 당시 부해상副海相 이름을 본떠 거문도를 Hamilton이라고 명명命名.

우연하게도 영국의 점령 기간 영국의 해상 이름이 Hamilton, G.(1885. 6~1886. 1), 중국해中國海 사령관 이름도 Hamilton, R. V.(1885. 9~1887. 12)

② 거문도 '사건'이란 용어는 가치 중립적인 어감이 있어 사용에 주의할 것.

③ 영국 정부의 공식 명칭은 잠정점령暫定占領 'temporary occupation'

㉮ 19세기 전쟁법에서는 점령을 3가지 명칭으로 사용

belligerent occupation

pacific occupation

occupation after armistice(예: 1815년)

Wien 회의 후 프랑스 영토의 보장점령

㉯ 관련 국제법 규정

1863년 F. Lieber code

1874년 Brussels Declaration (Institut de Droit International에서 작성한 선언)

[1899, 1907, 1949, 1977]

---

3 Edward Belcher(1799~1877), 아프리카, 미주 서부 연안, 동인도의 연안 조사 임무를 수행 중 거문도를 '발견'.

㉰ 따라서 'temporary' occupation은 국제법 용어가 아니라 정치적 용어임

(2) 거문도 점령의 정치적 배경

① 세계정치

1881년 러시아, Turkmenia(Turkmenistan) 점령

1882년 영국, Egypt 병합 중앙아시아에서 영국과 러시아의 대립

1885년 3월 30일 러시아, 영국 지원을 받은 아프가니스탄 군대를 Penjdeh(Panjdeh)에서 격파. 영국의 국제적 고립으로 1854년 크림전쟁의 경우와 같은 크림반도 공격 불가

1885년 6월 Gladstone 내각(자유당, Whig)→Salisbury 내각(보수당, Tory)

1885년 9월 10일 런던에서 영국과 러시아 경계境界 합의

② 지역 정치

톈진天津 회담(1885년 4월 3일~4월 18일)

한반도에서 일본의 후퇴, cf. 1885년 6월 이노우에 가오루井上馨의 8개조 제안

중국의 진출

묄렌도르프와 러시아

③ 국내 정치

개화파와 친일본 세력 몰락

김홍집은 한직(判中樞府事), 어윤중 몰락

김윤식은 존속

(3) 한국외교사와 거문도 문제

1866년 미국 정부, R. Shufeldt에 거문도 조사 명령
1867년 Shufeldt 점령 건의
1875년 H. Parkes, A. P. Ryder 점령 건의
1882년 G. Willes, 거문도에 정박지 요구, 마건충馬建忠의 반대

(4) 의의

변형된 사대질서와 공법질서 충돌에 대한 조선 조정의 대응
조선 항의의 성격
러시아 문제의 대두
한반도 문제의 파행적 세계화

(5) 주요 연구

① 와타나베渡邊勝美(1934), 「거문도외교사巨文島外交史」, 『보전학회논집普專學會論集』, 제1권, 3월, pp. 223-81.
② 이용희(1964), 「거문도점령외교종고巨文島占領外交綜攷」, 『이상백박사회갑기념논총李相伯博士回甲紀念論叢』, pp. 459-99.
③ Young Chung Kim(1964), *Great Britain and Korea, 1883-1887*, Ph.D Dissertation

(6) 외교문서

① 영국

㉮ "Correspondence respecting the Temporary Occupation of Port Hamilton by Her Majesty's Government," *Parliamentary Papers*, China no. 1 1887; *British and Foreign State Papers*, Vol. 78, 1886-1887

총 83 문건에 불과, 불완전

㉯ *British Documents on Foreign Affairs*, Part 1, Series E, Asia, 1860-1914.

불완전, 문서 편집 자의적, 중요 문서 누락

㉰ *Correspondence respecting the Temporary Occupation of Port Hamilton by Her Majesty's Government*, Part 1, 2, 3, PRO, F. O. 405

영국 외무성 접수, 발송 일자로 편집. 1885년 2월 5일 E. Hertslet 각서로부터 시작.

F. O. 405 이외 문서 검열이 필요

② 러시아

㉮ Arkhiv vneshnei politiki rossiskoi imperii (1991년 이전; AVPR)

㉯ Rossiskii gosudarstvennii voenno-istoricheskii arkhiv (1991년 이전; Tsentralnyi voenno-istoricheskii arkhiv) 朴鍾涍

㉰ Gosudartvennyi arkhiv rossiskoi federatsii (1991 이전; Tsentralnyi gosudartvennyi istoricheskii arkhiv) 朴鍾涍

㉱ 기타 주요 문서국

cf; A. L. Narochnitskii, B. Pak.

278

* 이나바 치하루稲葉千晴(1997) 『목록』, 박종효(2002), 『문서 요약집』 참조

③ 중국

중국 사료 편집의 일반적 문제점

④ 일본

『외무성기록』, 1942년 1월 화재로 다음의 거문도 관련 문서 소실. 1門(政治)-2類(諸外國外交)-1項(亞細亞); 「東洋ニ於ケル英露葛藤雜件」; 2-1-2;「露韓密約雜件」

⑤ 조선

『고종실록』, 『각국안』, 『통서일기』: 발송과 접수일자에 문제.

⑥ 미국

Foreign Relations of the United States

Korean-American Relations

American Diplomatic and Public Papers

(7) 영국의 한반도 인식

1882-1883年 제1, 2차 한영조약 체결의 파행성

1885년 4월 17일, 중국, 일본 주재 공사에 훈령

1885년 4월 23일, 영국 외무성, O'Conor에게 조선 관련 훈령

1885년 4월 24일, O'Conor, 조선 통서에 서한 발송; 5월 19일 도착

1885년 4월 24일, O'Conor, Carles에 전보 발송; 5월 14일 도착

전보 전반 부분은 암호로. Carles는 암호 해독 검사표 없어 불가 해독, 누구의 전보인지도 모름.

(8) 조선의 대응

① 1885년 5월 20일부터 조선 통서 공식적 행동, cf. 이전의 행동.
㉠ Mölledorff와 Russia 접촉, 한아韓俄 밀약密約 문제, ㉡ 일본과의 협조, ㉢ 중국과의 협조?, ㉣ 영국에 항의, ㉤ 열강에 회한回翰, 국제여론 환기, ㉥ 미국에 사절 파견, ㉦ 자주 모색의 한계

② 제1차 항의
1885년 5월 20일 통서, O'Conor와 Carles에 항의 공문. 김윤식 작품

近從海內傳聞 知貴國有意於巨文一島 卽哈米芭也 此島係我國地方 他國不應占有 於萬國公法原無此理 且驚且疑 未便明言 日前派員前往 該島 査看虛實 姑未回來 卽接貴領事所送照會 是係北京公使館所寄送 者也 細閱來意 始信前言之非謬 豈知如貴邦之敦於友誼 明於公法 而 有此意外之擧耶 殊違所望 不勝詫異(『英案』,『統署日記』: 託, 詑으로 誤記) 貴 國若以友誼爲重 翻然改圖 亟去此島 豈惟弊邦是幸 抑亦萬國之共欽誦 如其不然 弊邦義不當嘿(嘿)視 且聲明於同盟各國 廳其公論 此事不可 遲延 故玆先函明一切 請貴領事 立賜回音 無任盼望之至(切切 盼望)
㉠ 회한回翰
이날 저녁 만찬 때 각국에 회한(4월 24일 O'Conor 서한도 동봉 공개) 전달. 영국 영사에게는 독일 영사에 전달할 문서를 잘못 교부
昨自北京英使館有照會 載有業准本國水師官將哈米芭 暫行居守等

語 事出意外 實公法之所不許 本大臣實深慨歎 貴公使視英國所爲 果
何如耶 雖蔂爾小島 關係緊重 不可輕易借人 凡我國同盟各國 必有公
平之論 幸爲弊邦 盡心盡力 使得據公義以全國權如何 今者敝署 致函
於英館 據義論論辨 再有小牘 送英國政府及北京英使館 均已託英領事
打電速達 若英國政府翻然回意 則可以其篤於友誼 若不然 則弊邦當如
何自處 惟伏請貴公使及各與國公使 下示名敎 以保自有之權

ᄅ 미국에 한미조약 제1조에 의한 중개 부탁

ᄆ 영국의 반응

O'Conor와 Granville 의견: 조선과 교섭 연기, 침묵의 대가로 교섭
가능, 중국과 교섭

조선 항의에 무응답, 반영反英 행동에 대한 압력

금전으로 매입?, 조차?, 차관?, 조약항?

거문도 불필요 의견 대두

1885년 5월, F. R. Plunkett 공사 의견

1886년 3월 이후 해군성 공식적으로 철수 요청

영국 외무성, Russia의 영흥만port Lazareff 점령 의도 선전

현지 영국 외교관들의 점령 지속 요구, cf. 1886년 8월 Russia 보호
요청 문서 — 정신병자들의 위조? (E. C. Baber: 1885. 10-1886. 11, E. H. Parker:
1886. 11-1887. 1.)

③ 제2차 조선 항의

1885년 7월 7일

각국에는 거중조정居中調停 의뢰

영국 당혹embarrassing

영국의 압력으로 조선은 조정 요청 철회

항의에 응답 지연 정책
조선에 항의 자제 의사 전달, 그러나 7월 7일자 조회에 대한 회답 요구

④ 제3차 조선 항의
1886년 7월 4일

⑤ 3가지 무리
㉮ 未經備文宣佈 不領朝鮮允准之意
㉯ 確無要事 仍行占守 有違公法
㉰ 强猛一國忘其前約 强占海島 苟恆居守

⑥ 4가지 분명치 않은 점
㉮ 先住後借 ㉯ 不可謂暫 ㉰ 非有意乎 ㉱ 萬全同益

(9) 결론

① 영국
1882년 E. Hertslet 한반도 각서: Russia 견제와 경제 진출

② 러시아
A. M. Gorchakov(1856-1882), K. von Girs(1882-1895)
'vyzhidatelnaya politika'(기다리는 정책)

③ 중국
이리伊犁 분쟁: 유럽 공법의 국경 개념: 쩡지쩌曾紀澤의 상주문(1880년 7월)

1880년 『조선책략』

변형된 사대질서; 조공국을 속국으로

④ 일본

갑신정변 이후 한반도에서 후퇴

이노우에 가오루井上馨의 8개조

⑤ 조선

개화파의 몰락과 세계인식의 문제

정신구조: 19세기=21세기

9. 「국제질서와 동북아의 미래」, 대한민국학술원 주최 제32회 국제회의 기조연설, 2005년 10월 14일.

대한민국학술원 인문, 자연 11개 분과 위원회는 순번제로 국제회의를 주관하도록 되어 있다. 2005년에는 제5 인문·사회분과위원회가 주관하는 순서였다. 내가 이 국제회의에서 기조연설을 하게 되었다. 외국교수 논평자는 스칼라피노Scalapino, R. A.(1919~2011) 버클리대학 교수였다. 나는 기조연설의 요지를 영어로 번역해 전달하는 편의를 제공했고, 스칼라피노 교수 또한 유익한 논평을 해주었다.

오늘의 국제질서는 과거와는 달리 매우 새로운 특징을 지니고 있다고 합니다. 그런데 새로운 현상이 구체적으로 무엇이냐에 관해서는 정치, 경제, 문화의 어떤 측면을 강조하느냐에 따라 의견이 분분합니다. 그러나 국제정치 구조의 어떤 요소를 강조하든지 매우 불안정한 질서라는 점에는 거의 모든 사람들이 수긍하고 있습니다.

어떠한 국제질서라도 그 특징은 3가지 기준에서 설명할 수 있지 않나 생각합니다.

첫째는 국제정치를 움직이는 권리-의무의 주체인 행위자가 누구인지 일반적인 합의가 있느냐 하는 기준입니다. 전통적인 행위자는 근대 국가, 국제기구, 그리고 한정된 의미에서 교전단체였습니다. 그런데 국제정치의 기본인 이 기준에 큰 혼란이 야기되었습니다. 세계국가, 지역국가, 중세국가, 인종 그룹, 그리고 테러집단이 새로 등장해 자신이 중요한 행위자라고 주장하고 있습니다. 이 한 가지 사실로서도 현재의 국제질서가 역사의 그 어느 시기보다 혁명적이고 폭발적인 성격을 지니고 있음을 알 수 있습니다.

세계국가라는 새로운 행위자는 미국을 말합니다. 탈냉전 이후 미국은 역사상 처음으로 진정한 의미의 세계제국이 되었습니다. 그리고 9/11 사태 이후로는 국제사회의 새로운 규범을 주장하고 있습니다. 건국 이후 미국 역사 속에 존재하여 온 제국주의적 공화주의Imperial Republic, 또는 공화주의적 제국Republican Empire의 뿌리가 완성 단계에 도달하였습니다. 인민 주권론과 개인주의 사상에 입각한 역사상 처음 보는 제국empire의 등장입니다.

그리고 부시 행정부의 제2기에 들어서는 유럽의 전통과 결별하는 미국적인 예외주의Exeptionalism가 완성되었습니다. 미국의 예외주의는 원래 유럽이 보유하지 못한 우월한 사상적 전통을 가리켰는데 이제는 미국적인 것이 세계를 지배해야 한다는 적극적인 사상으로 변하였습니다. 따라서 국제법과 미국 국내법의 구별이 모호하게 되었고 예방 개입론, 예방 전쟁론에 입각해 유엔 헌장의 질서에 도전하고 있습니다. 이라크 전쟁이나 쿠바 관타나모에 억류된 아프가니스탄 포로 문제, 그리고 국제형법재판소International Criminal Court 창설에 대한 미국의 반대가 이를 잘 말해주고 있습니다.

그러나 미국은 필요 불가결한 세력입니다. 세계 어느 문제이든 미국의 관여나 협의 없이는 해결할 수 없게 되었습니다. 미국이 현재 세계제국의 역할을 수행하는 데에 여러 문제가 있지만 세계 제국으로서의 미국의 존재는 국제질서의 한 여건입니다. 미국이 기존 국제질서의 규범을 수정하려고 계속 주장할 것이며 이것은 유엔 헌장 개정 문제와도 관련되어 있습니다. 그 결정적인 시점은 핵무기 문제, 특히 테러집단들의 대량살상 무기 보유 가능 시기와 때를 같이 하게 될 것입니다.

다음은 유럽 연합이라는 새로운 지역국가의 등장입니다. 작년 5월 1일은 획기적인 날로 기억될 것입니다. 18세기 이래 서유럽과 러시아의 수백 년에 걸친 투쟁에서 서유럽의 승리로 일단 끝난 시점입니다. 구공산권의 국가들을 비롯해 10개 국가들이 유럽 연합에 합류하여 유럽은 하나가 되었습니다. 더블린에서 있었던 신입 회원 국가 환영식에서 아일랜드 수상은 "고향으로 돌아온 것을 환영한다."라고 말했습니다. '유럽이라는 고향'으로 말입니다. 이제 러시아의 영역은 18세기로 돌아가게 되었고 유럽 연합은 16세기 이래 국제사회의 기본 단위라고 여겨 온 근대국가의 틀을 완전히 넘어서 지역 단위의 정치 집단 형식으로 변모하였습니다. 이런 행위자의 형식이 현대국가의 한 모습일 것입니다. 물론 지난 봄 프랑스와 네덜란드의 국민투표에서 유럽 연합 헌장의 채택이 거부되어 유럽 통합으로 가는 시기 조정이 불가피해졌습니다만, 통합으로 가는 큰 흐름은 거역할 수 없을 것입니다.

다음으로 이라크나 아프가니스탄과 같은 중세질서 행위자들이 세계 정치의 중심 세력으로 다시 등장하였다는 점을 들 수 있습니다. 중세질서의 특징은 폭력장치의 민주화와 충성심의 분권화, 두 가지로 요약할 수 있습니다. 중세국가는 폭력장치나 그 사회구성원의 충성심을 독점하지 못합니다. 그런데 이들 중세국가들이 바로 서유럽 국가들의 산물이라는 데 문제의 심각성이 있습니다. 이들은 제1차 세계대전 이후 유럽의 강대국에 의해 만들어져 근대국가의 탈을 쓴 정치집단 형식이었는데 탈냉전 이후 그 탈이 없어지게 된 것 뿐입니다.

따라서 이들 행위자는 근본적으로 세속적인 집단이 아닙니다. 여기에 이슬람 문제의 심각성이 있습니다. 이슬람 문제가 세계정치의 중심이라는 사실은 미국이 현재 이슬람 국가들과 무력 분쟁을 하고 있다는 목전의 현실에 국한되어 있지 않습니다. 미국이나 유럽의 정신구조에서 이슬람 국가들과 한 국제사회의 같은 구성원이 될 수 있는가 하는 의구심이 자리 잡고 있다는 데 문제의 핵심이 있습니다. 1856년 파리조약에서 오토만 터키는 수백 년에 걸친 유럽과의 투쟁 이후 비로소 같은 국제사회의 구성원이 되었다고 규정하였습니다. 그러나 150년이 지난 지금에도 그 규정은 현실과 거리가 있습니다. 터키의 유럽연합 가입에 대해 서유럽 국가들이 보여주고 있는 회의적인 태도가 이를 잘 말해주고 있습니다.

이슬람 문제의 근저에는 기독교와 이슬람의 세계관 충돌이 있다고 생각합니다. 슈펭글러Spengler, O.가 지적한 바 같이 인간과 자연의 대립만을 생각하는 파우스Faust형 인간과 인간을 신神과의 관계에서 존재 양식을 정립하는 마기Magi형 인간 사이의 충돌입니다. 따라서 테러 문제를 오로지 정치적인 수단으로 해결하려는 미국의 세계정책에는 한계가 있을 수밖에 없습니다.

넷째의 행위자는 근대국가입니다. 이 유형의 행위자는 폭력장치와 충성심의 독점을 명분으로 갖고 있는 국경 국가로 17세기 서유럽의 산물이라는 것은 다 아는 일입니다. 그런데 이 유형이 19세기 중엽 이후 비유럽 지역으로 강제적으로 확산되어 이들 지역의 입장에서 보면 이것은 수입된 국가의 형태입니다. 그러나 외형인 탈만이 수입되었고 그 탈을 작동시키는 자유주의, 개인주의, 이에 입각한 경제 체제는 아직도 문제입니다. 이런 문제는 동북아 지역 국가들과 관련해서도 심각합니다.

두 번째 기준은 국제질서의 행위자들이 무엇은 할 수 있고 어떤 것은 하지 말아야 하는 작위와 부작위에 관한 정치적, 법적인 합의가 있는가 하는 것입니다.

국제질서의 이 기준은 기본적으로는 1648년 베스트팔렌Vestphalen, Westphalia 체제에 입각하고 있습니다. 이 체제의 근본 가정은 전쟁할 권리jus ad bellum는 있되 적敵도 정당正當하다는 정당한 적의 개념입니다. 다시 말씀드리면 섬멸전debellatio의 부정입니다. 그리고 행위자들은 전쟁 중에 일정한 규칙을 준수해야 한다는 전쟁에서의 법jus in bello의 존재를 인정해야 한다는 기준입니다.

이 기준은 물론 명분의 세계에서도 여러 번 변혁을 거쳤습니다. 전쟁할 권리에 관해서는 국제연맹, 1928년 파리조약, 국제연합이 큰 고비였습니다. 그리고 전쟁 중의 법에 관해서는 1949년 제네바 체제와 1977년 유엔 의정서가 고작입니다. 국제정치에서 과학 기술은 인명을 살상하는 군사기술을 의미하는데 상상을 초월하는 과학 기술의 발전을 생각할 때 명분 세계의 이런 원시적인 상태는 매우 이율배반적입니다. 그런데 이 기준은 국제질서의 행위자가 근대국가인 경우를 가정한 것이어서 행위자가 복잡한 현재에는 이 기준이 더 이상 준수될 수 없게 되었습니다.

이 기준이 더 이상 작동할 수 없게 된 것은 무엇보다 적敵도 정당하다는 관념의 소멸입니다. 소멸된 그 자리에 적은 섬멸해야 한다는 정당한 전쟁just war, 즉 정전론正戰論이 20세기에 들어서면서 대두되기 시작하더니 이제는 이것이 세계를 지배하고 있습니다. 성전jihad과 예방전쟁론이 대표적인 예입니다.

국제질서의 세 번째 기준은 그 질서 구성원이 모두 인정하는 공동의 적이 있는가 하는 것입니다. 어떤 국제질서이건 간에 그것이 안정되려면 이교도이건 야만인이건 또는 유엔 헌장에 규정된 구舊적국이건 간에 공동의 적에 관한 합의가 있어야 합니다. 그런데 현재는 세계화의 시대라고 합니다. 만일 그렇다면 공동의 적은 인권이나 질병과 같은 인간의 삶에 관한 것이어야 합니다. 그러나 현실은 너무나 많은 국제정치적인 적들이 존재하고 있습니다.

이와 같이 여러 정치적 적들이 존재하는 근본 이유는, 근대국가 이외의 행위자들인 세계국가, 지역국가, 중세질서들은 그들이 왜 행위자로 존재해야 되는지 선전宣傳하지 않을 수 없는 명분 집단이기 때문입니다. 명분의 충돌은 정치적 적들을 양산합니다. 대표적인 적으로 지목받고 있는 것이 테러집단과 미국 제국주의입니다.

여러 유형의 행위자들의 난립, 작위와 부작위에 대한 합의의 결여, 그리고 여러 적들의 존재는 마치 중세 말이나 탈중세시대의 세계를 연상합니다. 그로티우스Grotius, H.의 고민을 우리는 다시 지니고 있습니다. 이런 의미에서 17세기와 21세기는 동시대적입니다.

이런 21세기 탈중세 시대에 동북아 지역 국가들은 더 심각한 역사적 문제들을 안고 있습니다.

먼저 이들 국가들은 근대국가의 유형을 갖고 있습니다. 근대국가를 지배하는 국제정치 원칙은 기본적으로 세력균형입니다. 그러나 동북아 국가들은 독특한 성격을 띠고 있어서 전통적인 세력균형 원칙이 작동될 수 없습니다.

이들 행위자들은 19세기 중반에 수입된 국가 형태입니다. 아직도 이를 수출한 서유럽의 유형과는 괴리가 있습니다. 그리고 이들 국가들은 근대국가라는 탈은 같지만 그 정신구조에 있어서는 서로 매우 이질적인 국가들이어서 자신들이 속한 동북아 지역 자체를 인식하는 태도가 서로 적대적입니다.

먼저 동북아에는 러시아 문제가 다시 대두되었습니다. 마치 19세기 중엽의 사정과 유사합니다. 이것은 유럽 연합의 확장과 밀접한 관련을 갖고 있습니다. 유럽과 아시아의 두 얼굴을 가진 러시아가 아시아 국가의 탈을 더 드러내고 있습니다. 러시아의 아시아화입니다. 이 아시아화의 첫걸음이 시베리아 개발을 통한 동북아 진출입니다. 이런 러시아의 변화는 1970년부터 나타나기 시작하여 유럽 연합의 확장으로 이제 러시아 발전의 한 돌파구가 되었습니다.

그런데 러시아는 역사적으로 아시아나 동북아 문제에 대해 매우 편견을 지닌 국가입니다. 러시아는 서유럽에 대한 열등의식, 서유럽에서 받은 모욕을 아시아에서 보상하려는 러시아 오리엔탈리즘, 그리고 자신이 세계를 구원해야 한다는 메시아 사상을 지닌 정치집단입니다. 도스토에프스키Dostoevsky, F. M.나 다닐레프스키Danilevsky, N.의 사상에 잘 나타나 있습니다. 그런데 러시아 오리엔탈리즘은 서유럽의 그것과는 달리 자유주의 전통을 지니지 않기 때문에 매우 과격한 성격을 갖고 있다는 점을 지적해야 합니다.

중국의 강대국 부상에 대해서는 여러 지적이 있습니다. 그런데 여기에서 지적할 것은 중국의 동북아 관념은 전통적인 사대질서에 입각한 것이 아니라 1880년대 변형된 사대질서에 근거하고 있다는 데 심각성이 있습니다. 다시 말씀드리자면 사대질서의 조공국 개념을 서양국제법에서 말하는 속국의 개념으로 변형시킨 논리입니다. 현재 고구려 역사 문제를 포함한 중국의 동북아 태도는 이런 맥락에 있습니다.

일본도 독특한 정신구조를 지닌 정치집단입니다. 먼저 17세기 이래 일본은 사대질서 밖에 있었다는 역사적 사실을 기억해야 합니다. 이런 사실에서 일본은 용이하게 유럽 국제질서에 동화될 수 있었고 또 탈아론을 주장하였습니다. 일본은 지리적으로는 동북아에 위치하고 있으나 정신적으로는 아시아를 넘어선 위치에 있다는 자만심입니다. 역사 교과서 문제는 이런 우월의식의 발로입니다.

이렇게 볼 때 동북아 지역 국가들은 서로 역사적인 적들입니다. 국제질서의 두 번째, 세 번째 기준이 잘 적용될 수 없는 국제정치 구조를 이루고 있습니다.

이런 국제정치 여건에서 한반도는 3세기의 역사적 사명을 마치지 못한 유일한 지역이라는 데 우리의 고민이 있습니다. 근대국가 창설이라는 19세기의 과제, 냉전의 청산인 20세기의 문제, 그리고 세계화라는 미명으로 둔갑한 21세기의 새로운 적들의 난립에 대한 대처가 그것입니다. 이렇게 볼 때 한반도 지역은 혼란한 21세기에서 자신의 삶을 찾아 나아가는 데 가장 고민해야 할 지역입니다.

이런 의미에서 오늘의 이 회의는 매우 큰 의의가 있다고 생각합니다. 긴 시간 경청해 주셔서 대단히 감사합니다.

10. 「한국 인문·사회과학의 개념사 연구, 왜 필요한가?」, 한림과학원 개념사 심포지엄 기조 강연, 2006년 5월 26일.

2005년 4월 한림대학교 한림과학원 원장에 취임하면서 개념사 연구를 추진하기로 한 일에 관해서는 여러 차례 언급한 바 있다. 이 방면의 연구를 위해 일송학원 재단에서 연구 모임에 필요한 재정적인 지원을 아끼지 않았다. 나는 개념사 전문가는 아니었다. 그러나 이 분야의 연구 모임을 추진하면서 토론의 자료로 이 기조 논문을 발표하였다.

한국의 인문·사회과학은 『한성순보』가 제창한 역사적 사명을 완수하지 못하고 있습니다. 1883년 10월 31일자 『한성순보』 창간호의 서문은 세계사 흐름에 관하여 중대한 선언을 하고 있습니다. 천하 질서의 외연外延에 위치한 요복要服과 황복荒服 밖 야만인들의 세계를 연구하는 것이 가장 시급하다고 역설하였는데, 21세기에 살고 있는 한국의 지식인이 이런 역사 인식에 투철한지 의심입니다.

19세기 중엽부터 우리 사회에 격랑을 몰고 온 인문·사회과학의 개념들에 관하여 혼돈 상태가 계속되고 있는 오늘의 현실에 그런 사정이 잘 나타나 있습니다. 예를 들면 민족과 민족주의, 근대국가와 주권, 자주와 독립과 같은 핵심 개념들조차 비학문적으로 사용하고 있습니다. '지리적인 표현'에 불과하다고 멸시받던 이탈리아의 민족과, 부활復活 risorgimento을 지향하는 정치운동인 민족주의 주체의 민족은 서로 구별됩니다. 근대국가는 서유럽에서 등장한 독특한 정치 사회의 한 형식이며 이 형식을 지탱하는 것이 주권Souveränität 개념입니다. 주권은 서양의 중세 사회나 동양의 사대질서에서 보는 통치권Landeshoheit과는 다른 차원의 개념입니다. 자주와 정교금령政教禁令은 사대질서의 개념이며, 독립과 내치외교內治外交는 서양 공법질서의 개념입니다. 1876년 강화도조약 제1조에서 말하는 '조선은 자주지방自主之邦'이라는 명제는 이들 두 질서의 충돌을 대변하고 있습니다. 이와 같이 사대질서의 예禮와 유럽 질서의 공법을 구별한 『한성순보』 창간호 서문의 학문적인 과제가 미완의 상태로 남아 있습니다. 역사적 개념을 서로 구별하지 않는 것은 반反 역사적anti-historical은 아닐지라도 비非 역사적ahistorical입니다.

인문·사회과학의 개념은 정태적인 것이 아니라 정치·사회 운동을 함축하고 있는 역동적인 성격을 지니고 있어서, 개념사 연구는 정치·사회제도의 분석을 전제로 합니다. 그리고 개념들은 장소를 의미하는 토포스topos와 시간을 뜻하는 템포tempo에 따라 그 성격이 다르게 마련입니다. 그런데 이 지적 작업을 수행하는 데 세계 정치의 중심지역 학자들보다 우리는 훨씬 어려운 위치에 놓여 있다는 것이 한국 학계의 고민입니다.

우리는 유럽 학자들처럼 개념의 공시적共時的synchronic이고 통시적通時的diachronic인 분석에만 안주할 수 없습니다. 공시적 분석이란 역사적 변화를 고려하지 않고 한 시대 개념의 언어구조를 분석하는 것이고, 통시적 분석이란 개념의 역사적 변화를 추적하는 방법입니다. 유럽 학계의 이런 태도는 유럽이라는 고정된 장소topos에서 일어난 개념의 시간tempo 분석에 치중하는 방법입니다. 우리의 경우와 같이 여러 장소들의 개념들이 충돌clash하는 것이 아니라 유럽이라는 한 장소 안에서 일어나는 개념의 전이轉移transfer만이 관심의 대상입니다. 여기에 유럽적인 인식론이 내재해 있습니다. 따라서 한 개념에 관한 모든 의미를 연구하는 의미론semasiology이나 같은 개념에 관한 모든 명칭을 연구하는 명의론名義論onomasiology도 우리보다는 용이하게 진척될 수 있습니다.

이러한 유럽적인 인식론은 코젤렉Koselleck, R.에서 시작된 독일 개념사 연구라든가 스키너Skinner, Q., 포코크Pocock, J. G. A.와 같이 개념의 언어 분석에 치중하는 케임브리지 학파들이나 코젤렉 제자들과 프랑스 학자들이 오랜 세월 동안 연구한 1680년에서 1820년에 이르는 프랑스의 정치·사회 개념 연구들, 그리고 이들 서유럽 중심의 연구에 반기를 든 팔로넨Palonen, K.과 같은 북유럽 학자들, 이들 모두에 공통된 현상입니다.

그러나 우리의 한반도는 독특한 역사적 성격을 지닌 장소입니다. 유럽 열강의 세계 팽창 대상 지역 중에서도 오지奧地hinterland/borderland에 속하는 곳입니다. 오지는 유럽 열강의 공권력이 침투하기 이전에 사적인 집단들이 노략질의 대상으로 여긴 지역입니다. 이런 오지의 특징은 외래 개념에 대한 저항과 오해가 그 어느 지역보다 강렬하다는 데에 있습니다. 저항이 강하다는 것은 이미 지켜 온 개념들에 대한 집착이 강하다는 것을 의미합니다. 이른바 가정假晶pseudomorphosis의 현상이 두드러진 곳입니다. 가정은 광물이 그 내부구조에 따른 본래의 결정형과는 다른 결정형을 나타내는 현상을 지칭하는 광물학의 용어입니다. 다른 장소의 개념이 전파되는 경우 본래의 의미가 왜곡되는 사회 현상을 은유적으로 표현하기 위해 슈펭글러Spengler, O.가 광물학에서 차용한 낱말입니다. 이런 점에서 한반도는 중국이나 일본과도 판이한 역사적 경험을 지니게 되었습니다.

오지라는 장소의 특징은 시간의 역사적 성격에도 반영됩니다. 세계정치 중심지역의 개념들이 뒤늦게 전파되는 특징을 지니고 있습니다. 오지와 세계사의 접목은 세계사 흐름의 최후 단계에 이루어져서 오지의 세계화는 난항을 겪게 됩니다.

그런데 한반도의 장소적인 특징은 여기에 머물지 않습니다. 같은 동북아 질서에 속하였던 중국과 일본의 변모로 동북아 3국 사이에도 개념의 갈등이 야기됩니다. 교린질서 안에 살고 있던 한국과 일본은 1868년부터 개념의 충돌이 시작되어 1876년까지 8년의 위기를 맞습니다. 이 위기를 거치면서 일본은 개념의 세계화 노력에 박차를 가하고 이런 개념에 의한 담론을 세계에 전파합니다.

같은 사대질서에 살고 있던 중국이 1880년을 전후하여 사대질서의 변형을 주장해 한국은 중국과 충돌하고 그리고 고민합니다. 유길준의 '양절체제兩截體制'라는 천재적인 직관은 사대질서의 개념들을 서양 공법질서의 개념으로 전환시키려는 중국에 대한 우리의 처절한 저항입니다.

이런 역사적 특징을 지닌 한반도라는 장소에서 인문·사회과학의 근대적인 기본개념 형성에 중요한 시기tempo는 1850년에서 1950년에 이르는 100년이라고 생각합니다. 이질 문명권과 만나 충돌하면서 동시에 동북아 3국 사이에 개념의 마찰이 병행하는 시기입니다. 이 시기의 개념들은 크게 세 가지 부류로 나눌 수 있습니다.

첫째로 19세기 중엽 이전 우리 사회에 알려지지 않았던 새로운 사회현상들이 전파되거나 주목받으면서 이런 현상을 가리키는 우리에게는 생소한 개념들이 있습니다. 유럽 학문체계의 이런 개념들에 대한 오해는 아직도 존재하고 있습니다.

둘째는 19세기 이전에 사용되었던 개념들이 그 본래의 내용이 굴절되어 새로운 현상을 지칭하게 된 개념들이 있습니다. 본래의 의미와 굴절된 내용이 혼재하게 됩니다.

끝으로 19세기 중엽을 전후하여 사라진 개념들이 있습니다. 통용의 중단이 일시적인 것도 있고 재생하는 경우도 있습니다. 그러나 어떤 경우이건 스스로 일어난 것이 아니라 그 배경에는 사회적인 격동이 있습니다.

이와 같이 19세기 중엽 이후 100년은 한국 인문·사회과학 개념 형성에 중요한 시기입니다. 독일의 개념사 학파가 독일어 사용지역에서 근대적인 개념들이 형성되었다고 주장하는 1750년에서 1850년 동안의

100년에 비유됩니다. 이 시기는 독일 학자들이 sattelzeit라고 명명하고 즐겨 사용하였습니다. sattelzeit는 안장鞍裝의 시기라고 직역할 수 있는데, 두 개의 분지盆地를 가로지르는 산맥을 염두에 두고 있는 명칭입니다.

이런 개념사 연구를 우리는 어떤 시각에서 어떻게 서술해야 합니까?

시간의 문제에 대해서는 공시적이고 통시적인 분석을, 그리고 장소의 문제에 관해서는 비교 문명권의 입장에 입각해야 한다고 생각합니다. 우리들은 이런 방법론에 따라 다음과 같은 순서로 주요 개념들을 서술할 것입니다.

먼저 동서양의 어원을 고찰합니다. 어원은 통시적 분석의 출발점입니다. 개념이 19세기 이전에도 동양 세계에서 통용된 경우에는 그 동양적인 의미와 19세기 이후의 변천과정을 추적합니다. 그리고 19세기 중엽 새로 동양에 전파된 서양의 개념인 경우에는 서양 세계에서 통용된 의미와 동양에 전파되는 과정을 추적합니다.

그러나 서술의 중심은 한반도라는 장소에서 일어난 개념들의 해석, 번역, 굴절, 선택, 그리고 오해를 포함한 모든 충돌 현상에 관한 분석입니다. 그리고 1950년 이후 이들 개념들이 한국 학계에 정착되는 데 따르는 오늘날의 문제점들을 제시합니다. 정착 문제는 우리 학계의 수준을 폭로하는 일입니다.

이렇게 볼 때 개념사 연구는 인문·사회과학의 모든 분야에 걸친 연구입니다. 이른바 '전체의 역사'l'histoire totale를 시도하는 지적 작업입니다. 이런 학술 사업을 진행하기에는 우리 학계의 수준이 아직 일천하다고 걱정하는 소리도 있습니다. 그리고 개념사 연구 자체에 관해서도 회의와 냉소도 있습니다. 그러나 한국이라는 topos의 인문·사회과학 기본개념에 관한 연구는 단지 학문상의 문제만이 아닙니다. 이 연구는 우리의 생존에 관한 현실적인 문제이기도 합니다. 개념의 정확한 인식에 의한 학술적인 담론의 세계화는 21세기에 우리가 한반도에서 한국적인 삶을 영위하기 위한 전제조건입니다. 담론의 세계화를 이룩하지 못한 것이 1910년의 불행을 자초한 한 원인이기 때문입니다.

그동안 우리 학계는 사회 현실에 관한 찬반 토론에 치중하여 온 느낌이 있습니다. 이런 토론도 중요합니다. 그러나 우리의 인문·사회과학이 딛고 서 있는 인식체계 자체에 대한 학술적인 성찰도 그에 못지않게 중요합니다.

이제 우리는 학문 본연의 자세를 회복해야 하겠습니다. 감사합니다.

11. 「조선·이질 문명권의 충돌(1866~1871)과 열강의 외교문서 — 중국, 일본, 미국, 영국, 러시아」, 한국관광공사(지하 1층 강당), 2008년 11월 14일.

젊은 교수시절부터 꿈꾸어 왔던 현실이 눈앞으로 닦아왔다. 2007년 김용덕 동북아역사재단 이사장의 전폭적인 지원으로 『한국외교문서』 편찬작업이 2007년 가을부터 8명의 편찬위원 교수, 9명의 석·박사 연구원, 그리고 8명의 연구조교들이 주야겸행晝夜兼行으로 편찬작업을 시작하였다. 2008년 가을에 병인양요 관련 문서 219건, 신미양요 관련 134건의 문서를 출판사에 넘겼다.

한국 최초의 본격적인 외교문서집 발간을 앞두자 걱정이 눈 앞을 가렸다. 먼저 이들 문제에 훌륭한 업적들을 그동안 세상에 내어놓은 선배 교수들을 초청해 발표회를 갖기로 하였다. 넓은 회의실이 만석을 이루었고 전문 교수들의 고견을 듣는 귀중한 모임이었다. 2008년 당시의 외교사 연구 분위기를 살필 수 있는 글이라고 여겨진다.

---

(1) 역사적 성격

① 열강 외교문서: 한반도의 주변성, 오지의 성격 부각. 야만의 지역으로. 일본: 중재+힘, 중국: 처음으로 사대질서+공법 질서에서 조선 문제 취급, 공친왕의 태도, 1880년 변형 사대질서의 징후

② 조선 문서: 유럽 세계의 인식 문제 대두. 비유럽 지역의 일반적 현상. 이른바 개화파와 위정척사파 문제. cf. 슬라브주의자 vs 유럽주의자. 조선: 『해국도지』 세계 인식의 한계; 박규수(약탈제국주의 시기)→김홍집(한미조약, 갑신정변)→김윤식(거문도사건)

(2) 발표요지

① 『근대한국외교문서』에 수록할 열강의 기간 외교문서집을 중심으로

② 밑줄 친 문서집을 해설(주요 내용, 문제점)

③ 본 편찬위원회가 수집한 열강의 개인자료와 미간문서인 '별첨 자료' 참조, 설명

(3) 중국

청대 문서의 특징: ① 多, ② 亂, ③ 散, ④ 新[4]

---

4 戴逸, 『李鴻章全集』(2007), 「總序」

청말 외교문서는 ① 1949년 이전 고궁 박물원의 자료들, ② 대만 근대사 연구소가 발표한 자료들, ③ 1949년 이후 제1 역사당안관 자료들 을 발간한 자료집들이 중요.

① 寶鋆 편,『同治朝籌辦夷務始末』[5], 1880, 故宮博物院의 문서.[6]
臺灣 國風出版社가 傍點을 붙여 7책으로 발간하였고 북경대학도 1981년에 9책으로 발간하였는데 이 중 제1책은 색인임. 병인-신미양요 관계는 제6책임.

② 近代史研究所,『清季中日韓關係史料』[7] 11책, 1972.
이 문서집이 발간되자 그 동안 내용이 풍부하다고 여긴『光緒朝中日交涉史料』도 문서들을 매우 선택해 편집한 것을 알 수 있음. 1866-1871년 관계는 제2책임.

③ 顧廷龍, 戴逸 主編,『李鴻章全集』[8], 安徽敎育出版社, 39책,

---

5 文慶 편,『道光朝籌辦夷務始末』, 1856년; 賈楨 편,『咸豊朝籌辦夷務始末』, 1867.

6 고궁 박물원 문서 중 발표된 사료의 목록은 秦國經,『晚清檔案學』,「明清檔案史料出版物分類表, 政治, 軍事, 外交」, pp. 814-821, 2004, 참조. 이 중 중요한 문서집으로 1949년 이전 발간된 조선관련 고궁박물원의 문서로는『清季外交史料』, 1932-35년에 걸쳐 王彦威와 王亮이 1875-1911년간의 외교문서들을 편집한 것을 1963년에 文海出版社가 9책으로 발간하였음. 우선 문서의 양이 적을 뿐 아니라 편집에도 문제가 있어 주의를 요함.『清光緒朝中日交涉史料』, 故宮博物院 文獻館編, 1932; 2책, 文海出版社, 臺灣, 1963.『清宣統朝中日交涉史料』, 동상. 그러나 1866-1871년 관련 문서집은 아님.

7 이 연구소가 발간한 주요 문서집으로는『中美關係史料』, 光緒, 5책, 1988-1989. 고궁 박물원이 소장하였던 조회문이 주류를 이루고 있고 내용도 매우 사무적인 것임.『中美關係史料』, 嘉慶, 道光, 咸豊, 1책, 1968.『中美關係史料』, 同治, 2책, 1968.『中法越南交涉檔』(1875-1911), 7책, 1962.『中俄(蘇)關係史料』(1917-21), 13책, 1959-75.『中法越南交涉檔案, 1875-1911』, 7책, 1962. 이들 문서집 이외에도 이 연구소는『海防檔』,『鑛務檔』,『四國檔案』,『道光咸豊兩朝籌辦夷務始末補遺』,『清季敎務敎案』등도 同 硏究所에서 발간.

1993~2007.

동북아 문제에 절대적 영향력을 미친 李鴻章(북양대신 재직, 1870~1901)의
문서.

吳汝綸이 『李文忠公全集』을 편집하면서 보관한 문서들은 合肥의 李
鴻章 가문에 소장되었는데 그 후손들이 해외로 반출하기 위해 1949년
상해로 이송하였음. 그러나 여의치 못하였고 상해 도서관의 顧廷龍이
이 도서관에 보관토록 하여 1985년부터 『李鴻章全集』(5책?)을 발간하였
으나 1993년부터 『李鴻章全集』(安徽敎育出版社) 발간을 맡게 되었다.

새로운 『李鴻章全集』은 15종의 사료에 입각해 편집하였음. 이 중 한
반도 문제에 중요한 사료는 이 문서집에서 [2]라고 표시한 吳汝綸이 『李
文忠公全集』을 편집하면서 검색한 문서, [3]이라고 표시한 제1 역사당안
관 문서 중 그가 검색하지 못한 문서들임. 그러나 1894년 이전 [3]의 문
서는 거의 없는 실정임.

이런 사정은 李鴻章의 막료인 吳汝綸이 갑오전쟁 이전의 관련 문서들
은 거의 망라하였으나 그 이후의 문서들은 전쟁 패배로 인한 그에 대한 비
판의 문서들을 제외시켰기 때문임.[9] 顧廷龍이 吳汝綸의 『李文忠公全集』
을 密存不刻해 전집이 아니라 선집이라고 혹평한 것은[10] 이런 이유임.

---

8 '이홍장 전집'이라는 같은 명칭의 저술들이 있어 세인들의 혼동을 일으키고 있음. 주요한
   저술을 보면 다음과 같음. 吳汝綸 編, 『李文忠公全集』, 160권, 1905. 이 전집을 洋裝本 7책
   으로 文海出版社(臺灣)에서 1962 복간. 이 출판사에서 1980년 다시 『李文忠公(鴻章)全集』
   이란 제목으로 복간(沈雲龍 主編 近代中國史料叢刊續編 第70輯)하였음. 그리고 1997년에는 海
   南出版社(臺灣)에서 『李鴻章全集』 9책을 발간하였음. 1-8책은 吳汝綸의 1905년 판을 그
   대로 영인한 것이고 9책은 李鴻章의 嫡孫인 李國杰이 편집한 『合肥李氏三世遺集』 중 『文
   忠公遺集』을 영인한 것임. 顧廷龍, 叶業廉 主編,, 『李鴻章全集』, 上海人民出版社, 1985년
   이후, 5책, 未完. 『李鴻章全書』, 3책, 吉林, 1999. 顧廷龍, (1998년 沒)의 편찬물은 『李鴻章全
   集』(安徽敎育出版社)의 출간으로 중지하게 되었음.

9 이 문서집의 출판 경위에 관해서는 戴逸, 〈序言〉, 2007.

10 顧廷龍, 葉亞廉 主編, 『李鴻章全集』, 1, pp. 1-2.

④ 第1歷史檔案館, 『淸代中朝關係檔案史料滙編』, 1996. 『속편(續編)』, 1998.

이미 발표한 문서들 이외에 새로운 문서들을 거의 발견할 수 없음.

⑤ 『曾國藩全集』, 李翰章 編, 李鴻章 校 , 30책, 2001년 복각, 中國致公出版社

병인, 신미 관련 기사 없음

* 몇 가지 지침서. 李毓澍 編輯, 『淸季中日韓關係資料三十種綜合分類目錄』, 2책, San Francisco, 1977.

李用熙 편, 『근세한국관계외교문서색인』, 1966.

Endymion Wilkinson, *Chinese History : A Manuel*, 1998, 2000.

(4) 일본

① 日本 外務省, 『續通信全覽』[11], 1871~1878. 명치정부 외무성이 주관한 최초의 외교문서집으로 1861~1868년 8월까지의 외교문서(사항에 따라 1861년 이전 문서도 수록). 막부 대외관계 담당자들이 명치정부 외무성에 근무. 이들이 주로 편찬 사업에 참여. 막부의 업적을 후세에 남기려는 의도가 함축.

㉮ 병인양요 관계문서 : 外航門(卷26, pp. 162-315.); 平山[省齋]圖書頭 古

---

11 전통적으로 외교관련 문서들은 林羅山(1583~1657) 이후 하야시 가문, 나가사키의 外國奉行, 대마도의 以酊庵輪番僧들이 담당하였음. 1566~1825의 대외관계를 다룬 『通航一覽』은 하야시 가문의 편찬서 중 하나(1858년? 사본 완성). 속편으로 1856에 완성된 『通信一覽續輯』도 하야시 가문이 편찬. 1867년 완성된 1859-1860년 2년의 외교문서로 320책으로 구성된 『通信全覽』은 外國奉行이 편찬한 것임.

賀[權一郞]筑後守 渡韓奉命一件, 一~五(慶應 2年~3年). 1866년 9건, 1867년 62건.

㉗ 부록: 平山, 古賀渡韓奉命顚末, 慶應 2年~明治 4年 (八戸順叔, 신미양요 일본과 미국 왕복 문서 있음). 佛朝鮮征略記,

在墺日本國公使館山內勝行書記生來翰寫(明治9年. 3. 21. 불필 자료)

維新史學會 편『幕末維新外交史料集成』(6권)으로 약 1/3이 활자화, 나머지 원본은 외교사료관 소장. cf. 田中正弘,『通信全覽總目錄·解說』, 1989.

②『日本外交文書』

1933년 외무성 조사과 설치, 1936년에 제1권 제1책(1867.11.9~)을 발간하였다. 제2권(모두 5책)까지는 편년체로, 제3권(1938년 발행한 명치 3년분 문서)부터는 사항별 편년체로 작성해 세계 외교문서 편찬 기준에 맞추었음.

1권~9권(1940년 발행, 총 12책)은 『대일본외교문서』라는 제목으로 발행되었고 1940년에 일시 중단. 1949년에 『일본외교문서』의 제목으로 제10책이 발간되어 1963년에 본 문서 62책, 별권 11책, 총 73책을 완간하였음.

③ 국회도서관,『日本外務省 및 陸海軍省文書』마이크로필름 目錄, 1867-1945, 1968.

제2차 세계대전 후 연합국들은 패전국 독일, 일본의 국가 문서인 외교문서들을 인수하여 마이크로필름으로 복사하였음. 일본 외무성 문서의 복사는 1948년 말부터 1951년 여름 사이에 도쿄 근처에서, 그리고 육군성과 해군성 문서의 일부는 종전 직후 워싱턴으로 이송해 그곳에서 1957-58년 사이에 복사하였음. 외무성 문서는 2,116 릴reel, 육군성, 해군성 문서는 163릴의 마이크로필름이 완성되었음. 이들 필름은 한국 국회 도서관도 소장하고 있음.

그런데 미 당국의 기본 태도는 태평양전쟁 발발에 관계되는 문서들을 선택해 복사한다는 것이었음. 따라서 주로 1900년 이후 문서에 국한하고 필요한 경우에는 그 이전 문서들도 복사한다는 방침을 취하였음. 그러나 『외무성기록총목록』(3책)과 비교해 보면 이런 방침도 제대로 지켜지지 않았음.

④ 김용구 편, 『한일외교미간극비사료총서』, 50책, 1995-1996.

미 당국의 복사 태도의 또 다른 특징은 조선을 철저히 경시하였다는 점임. 같은 사항이나 사건에 관계되는 문서들이라도 중국에 관한 문서들은 복사했으면서도 조선에 관한 문서들을 복사하지 않았음. 예를 들어 문서번호 1-7-1-2「차관관계」, 1-7-5-1「광산관계」와 같은 중요한 문서철을 보더라도 '청국淸國'이라고 표시된 문서철은 모두 복사했으면서도 '조선朝鮮'이라고 표시된 바로 옆의 문서철은 복사하지 않았음.

『일본외교문서』에도 누락되어 있고 미 당국이 마이크로필름 복사에서도 제외시킨 조선 관련 문서들을 필름으로 복사하였고 이들 문서를 발표한 것이 필자의 50책 사료총서임.

이 총서 제1책의 목록에는 『일본외무성기록 총목록』 중 조선 관련 문서번호, 이 중 미 당국이 복사한 문서 번호, 憲政資料室에 보관된 「憲政編纂會收集文書」와 개인문서(三條實美, 岩倉具視, 伊藤博文, 井上馨, 陸奧宗光, 黑田淸隆, 桂太郎, 榎本武揚, 樺山資紀, 大山巖 등등) 중 주요한 조선관련 문서, 그리고 교토대학 국사학과에 소장된 吉田淸成의 문서 번호와 내용이 수록

되어 있음.[12]

⑤『朝鮮事務書』, 29권, 1867~1874년 문서

부산에 일본 영사관 설치 이후 한국 정책 자료로 편찬. 편찬연대 미상. 1910년 釜山府에 이관, 1936년 부산부립도서관에. 전후 부산시립도선관에. cf. 金義煥 저서, 1971년에『朝鮮外交事務書』로 제목 변경. 일본 외교사료관에도 소장(1-1-2-3, 13)

부산시립도서관, 일본외교사료관의 두 자료 동일

⑥ 日本 外務省,『善隣始末』, 1卷~11卷 및 附錄으로 구성.

제1권이 1868(慶應4/明治1)년~1875(明治8)년까지의 문서를 수록하고 있음.

⑦『大日本古文書』, 도쿄 대학 사료편찬소, 1910년 이후 계속 발간.

『大日本古文書』는 ①『編年文書』(8세기 문서임), ② 22개 가문家門의 문서, ③『幕末外國關係文書』(현재까지 1853~1861년간 관련 문서 51책, 부록 7책) 3가지로 구성.

(5) 미국

① United States, State Department, *Papers relating to the Foreign Relations of the United States*.

---

12 이 사료총서의 내용과 의의에 관해서는 김용구, 「韓日外交未刊極秘史料叢書. 자료해제」, 『동북아』, 1996, 3집, pp. 277-301, 4집, pp. 289-296 참조.

1861년 12월 미국 의회에 제출된 링컨A. Lincoln 대통령의 연두 교서 일부가 외교 문서의 형식으로 발표된 것이 효시. 1895년까지는 그 전년에 있었던 외교 문제에 관한 문서들이 발간되었고 그 후로는 수년 후에야 공개되는 관례가 성립되었음. 현재는 원칙상 '30년 기준'을 따르고 있음. 1932년부터는 총론, 지역별 문제로 구분해 발간하고 있음.

이 문서집은 19세기 동북아 문제에 관해서는 매우 제한된 양의 문서만을 수록하고 있음. 조선 문제에 관해서는 더욱 그러함. 더욱이 수록된 문서들도 본래의 문서를 자의적으로 편집하여 놓은 것들도 있음.[13]

② Davids, Jules, ed., *American Diplomatic and Public Papers; The United States and China*, Series II, *The United States, China, and Imperial Rivalries, 1861-1893, 18 vols., 1979*.[14]

Volume 9, Korea I; 1866~1872. FRUS+NA

_____ 10, Korea II; 1873~1883, FRUS+NA

_____ 11, Korea III; 1883~1893

③ Park Il-Keun(朴日根) 편, *Anglo-American Diplomatic Materials Relating to Korea, 1866-1886*,[15] Shinmundang[新文堂], Seoul, 1982.

㉮ "Extension of American Commerce 1866"

㉯ "The Incident of Schooner General Sherman"

㉰ "Seward's Suggestion to Open Corea"

---

13 Burnett(1989), 서문 참조.

14 3부작 중 하나. 다른 외교문서집은 (1) *The Treaty System and the Taiping Revolution, 1842-1860*, 21 vols., Wilmington, 1973. (2) *The Sino-Japanese War to the Russo-Japanese War, 1894-1905*, 14 vols., 1981.

㉔ "Corean-American War"

④ 한국연구원The Korean Research Center

Asiatic Squadron(1865년 이후), 중국 주재 외교대표자들 보고(1843년 이후), 일본 주재 대표자들 보고(1855년 이후), 조선주재 공사 보고(1883년 이후) 소장하고 있음(동 재단 문서번호; MF 46~357).

(6) 영국

① K. Bourne & D. C. Watt, eds., *British Documents on Foreign Affairs*, 1989

영국 외무성 문서의 〈Confidential Print〉[16] 중 편집자들이 중요하다고 판단한 문서들을 발췌한 문서집.

이 문서집은 7개 지역과 4개 특별 주제로 구성되어 있음. 제정 러시아

---

15 한국 외교사 관련 미국 문서집 편찬에는 McCune, George M. & John A. Harrison, *Korean-American Relations. Documents pertaining to the Far Eastern Diplomacy of the United States. Volume 1, The Initial Period, 1883-1886*, Berkeley, 1951. Krauss Reprint, 1970을 지적하지 않을 수 없음. 그는 1937년 조선왕조실록연구를 위해 서울에 오게 되었음. 이때에 서울 주재 미국 영사관에 소장되어 있던 1883~1905년간 서울과 워싱턴의 왕복 문서들을 사진으로 복사. 그가 카메라로 찍은 것을 그의 장인이 혹시 일본 당국이 알아차리지나 않을까 하여 당시 연희전문학교 실험실에서 인화印畵. 이 인화지는 1951년 그의 첫 째 자료집이 세상에 나올 때까지는 전혀 알려지지 않았음. 그의 사망으로 3책의 구상은 지연되었음. 그 후 위에 들은 Palmer와 Burnett이 McCune이 조선으로부터 가져 온 필름을 미 국무성의 자료들과 비교하면서 자료집을 완간. Palmer, Spencer J., *Korean-American Relations. Documents pertaining to the Far Eastern Diplomacy of the United States. Volume 2, The Period of Growing Influence, 1887-1895*, Berkeley, 1963. Burnett, Scott S., *Korean-American Relations. Documents Pertaining to the Far Eastern Diplomacy of the United States. Volume 3, The Period of Diminishing Influence, 1896-1905*, Honolulu, 1989.

와 구소련, 근동과 중동, 북 아메리카, 라틴 아메리카, 아시아, 유럽 그리고 아프리카로 나누고, 각 지역은 다시 19세기 중엽부터 제1차 세계 대전까지를 다룬 Part I과 제1차 세계대전에서 제2차 세계대전 발발까지 취급한 Part II로 구분되어 있음. 세계 대전, 파리 평화회의, 국제연맹, 그리고 경제-문화 등 4개 문제에 대한 주제별 문서가 있음.

현재도 발간이 계속되고 있는 이 문서집은 중요한 자료이지만 '비밀 출판물'에 국한되어 있고 편집자들이 문서들을 선별, 수록했다는 점에 유의해야 함. '비밀 출판물' 전체를 만일 인쇄한다면 수천 권에 이르러서 선별은 불가피.

19세기 후반 아시아 관계는 Part I, Series E, Volume 1, Japan and North-East Asia, 1860-1878; Volume 2, Korea, Ryukyu Island, and North-East Asia, 1875-1888인데 제1책은 조선관련 문서는 전무하고 러시아와 일본 관련 문서이고, 제2책은 1882년에 작성한 Hertslet 각서로부터 시작하고 있음.

1866-1871 조선관계는 수록되어 있지 않음. 다만 1882년에 작성한 Edward Hertslet 각서에 따른 미간문서를 추적할 수 있을 뿐임.

---

16 PRO의 외무성 문서 분류는 다음과 같음. ① General Correspondence: F.O. 17, China, 1815-1905, 1,768 vols; F.O, 46, Japan, 1856-1905, ② Embassy and Consular Archives: China; F.O. 228, 1834-1030, 4,371 vols; Miscellaneous: F.O. 233, 1759-1935, 189 vols, 이 중 문서번호 6이 1871-1885년 조선관계; Japan; F.O. 262, 1859-1930, 1,766 vols, F.O. 345, Miscellaneous, 1855-1923, 59 vols, ③ Confidential Print: F.O. 405, China, 1848-1954, 284 vols, F.O. 410, Japan, 1859-1954, 106 vols, F.O. 539, Asia, 1834-1911, ④ Private Collections, F.O. 350, Jordan Papers, 1910-1912, 10 vols., ⑤ Gifts and Deposits, P.R.O. 30/33, Satow Papers, c. 1856-1927, 23 boxes, ⑥ Directorate of Military Operation and Intelligence Papers, W.O. 106, 1870-1925, 5 boxes(청일, 러일전쟁 문서 포함). F.O. 이외 다른 부처의 문서 중에도 대외관련 문서가 있음.

② 『韓英外交史關係資料集』, 45冊, 서울, 1997. 영국 문서고Public Record Office에 있는 문서의 마이크로필름을 입수하여 한국 관련 문서들을 모두 45책으로 출간하였음. 그러나 이 자료집은 1875년 이전의 자료들을 싣고 있지 않음. 그리고 이 문서집은 주로 중국 관계 문서인 F. O. 405, 일본 관계 문서인 F. O. 410, 371, 조선 관계 문서인 F. O. 523 중 한국 관계 문서들을 무분별하게 수록하고 있어서 이용에 주의. *British Documents on Foreign Affairs*와 상당한 부분에서 중복.

(7) 러시아

1860년 연해주 병합, "기다리는 정책vyzhidatelnaya politika"
the *Sobol* 호, 1869. 강화도 사건 파악키 위해 조선 서해안에 파견. Pak(1979).
국사편찬위원회, 『러시아 국립해군성 문서 I(1854~1894)』, 2007, pp. 37-42; 소볼 호 함장 Usov 보고문, 소볼호 사건에 관한 중국 주재 공사 E .K. Byutsov 보고서

러시아 미간문서를 조사해야 하는 이유는 러시아 당국이 필요한 문서를 발간하지 않은 데 있음. 1957년 A. A. Gromyko를 위원장으로 하는 위원회가 구성돼 두 종류의 방대하고 체계적인 외교문서집을 발간키로 결정. 그 중 하나가 19세기 외교문서집인 *Vneshnaya politika Rossii. XIX i nachala XX beka*(러시아의 대외정책, 19세기와 20세기 초)로 1960년부터 발간되기 시작하였으나 현재 1830년 경 문서까지 발간되고 있을 뿐임.

① 주요 문서고 현황

㉮ Roskomarkhiv(Kommitet po delam arkhivov pri pravitelstve Rossisikoi Federatsii, 1991 설립): ㉠ 러시아연방 국가문서보관소Gosudarstvennii arkhiv Rossiskoi Federatsii(약칭 GARF). 박종효의 간단한 해제(p. 873)와 킴I Yu. Kim 의 목록(p. 873)이 있음. ㉡ 러시아 군사(軍史) 국가문서보관소Rossiskii gosudarstvennii voenno-istoricheskii arkhiv(약칭 RGVIA). ㉢ 러시아 해군 국가문서보 관소Rossiskoi gosudarstvennii arkhiv Voenno-Mosrkogo Flota, RGAVMF). 킴I. Yu. Kim 의 목록. 국사편찬위원회(2007), ㉣ 러시아 역사 국가문서보관소Rossiskii gosudarstvennii istoricheskii arkhiv(약칭 RGIA). 킴I. Yu. Kim의 목록.

㉯ Roskomarhiv의 관할을 받지 않는 문서보관소: ㉠ 러시아 대외정 책 문서보관소Arkhiv vneshnei politiki Rossii(약칭 AVPRI)

러시아 외무성 산하의 이 문서보관소는 제정러시아의 대외관계에 관 한 문서들을 소장한 가장 기본적이고 중요한 기관임. 1946년에 창립, 구 소련이 붕괴한 이후 문서들을 일반에 공개. 이 문서보관소가 소장하고 있는 방대한 문서들의 현황은 稻葉千晴의 목록을 살피면 알 수 있음.

② 병인, 신미양요에 관한 구미 주요연구들

11. 「조선·이질 문명권의 충돌(1866~1871)과 열강의 외교문서 ─ 중국, 일본, 미국, 영국, 러시아」, 2008년 11월 14일, 한국관광공사, 지하 1층 강당.

병인, 신미양요에 관한 구미 주요연구들

Anderson, David L. 1985. *Imperialism and Idealism : American Diplomats in China, 1861-1898*. Bloomington : Indiana University Press.

Appenzeller, Henry G. 1892. "The Opening of Korea : Admiral Shufeldt's Account of It." *The Korean Repository* 1 : 57-62.

Bauer, K. Jack. 1948. "The Korean Expedition of 1871." The *U.S. Naval Institute Proceedings*. 74 : 197-203.

Cable, E. M. 1938. "United States-Korean Relations : 1866-1871." *Transactions of the Korean Branch of the Royal Asiatic Society*. 28 : 1-230; "Official Documents," 122-188; "United States Diplomatic Correspondence Between China and the United States for the Years 1866-1868," 32-53.

Cady, John F. 1967. The *Roots of French Imperialism in Eastern Asia*, Ithaca : Cornell University Press.

Castel, Albert. and Nahm, Andrew C. 1968. "Our Little War with the Heathen." *American Heritage* 19 : 18-23, 72-5.

Clyde, Paul H. 1933. "Attitudes and Policies of G. F. Seward." *Pacific Historical Review 2* : 387-404.

Cordier, Henri. 1901. *Histoire des Relations de la Chine Avec les Puissances Occidentales*, 3 vols. Paris : Félix Alcan.

Cortazzi, Hugh. and Gordon Daniels. 1991. *Britain and Japan, 1859-1991 : Themes and Personalities*. London : Routledge.

Daniels, Gordon. 1996. *Sir Harry Parkes, British Representative in Japan, 1865-83*. Japan Library.

Decraene, Philippe. 1984. "Une Aventure Coloniale sans Lendemain sous le Second Empire : l'Expédition de Corée de 1866." *L'Afrique et l'Asie Modernes* Eté : 74-85.

Dennett, Tyler. 1922. *Americans in Eastern Asia : A Critical Study of the Policy of the United States with Reference to China, Japan and Korea in the 19th Century*. New York : The Macmillan.

_____. 1922. "Seward's Far Eastern Policy." *American Historical Review* 28 : 45-62.

Drake, Frederick C. 1984. *The Empire of the Seas : A Biography of Rear Admiral Robert William Shufeldt, USN*. Honolulu : University of Hawaii Press.

Johnson, Robert E. 1967. *Rear Admiral John Rodgers, 1812-1882*.

Annapolis : Naval Institute Press.

_____. 1979. *Far China Station. The U.S. Navy in Asian Waters, 1800-1898*. Annapolis : Naval Institute Press.

Jones, Frances C. 1935. *Foreign Diplomacy in Korea, 1866-1894*. Ph.D. Dissertation, Harvard University.

Kiernan, E. V. G. 1939. *British Diplomacy in China*. Cambridge : Cambridge University Press.

Long, David F. 1988. *Gold Braid and Foreign Relations. Diplomatic Activities of U.S. Naval Officers, 1798-1883*. Annapolis : Naval Institute Press.

Narochnitskii, A. L. 1956. *Kolonialnaya Politika Kapitalisticheskikh Derzhav Na Dalnem Vostoke, 1860-1895* (극동에 있어서 자본주의 열강의 식민정책). Moskva.

Oh, Mun Hwan. 1933. "The Two Visits of the Rev. R. J. Thomas to Korea." *Transactions of the Korea Branch of the Royal Asian Society* 22 : 97-123.

Orange, Marc. 1976. "L'Expédition de l'Admiral Roze en Corée." *Revue de Corée* Automne : 44-84.

Pak, Boris D. and G. N. Yureva. 1973. "Rossiya i Borba Derzhav za Otkrytie Korei v 1866-1876 gg."(1866-1876년간 러시아와 조선 개국을 위한 열강의 투쟁), *Ocherki Lstorii Sibiri. Vypusk 3 (Ministrestvo Prosveshcheniya RSFSR. Irkuskii Gosudarstvennyi Pedagogicheskii Institut, Irkusk* 시베리아 역사 개설, 제 3 분책. 러시아 공화국 문부성. 국립 이르크스크 교육 연구소.)

Pak, Boris D. 1979. *Rossiya i Koreya*(러시아와 조선). Moskva.

Paolino, Ernest N. 1973. *The Foundations of the American Empire: William Henry Seward and U. S. Foreign Policy*, Ithaca : Cornell University Press.

Paullin. Charles O. 1921. *Diplomatic Negotiations of American Naval Officers, 1778-1883*, Baltimore : Johns Hopkins Press; Ch. X, The Opening of Korea, 1866-1883, pp. 282-328.

Sheppard, Eli T. 1916. "Frederick Ferdinand Low, Ninth Governor of California." *University of California Chronicle* XIX-2 : 131-149.

Sims, Richard. 1998. *French Policy towards the Bakufu and Meiji Japan*, 1854-95. Japan Library.

12. 「용재 백낙준 박사와 대외관계사」, 연세대학교 국학연구원, 2010년 3월 25일.

백낙준은 종교사 전문 학자로 알려져 있다. 그러나 그는 미국 유학 시절의 지도교수 영향으로 대외관계사에 학문적인 관심을 지녀 이 방면의 글도 상당하다. 용재의 새로운 학문적인 글들을 분석해 세상에 알린다.

---

(1) 한국사와 세계사

용재庸齋 백낙준白樂濬(1896~1985)은 한국 교회사 전문가로 알려져 있다. 그가 1927년 예일대학에서 취득한 박사학위 논문이 한국 신교의 역사였으나 그는 좁은 의미의 종교사 연구자는 아니었다. 그의 지적 배경을 보면 이런 사정을 알 수 있다. 용재는 1910년 평북 선천宣川에 있는 신성중학교神聖中學校에 입학하였다. 당시 교장은 1909년에 부임한 선교사 맥큔[17]이었다. 맥큔 교장은 학생 중 유능한 인재를 선발해 중국에서 영어를 익히게 하고 그 후에는 미국으로 유학을 보냈다.

용재도 1913년부터 중국 텐진天津의 신학서원新學書院에서 3년 과정을 이수하였다. 1916년에는 미국으로 떠나 맥큔의 모교인 파크Park 대학에 입학한 이후 프린스턴에서는 서양사를, 펜실바니아 대학에서는 정치외교학을, 그리고 1925~1927년 동안 예일대학에서는 라투레트Latourette, K. S.교수의 지도로 '한국 개신교의 역사' 문제로 박사학위를 취득하였다. 라투레트 교수는 1917년에 미국과 중국 관계에 관해 훌륭한 업적[18]을

---

17 George Shannon McCune(1878~1941), 한국명: 윤사온尹士溫. 성姓 윤은 맥큔의 끝 발음 '윤,' '사온'은 Shannon의 한국어 발음에서 차자借字한 것이었다.

18 *The History of Early Relations between the United States and China, 1784-1844.*

발표한 유명한 교수였다. 용재의 이런 지적 배경을 잘 나타내 주는 글이 1971년 3월 『신동아』에 발표한 「나의 교우交友 반세기半世紀」라고 볼 수 있다. 용재는 여기에서 한국사는 세계사의 흐름에서 파악해야 된다고 다음과 같이 역설하고 있다.

> 그런데 제1차 대전은 어느 의미에서 지구상의 모든 인종과 국가를 하나로 묶어 전체의 역사를 창조하는 새로운 단원單元으로 집결케 한 느낌을 주었다. 그런 마당에 이제까지 동방의 한 구석에서 가냘픈 명맥을 이어가는 우리 민족의 수난상은 우리만의 고난일 수 없다. 한韓 민족의 역사는 그러므로 세계사의 한 지류로 이해되어야 한다는 생각을 품게 되었다. 한국의 역사는 세계사의 조류 속에서 이해되어야 하는 까닭에 서양사의 연구방법을 적용하여 우리 역사를 분석하고 정리하는 작업을 한다면 바람직한 성과를 거둘 수 있으리라는 판단이 섰다.

(2) 용재의 대외관계사 글들

용재는 한국 대외관계사와 국제관계사에 관해 다음과 같은 여러 글을 남겼다.

한국 대외관계사 관련 글로는 ① 「미선米船 제너럴 셔맨 호 대동강 조난기遭難記」[19], ② 「조선과 외국선박」[20], ③ 「동서교통사東西交通史 편린片鱗 상·중세기中世紀」[21], ④ 「조선의 서양문화 수입경로」[22], ⑤ 「병자호란과

---

19 『신동아』, 1933년 10월
20 동상, 1934년 10월
21 동상, 1934년 12월
22 동상, 1935년 1월

서양문화의 동점東漸」.[23]

일반 국제관계사 관련으로는 ① 「태평양상太平洋上의 쟁탈전. 미·일
관계사 소고」.[24], ② 「워털루 전역戰役」.[25], ③ 「제일차 구주대전歐洲大戰의
회고」.[26], ④ 「이태리 건국과 죠셉 마찌니」.[27], ⑤ 「죠지 원싱턴과 미국의
건국」.[28], ⑤ 「비스마르크와 독일제국의 건설」.[29], ⑥ 「강베따의 불란서 제
3공화국 건설」.[30]

(3) 「서문」, 『한국외교사연구』(노계현, 1967)

용재는 노계현 교수 저서 서문에서 한국외교사 연구의 필요성을 다음
과 같이 역설하고 있다.

> 조선사의 훌륭한 통사는 여럿이 있다.…… 그러나 한국외교사에는 아
> 직 표준정본標準定本이 생겨 있지 아니하다. 역사가나, 국제정치학자들
> 이 버려두지 못할 과업의 하나이다.

---

23 동상, 1935년 4월
24 『동광東光』, 1932년 5월호
25 『신동아』, 1932년 6월호
26 동상, 1935년 11월호
27 동상, 1933년 1월호
28 동상, 1933년 2월호
29 동상, 1933년 4월호
30 동상, 1934년 6월호

(4) 1937년: 한국 외교사 연구의 분수령

1937년에 신서중학교 교장 맥큔의 장남인 죠지 맥큔George McAfee McCune(한국명 윤안국尹安國, 1908~1948, 평양 생)이 조선왕조실록을 연구하기 위해 서울에 온다. 죠지 맥큔이 40세에 세상을 떠난 것은 미국의 한국학 발전에 큰 불행이었다. 중국학의 경우 페어뱅크John K. Fairbank 1907~1991), 일본학의 라이샤워E. Reischauer, 1910~1990, 도쿄 생)와 비견되는 학자였다. 이때 맥큔이 라이샤워와 함께 한글의 영어표기법을 창안한 것은 획기적인 일이었다.[31]

이때 맥큔은 한국외교사 연구에 결정적인 공헌을 하게 된다. 조선 주재 미국 공관과 미국 국무성 사이의 왕복 문서(1883~1905년)들이 서울 주재 미국 영사관에 소장되고 있는 사실을 알게 되었다. 맥큔은 자신의 라이카Leica 카메라로 촬영하기 시작하였다. 그리고 일본 경찰의 감시를 피해 그의 장인 베커Becker, Arthur L. 연희전문 물리학 교수(재직: 1928~40) 연구실에서 필름으로 인화해 후일 미국으로 가져갔다.[32] 이 문서들은 3책으로 발간되어 한국외교사 연구의 필수적인 사료들이 되었다.[33]

---

31 1937년의 맥큔 마이크로필름은 20% 정도가 해독이 불가능하였다. 맥큔의 모든 문서들은 그의 부인이 하와이 대학에 기증하였는데 이 문서들 중 해독할 수 있는 자료들이 있어 도움이 된다. Center for Korean Studies(1992), *The George M.McCune Collection*, Box no. 25, U.S. Legation in Korea; no. 44, U.S. Legation in Korea, 20 reels; Box no. 28, 조선왕조실록 관계.

32 G. M. McCune & Edwin O. Reischauer(1939), "The Romanization of the Korean Language Based upon Its Phonetic Structure," *The Transactions of the Korea Branch of the Royal Asiatic Society*, pp. 1-57; McCune-Reischauer System. 두 사람은 연희전문의 정인섭과 김선기 교수들의 도움을 받았다는 말부터 시작하고 있다.

13. 「유럽의 '외교' 용어와 동북아 3국」, 일본 규슈대학, 2011년 7월 1일.

> 유럽 열강의 외교 개념에 관해서는 내가 여러 논문을 발표한 바 있으므로 여기에서는 생략한다. 중국과 일본에 관해서는 간헐적으로 언급하였기에 그 전체적인 모습을 여기에 적어 놓는다.

목차

동북아 3국의 '외교' 용어

(1) 중국

『성초지장星軺指掌』(1876)

『사서기정使西紀程』(1877)

「상이백상언출양공과서上李伯相言出洋工課書」(1877 여름)

「파여복우인서巴黎復友人書」(1878 여름)

「마세복우인서瑪賽復友人書」(1878 겨울)

「의설번역원의擬設繙譯院議」(1894 겨울)

「예주각국사신합청근현편豫籌各國使臣合請覲現片」(1890)

『출사일기出使日記』(1892. 7. 13.)

『공법신편公法新編』(1902)

---

33 McCune & John A. Harrison(1951), *Korean-American Relations, Pertaining to the Far Eastern Diplomacy of the United States*, Volume Ⅰ, *The Initial Period, 1883-1886*. Spencer J. Palmer(1963), Volume II, *The Period of Growing Influence. 1887-1895*. Scott S. Burnett(1989), Volume III, *The Period of Diminishing Influence, 1896-1905*.

(2) 일본

어원문제

『외국교제공법外國交際公法』(1869)

『日本國語大辭典』(1873)

Diplomatic Guide (1874년)

『일본외교문서日本外交文書』(1876. 1. 20.)

『외교지고外交志稿』(1881)

(3) 조선

『고종실록高宗實錄』(1879. 8. 25.)

이유원李裕元(1879. 12. 24. 서한)

지석영池錫永(1882. 10. 5. 상소)

유럽 외교 개념과 동북아 3국

(1) 중국

① 사대질서의 명분: 인신무외교人臣無外交

"조근朝覲하기 위해 옆의 나라를 방문하는 군주를 수행한 대부大夫가
[옆 나라 군주를] 사사로이 만나는 것은 예가 아니고朝覲大夫之私覿 非禮 다른
사람의 신하된 사람은 외교外交를 할 수 없고 두 임금을 섬길 수 없다爲
人臣者 無外交 不敢貳君. 『禮記』郊特牲: "사사로이 만나는 것이 곧 외교私覿 是外交
也"라는 것이다. 이와 같이 '남의 신하된 사람은 외교를 할 수 없다'

318

② 『성초지장星軺指掌』(1876)

『만국공법』(1864)에서는 아직 '외교'라는 번역어는 등장하지 않음. Wheaton 원저原著에 나오는 diplomatic history를 '주지공론지학'住持公論之學'이라고 애매하게 풀어 씀.(3권 2장 19절, p. 327)

'외교' 용어에 관해서는 W. A. P. Martin(1876), 『星軺指掌』에 나옴.

Martin이 Marten 저서 서론 'considérations générales sur l'étude de la diplomatie'를 '외교연유外交緣由'로 번역. 그러나 Martens 원저에는 '외교'란 낱말이 무수히 나오나 이들을 거의 번역에서 제외. 특히 원저 서두에 '외교 개념'에 관해 자세한 주석(p. 1, note 1)이 있는데 이를 번역에서 제외.

③ 『사서기정使西紀程』(1877)

곽숭도郭嵩燾가 중국을 떠난 1876년 12월 2일(음력 광서 2년 10월 17일)로부터 영국에 도착한 1877년 1월 21일(음력 광서 2년 12월 8일)까지 50일의 일기를 총서에 제출한 보고서. 영국으로 떠나기 8개월 전『성초지장星軺指掌』을 읽었음.[34] '외교'나 '교섭'의 구체적인 문제에 대해서는 언급한 바 없음. 그러나 대외관계에 관한 의전 절차에 관해서는 감탄.[35]

④ 「상이백상언출양공과서上李伯相言出洋工課書」 (1877 여름)

＊마건충이 이홍장에게 보낸 서한.

정치학원Ecole libre des sciences politiques(Institut des études politiques의 전신)에서 수강한 8개 과목을 설명. 외교사를 마건충은 각국외사로 번역.

---

34 鍾叔河(1984), 『郭嵩燾: 倫敦與巴黎日記』, 1876년 3月 12일, 음력 2월 14일 기사. p. 6. 走向世界叢書, 長沙, 岳麓書社.

35 ibid, A. P. Ryder 제독 기함의 의전에 관한 1876년 12월 2일 기사. p. 29.

㉑ 만국공법Droit des gens

㉯ 각류조약各類條約Droit international

㉰ 각국상례各國商例Législation commerciale

㉱ 각국외사各國外史Histoire diplomatique, 1830-73

㉲ 영, 미, 불 3국 정술치회지이동英, 米, 佛 三國 政術治化之異同Droit constitutionel.
Cours

㉳ 보, 비, 서, 오 4국 정술치화普, 比, 瑞, 奧 四國 政術治化Droit constitutionel.
Conférence

㉴ 각국이치이동各國吏治異同Matière administrative

㉵ 부세지과칙, 국재지다소賦稅之科則, 國債之多少Finances

⑤ 「파여복우인서巴黎復友人書」(1878 여름)

마건충이 '교섭'에 관해 파리에서 친구에게 보내는 서한 형식의 글. '외교'라는 낱말을 전혀 사용하고 있지 않음. 오카모토岡本隆司 교수는 마건충 서한의 전문을 일본어로 번역. '교섭'을 모두 '외교'로 번역. 일본인을 위해 '외교'로 번역했으나 이 문제는 더 천착해야 한다고 그 자신도 적고 있음.[36]

마건충은 이글에서 서양 국제정치사를 Greece, Rome부터 개관. 균세지국均勢之局은 Westphalen 회의에서 창시. 균세는 전국시대의 합종연횡과 같은 뜻. 유럽의 교섭지도, 즉 외교는 균세를 유지하는 데에 주력하고 있다고. Utrecht, Wien 회의를 거치면서 균세가 유럽 전역에 확산. 상주외교사절 제도 그리고 외교관의 계급도 확립되었다고.

---

36 岡本隆司(2007), 『馬建忠の中國近代』(東京), pp. 31-49, p. 263, 주석 80; 坂野正高(1985), 『中國近代化と馬建忠』(東京), p. 17, 주석 1.

⑥ 「마세복우인서瑪賽復友人書」(1878 겨울)

마르세유Marseille에서 본국의 친구에게 보낸다는 제목의 이 글은 ⑤의 글을 열람한 인사가 다시 자문을 구하자 집필한 것으로 추정. 이 글은 「출사학당장정出使學堂章程」, 즉 외교관 양성소 규칙을 기초한 것.

⑦ 「의성번역원의擬設繙譯院議」(1894 겨울)

마건충의 이 글은 정부의 한 인사의 청탁으로 집필한 것으로 추정. '교섭'의 용어만 사용.

⑧ 「예주각국사신합청근현편豫籌各國使臣合請覲現片」(1890)

설복성薛福成도 이 글에서 '외교'란 용어는 사용하고 있지 않음. 그러나 '교섭'과 '교제'를 구별함.

서양 각국의 풍기風氣를 다시 조사하건대 교제와 교섭은 전혀 다른 두 가지 일임. 교제의 예절禮節은 매우 주도周到하게 힘쓰지만 교섭의 사건에 이르면 조금도 융통이 없음. 교제에 후하기 때문에 교섭에 있어서 엄할 수 있음.[37]

현재의 용어를 빌리면 교제는 국제예양이고 교섭은 외교. 설복성의 이런 구별은 실은 중국의 현실을 비판하려는 것.

⑨ 『출사일기出使日記』(1892. 7. 13., 음력 광서 18. 6. 20.)

설복성은 위의 구별을 그의 『출사일기』에서도 부연 설명. 서양 각국이 교섭하는 데에는 준승準繩과 예禮가 있음을 강조.

교제와 같은 일에는 강경하고 교섭에서는 유화宥和한 중국 외교 비판.

---

37 『庸庵文編海外文編』, 卷一, 十~十一

그는 결국 곽숭도郭嵩燾와 같은 결론.

⑩『공법신편』(1902)

서두에 중서자목합벽中西字目合璧Terms and Phrases 항목이 있음. '외교'는 Foreign intercourse로, 'Diplomacy'는 방교邦交로 번역. 19세기 중엽 이후에도 '인신무외교'의 전통으로 '외교' 용례 등장에 혼돈.

대외관계 담당 부서의 명칭 변경
총서: 1861~1901
외무부: 1901~1911
외교부: 1911~

(2) 일본

① 1945년 이전 외교 문제에 관한 연구는 미나가와皆川鐇彦(1936), 『外交とは』(學而書院) 단 한편의 저서라고.[38]

'인신무외교'의 전통이 강하지 않아 '외교'라는 낱말이 동양 3국 중 제일 먼저 사용. 1860년대 중엽 에도시기江戶時期 말기 외국교제가 정치 과제로 등장하면서 그 준말로 '外交'가 사용되었다고.[39] 확실한 증거는 제시하고 있지 않음.

---

38 渡邊昭夫(1993), 『外交とは何か―その語源的考察』, p. 5.
39 田中健夫(1996), 『前近代の國際交流と外交文書』(東京). p. 4.

② 『외국 교제공법外國 交際公法』(1869)

W.A.P. Martin의 한역漢譯 『성초지장星軺指掌』(1876) 출간 이전에 후쿠지福地源一郎가 『외국 교제공법外國 交際公法』(1869)이라는 제목으로 Martens 저서를 일본어로 초역抄譯. 福地源一郎는 diplomatie를 '외교'로 번역하지는 않았음. 원전原典 § 10 Des différents genres de missions diplomatiques를 '辨理公使ノ職務'라고 번역.

③ 『일본국어대사전日本國語大辭典』(1873)

일본 문헌에서 '외교外交'를 최초로 사용한 것은 『일본국어대사전』(小學館, 1873)에 1871년 태정관太政官의 권한이 "제사외교선전강화입약의 권祭祀外交宣戰講和立約ノ權"이라고 규정한 것이라고 함.[40]

④ Diplomatic Guide (1874)

1874년에 프랑스 주재 일본 공사관이 "Diplomatic Guide"이라는 제목으로 장문의 영문 논문을 일본 외무성에 보고. 당시 유럽 학계의 저명한 국제법학자 11인(Vattel, Heffter, de Cussy, de Martens(2 책), Kluber, Calvo, Wheaton, Phillimore, Kent, Block.)의 저술에 입각해 작성. 서술 형식도 전통적인 국제법 저서의 방법을 택하고 있는 우수한 내용의 글임. 도쿄대학 사료편찬소 서가에 영어 본문 그대로 사장死藏되어 있던 논문을 요코야마橫山伊德가 일본어로 번역.[41] 요코야마는 diplomacy를 모두 '外交'로 번역.

---

40 渡邊昭夫(1993), p. 9.

41 橫山伊德(1995), (史料紹介 飜譯), パリ駐在日本公使館 『外交入門 *Diplomatic Guide*』(1874 年刊), 上, 下, 「東京大學史料編纂所研究紀要」, 4月, 上, pp. 105-30; 5號(5月). 下, pp. 110-37.

⑤『일본외교문서日本外交文書』(9책1, p. 163. 1876년 1월 20일, 모리 아리노리森有禮 청국주차공사가 데라시마寺島 외무경에 보낸 보고문)

모리 아리노리는 1876년 1월 10일 총서 대신들과 논쟁. 회견 결과를 20일 본국에 보고: "중국은 조선의 내정에 간예干預하지 않으며 그 외교 外交의 일에 이르러서도 [조선의] 자주에 임한다."고.

"속방의 정교금령政敎禁令은 자주"라는 명제에서 "속방의 내치외교內治外交는 자주"라는 명제로 명칭 변경

⑥『외교지고外交志稿』(1881)

1880년 외무경의 건의로 외무성이 작성. 8개 부문部門을 고대부터 서술.[42] 『외교지고』는 외교를 국제사회 행위자의 교섭을 의미하는 diplomacy의 용례로 사용.

(3) 조선

① 조선왕조실록과 외교

조선왕조실록의 기사에 외교의 낱말이 나오는 회수는 원문原文의 경우 161건, 국문 번역에는 41건. 원문과 번역의 이런 차이가 나오는 원인, 그리고 검색하는 데에 주의할 점.

㉮ 원문의 161 건 중 내외교수內外交修, 내외교결內外交結과 같이 외교와 무관한 경우가 많음.

42　① 交聘(朝鮮, 漢土, 渤海, 西南諸國, 歐羅巴諸國及亞米利加), ② 戰爭(朝鮮, 漢土, 肅愼, 西南諸國, 歐羅巴諸國), ③ 版圖沿革(朝鮮), ④ 漂流(朝鮮, 漢土, 肅愼渤海滿洲露國及東部, 西南諸國, 歐羅巴國及亞米利加), ⑤ 歸化移住(朝鮮, 漢土, 西南諸國, 歐羅巴諸國及亞米利加), ⑥ 學術宗敎(朝鮮, 漢土, 印度及西南諸國, 歐羅巴及亞米利加), ⑦ 贈酬(朝鮮, 漢土, 渤海, 西南諸國, 歐羅巴諸國及亞米利加), ⑧ 貿易(朝鮮, 漢土, 歐羅巴諸國及亞米利加)

ⓝ 번역의 경우 원문은 사대事大인데 외교로 의역意譯한 경우, 양국상교兩國相交를 양국외교兩國外交로 번역한 경우도 있음.

ⓓ 번역에는 독자들을 위한 주석들이 있음. 교린, 사대를 외교로, 그리고 서계書契를 외교문서로 해설한 경우도 있음.

ⓡ 1879년 이전의 왕조실록 기사 대부분은 인신무외교, 또는 개인간, 특히 부부간의 외도의 나쁜 의미로 사용한 경우임.

② 고종실록과 외교

외교는 51건. diplomacy의 번역인 외교의 의미로 사용한 경우는 18건, 나머지는 인신무외교의 뜻으로 사용.

국가 사이의 교섭이라는 근대적인 의미의 외교가 최초 사용한 것은 1879년 8월 25일 (음력 7월 8일) 덕원부사德源府使에 임명된 김기수金綺秀를 소견召見한 고종의 다음과 같은 언급.[43]

> 덕원은 지금 이미 개항하였으니 전에 등한等閒히 여기던 때와 같을 수 없다. 이미 수신사도 지냈으니 반드시 일본의 정형과 외교 관계 등의 문제를 자세히 알 것이다. 모름지기 잘 조처措處해서 두 나라 사이에 말썽이 생기지 않도록 하는 것이 좋겠다. 또 이곳은 능침陵寢이 멀지 않으니 경계를 정할 때에 잘 효유曉諭하여 그들이 소중한 곳 근처를 왕래하지 않도록 해야 할 것이다.

고종시대 『승정원일기』는 30건. 모두 교섭의 의미. 『일성록』은 16건 중 14건이 교섭의 의미. 1880년대 이후에는 근대적인 의미의 외교와

---

43 『고종실록』, 상, p. 599.

'인신무외교'의 전통적인 의미의 외교가 존재.

③ 이유원李裕元 서한(1879년 12월 24일)

근대적인 의미로 외교란 낱말을 사용. 이홍장과 조선 외교 정책에 관해 17회의 서신 왕래. 1879년 8월 26일 이홍장은 서양과 조약 체결 필요성 강조.

이유원은 답서를 1879년 12월 24일 이홍장에 보냄. 조선은 "국내를 다스릴 뿐 외교에는 여유가 없다."

1882년 이후 조선 사회에서는 유럽의 diplomacy 번역어인 외교 용어 사용이 보편화되었으나 '인신무외교'의 전통적인 외교 개념도 병존. 예: 고종의 윤허를 받고 진행한 이홍장-이유원의 서한 왕래는 결국 이유원이 '인신무외교'의 규범을 어겼다는 죄로 유배.

(4) 결론

'외교diplomacy'는 19세기 유럽의 세계 팽창의 합리화 명분임. 국제사회 행위자들의 평등과 평화의 국제법 제도라고 선전. 따라서 유럽의 '외교론'은 주로 외교관 자질론. 형식적, 기술적으로 서술. 그 본질을 폭로한 것은 레닌V. Lenin.

18세기 말 새로 등장한 개념으로서의 '외교'가 전 세계로 전파. 러시아에서는 전통 용어인 '교섭peregovor' 대신 '외교diplomatiya'가, 중국은 '인신무외교'의 전통으로 20세기 초까지 '교섭'의 용어가 사용. 조선은 두 용례가 병존, 일본은 일찍 외교 용어 정착. 이 점이 동북아 3국의 독특한 역사적인 성격임.

14. 「영국의 거문도 점령 재고」, 일본 규슈대학 발표문, 2011년 7월 2일.

영국의 거문도 점령으로 당시 일본 정부는 긴장하였다. 혹시 영국 정부가 일본의 서부 도서島嶼를 점령할지 의심하였다. 내가 일본 대학에서 이 문제를 다시 거론한 이유였다.

(1) 점령

1885년 4월 14일 영국 해군성; W. Dowell(당시 오사카 체류) 중국해 사령관에게 거문도 점령 명령. "조선인은 야만인, 점령에 의식ceremony 필요 없음."
Dowell : 선언이나 절차도 없이 3척의 군함으로 명령 집행. 15일 해군성에 전보.
1887년 2일 27일 거문도에서 철수, 영국 국기 내림.

(2) 영국과 러시아의 전운

러시아가 남하해 인도로 나아가는 첫 번째 관문 투르크멘Turkmen의 메르브Merv(현재 Mary)를 1884년에 러시아 점령, 인도로 가는 다음 요충지 펜제Pendjeh(oasis, Kush 강과 Murghab 강 합류지)에서 1885년 3월 30일 영국의 훈련을 받은 아프가니스탄 군인 500~800명이 전사 또는 익사. 이에 비해 러시아 군인은 11~50명 전사 또는 부상. 이제 러시아는 인도의 관문인 헤라트Herat를 눈앞에.

F. S. Roberts(인도 주둔군사령관) : 영국 위신 실추, 인도 소요 초래

"Herat는 전쟁을 의미"

(3) 어디에서 전투를 할 것인가?

"스페인 국왕의 수염은 태워 없앨 수 있으나 차르는 거인이어서 그의
수염은 손에 미치지 못한다."

① 올란드Åland
발트해의 올란드를 거쳐 러시아 본토를 공격하는 전략. 크림 전쟁 때
영국 해군이 이 섬을 점령한 이후 이 전략을 포기. 러시아의 방어 태세
로 공격이 쉽지 않다고 영국 판단.

② 발칸 반도
몰다비아Moldavia, 왈라키아Wallachia 공국으로부터 러시아를 공격하는
전략. 다민족 국가인 오스트리아 제국의 운명과 직결되어 실현 불가.

③ 크림반도에 상륙 러시아를 공격하는 전략
전제조건: 오토만 제국과 유럽 열강의 영국 지지. 그러나 1885년 영
국의 자유당 정부는 고립. 그러나 영국은 1885년 4월 초까지 이 공격방
안을 검토.

④ 중앙아시아
대규모 육군 동원 불가피. 영국의 어느 정권도 이런 모험 감행 불가.

⑤ 동북아

거문도로부터 블라디보스토크 공격: "개의 목을 졸라 물고 있던 뼈다귀를 떨어트리게 만드는 작전." 인도 총독 Marquess of Dufferin의 표현.

(4) 거문도 점령 연구의 중요성

① 1885~1892년 동북아 국제질서 결정, ② 세계정치: 영국의 승리, ③ 동북아 지역 정치: 중국의 승리

(5) 조선

한반도 문제의 세계화: 영국과 러시아의 세계적 대립에 조선 문제가 현안으로 대두.

중앙아시아 지역과 한반도가 연결.

중국의 조선 속국화 정책, 일본의 후퇴로 러시아(한아밀약)와 미국(1887년 박정양朴定陽 견미사건)으로. 양절체제兩截體制 시대로.

조선의 항의: ① 1885년 5월 20일 O'Conor, Carles에, 그리고 열강에 회한回翰, ② 1885년 7월 7일 열강에 회한, ③ 1886년 7월 4일 영국에.

영국: 거문도 매입, 임대, 중국에 의존으로.

(6) 영국

1885~1892년 블라디보스토크로부터의 러시아 남하 저지 성공.

러시아 봉쇄정책의 승리: cf. 1853~1856년 크림전쟁은 제1차 봉쇄전

쟁. 러시아는 1871년까지 지중해 진출 불가능.

(7) 러시아

유럽에 대한 열등의식, 아시아에 대해서는 우월의식(1905년 패배→1917
년 혁명으로), 세계 구원의 Messiah 의식; cf. N. Ya. Danilevsky(1871초판,
1995년 6판), Rossiya i Evropa.(러시아와 유럽)

"기다리는 정책(vyzhidatilnaya politika)"에서 "조선 포기"로.
① 1888년 5월 8일 특별위원회, Amur 총독 A. N. Korf와 외무성 Asia
국장 I. A. Zinoviev 보고서 채택: 조선 점령 시도는 불가능하고 위험,
중국의 조선 지배 저지, 1886년 천진天津 신사협정 준수
② 해군에서 육군 강화로. 시베리아 철도부설 계획: 1887년 결정,
1892년 실천으로.

(8) 중국

한반도 문제를 동북아 지역 인식에서 세계정치의 인식으로(1885년 5월 1
일): 런던 합의 시도(1885년 4월 말 증기택曾紀澤과 G. L-G. Granville)에서 1886년
10월 천진 신사협정으로.
영국의 거문도 점령의 최대 혜택은 이홍장.
조선 속국화 정책: 1880年 하여장何如璋 「삼책三策」과 「주지조선외교의
主持朝鮮外交議」, 황준헌黃遵憲의 「조선책략朝鮮策略」. 제도 개편: 1881년 2월
23일 조선의 양무洋務는 북양대신北洋大臣과 일본의 중국 공사관이 담당
→ 사대질서의 속방을 공법질서의 속국으로.

(9) 일본

1885년 6월 10일 이노우에井上馨→에노모토榎本武揚: 전문前文과 8개조 이홍장의 거부, 조선 문제 방임放任 정책(1885년 8월 15일 井上馨→榎本武揚 機密信)

군비강화로.

(10) 무엇을 재고再考?

① 英國과 美國 未刊文書 檢索은 1930년대 수준: cf. Jones, Francis C.(1936), *Foreign Diplomacy in Korea*, Harvard Univ. Unpublished Ph.D. Thesis,(1936),

Kiernan, E.V.G.(1939), *British Diplomacy in China, 1880 to 1885*, London.. Octagon edition, 1970. (E. Hobsbawm 序文)

② 러시아 문서

문서고 미간문서 조사 난점

거문도 관련 미간문서; Boris Pak(1999), "Novye materialy ob ustnom soglashenii Ladyzhenskogo-Li khunchzhana 1886"(1886년 라디젠스키-리홍장 구두합에 관한 새로운 자료), *Problemy Dalnego Vostoka*,(극동의 제 문제), no. 5, pp. 116-124.

研究 水準, cf. A. L. Narochnitskii, Aleksei Leontevich(1956), *Kolonialnaya politika kapitalisticheskikh derzhav na dalnem vostoke, 1860-1895*,(1860-1895년 극동에 있어서 자본주의 열강의 식민정책), Moskva.

Boris Pak(1979, 2004), *Rossia i Koreya*(러시아와 조선), Moskva,

Bela Pak(1998), *Rossiiskaya diplomatiya i Koreya*(러시아의 외교와 조선),

Moskva.

③ 신화들을 극복?

㉮ 러시아 남하정책의 신화

러시아의 군사력

육군: 연해주에 1만 8천 주로 Poset 만에. Poset 만: 4 중대, 1 포병중대, Cossack 기병 2중대

해군: 중국해; 순양함 1척, 쾌속 범선 2척, 수송선 1척(1884년 12월 28일; 해군본부장 I. A. Shestakov→외상 N. K. Girs)

방어전략: 1885년 4월 21일, 어뢰 설치 선언. 10월 1일 해제

영국의 중국해 함대

1875년 22척; 해저전선海底電線 장악

㉯ 점령 원인 신화

영국: Möllendorff의 러시아 접촉(1884년 8월~9월, 1885년 2월), 그러나 영국은 이런 사실을 점령 후에 인지.

㉰ 점령 결정시기 신화

1885년 2월 5일에 Memorandum by Sir E. Hertslet on the Importance of Port Hamilton 작성

2월 14일 외무성은 해군성에 의견 요청. 해군성은 4월 4일에야 회신 발송.

한편 1880년~1885년 영국문서가 공개되자 이를 바탕으로 저서를 발표한 E. V. G. Kiernan(1939); 3월 중순 또는 4월 초에 점령 결정했다고

15. 1793년 중국 파견 매카트니 사절단

도쿄대학 교수이며 동양학 관련 세계적 학자 반노 마사타카坂野正高 교수(1916~1985)가 동양문고에 소장된 매카트니 일기를 역주譯注해 1975년에 세상에 발표하였다.

내가 1971년 도쿄대학에 도착할 당시 반노 교수는 『주판이무시말』을 강독하고 있었다. 참여하고 싶은 마음이 간절하였으나 일본어 구사에 자신이 없어 포기하였는데 그 후 후회스러운 일로 남아있게 되었다.

나도 동서양 관계에 관해 본격적인 연구서를 집필하는 것이 젊은 교수 시절부터 소원이었다. 매카트니 사절에 관해 나 나름대로 자료들을 수집하고 있었다. 반노 교수의 저서 발표를 계기로 나도 이 글을 쓰게 되었다.

(1) 사절단 파견의 배경

1792년 5월 3일 매카트니Macartney, George[44]는 중국 황제에 파견되는 특명전권대사에 임명된다. 9월 26일에 매카트니 일행은 영국 포츠머스 군항 근처 스피데드Spithead를 출항, 희망봉을 거쳐 긴 여행 끝에 1793년 6월 20일에 중국의 마카오에 도달하였다. 영국 사절단 일행은 그들이 받은 훈령의 내용대로 광동廣東에 들르지 않고[45] 곧바로 화북 지방으로 직행, 7월 24일 현재의 발해만에 도착하였다. 일행은 대고大沽를 거쳐

북경을 거쳐 만리장성을 넘어 건륭乾隆 황제가 머물고 있던 열하熱河의 이궁離宮에서 9월 14일 드디어 황제를 알현한다.

황제 알현 의식에 관하여 중국은 매카트니 일행에게 사대질서의 조공국 사절인 공사貢使들이 황제에게 행하는 고두叩頭의 예禮를 요구하였다. 그러나 영국의 제안대로 매카트니는 한쪽 무릎을 땅에 대고 황제의 손에 키스하는 유럽식 방식을 중국이 수용하였다. 영국의 신임장을 황제에 손에 건네주는 것은 허용하였으나 황제의 손에 키스하는 것은 중국의 희망에 따라 생략하였다.

중국이 고두叩頭의 예를 끝까지 강요하지 않은 것은 영국의 황제가 머나먼 사절단을 보낸 것에 대해 경의를 표시한 것이었다. 그러나 영국 사절단을 조공국의 공사貢使로 취급하는 태도는 변하지 않았고 영국 정부의 신임장을 사대질서의 조공국들이 중국에 바치는 표문表文으로 여긴 정신적 구조도 여전하였다.[46]

열하의 의식은 환대의 행사로 끝나고 매카트니 일행은 북경으로 떠나 중국 정부의 실력자인 군기대신 화신和珅과 회담을 계속하였으나 중국의 지연 정책으로 결말이 나오질 못하였다. 이에 매카트니는 10월 3일

---

44 매카트니 사절단에 관한 자료에 관해 간략히 지적할 필요가 있다. 먼저 매카트니의 여행 일기 원본 *A Journey of the Embassy to China in 1792*(1793, 1794)는 일본 도쿄의 도요분코(東洋文庫)에 소장되어 있다. 따라서 이 일기를 완역하고 해설을 첨부한 반노 마사타카(坂野正高)의 연구가 매우 중요한 자료이다. 서양 학계에서 자주 인용하고 있는 배로우Barrow, J.(1807)와 로빈스Robbins, H. H.(1908)는 완역이 아니다. Robbins의 연구는 스턴턴의 일기를 중요한 사건에 관해서는 주석에서 이들을 비교하고 있어서 이용에 편리하다.
부사(副使)로 매카트니를 보좌한 스톤턴Staunton, G.의 일기(1796)가 중요하다. 그의 일기는 날짜를 적지 않고 서술하여 검색에 불편하다. 그러나 중국에 관한 관찰의 기록이나 중요 사건들에 관한 서술은 매카트니 일기보다 더 자세하다. 그리고 당시 중국의 정치, 사회에 관한 10종의 통계자료도 첨부하고 있다. 매카트니 연구에 필수 자료 크랜머J. L. Cranmer-Byng, J. L.(1962)의 연구는 매카트니 원본 일기를 완역하였으나 형식이나 순서에 차이가 있다고 반노 마사타카는 고증하고 있다.
45 중국과 영국의 전통적인 광동무역체제에 관해서는 김용구(2006), pp. 288-89.

후술하는 6개 항목 요구를 요약한 문서를 화신에 수교하고 10월 7일 북경을 떠난다. 그는 천진을 경유, 대운하로 나아가 항주를 거쳐 중국 내지의 여행을 마치고 12월 19일 광동성에 도착하였다, 이들은 1794년 1월 8일 광동을 떠나 1월 15일 마카오에 상륙하였다. 3월 17일 상품을 만재한 10여 척의 동인도회사 무역선이 호위하고 영국 귀국길에 올랐다. 당시 영국은 프랑스와 전쟁 중이어서 자국의 화물선을 보호하기 위해서였다. 매카트니는 1794년 9월 4일, 2년 전 영국을 떠났던 포츠머스로 다시 돌아왔다.

(2) 왜 사절단인가

희망봉으로부터 마젤란 해협에 이르는 영국의 동양 무역은 영국 의회의 특허를 받은 동인도회사가 독점권을 갖고 있었다. 이 회사가 중국으로부터 수입하는 주요상품은 차茶와 견絹이었고 중국으로 수출하는 것은 주로 인도의 면화棉花와 면직물綿織物이었다. 그러나 이 두 상품에 대한 중국의 수요는 그리 많지 않아서 영국이나 동인도회사의 입장에서 보면 무역적자의 상태였다.

한편 중국의 차는 영국인 일상생활의 필수품이 되었고 더욱이 1784년 영국정부가 귀정법歸正法Commutation Law을 실시해 차의 수입세를 거의 1/10로 인하하자 중국차의 수입은 비약적으로 증가하게 되었다. 무역적자를 보전

---

46 이런 정신구조는 황제가 영국 사절단이 북경에 들어오는 것을 허용하는 상유에서부터 잘 나타나 있다. 건륭은 1792년 12월 3일 군기대신에 내린 상유에서 英夷 브라운Browne, H. 등 3인이 광동에 와서 청원하길 작년은 대 황제의 80세 생신인데 그들 국왕이 제때 축하를 못해 이제 영국 국왕이 매카트니를 톈진에 보내 공물을 바치려 한다. 그 청원이 간절하니 이를 수락하고 북경의 관문인 천진 항구에 들어오도록 허락한다고 되어 있다. Lo-shu Fu(1966), I, p. 323. "China Approves an English Embassy."

하는 상품으로 훗날 등장한 것이 아편이었다. 영국에게는 중국 시장 개척이 사활의 문제가 되었다. 1792년 당시 유럽대륙은 전쟁의 와중에 있었다. 중세질서의 타파를 선언한 혁명 프랑스는 4월에 오스트리아에 전쟁을 선포하였다.

이런 국제정치적인 여건 속에서도 영국이 중국에 사절단을 파견하게 된 원인에 관해서는 1792년 9월 8일 매카트니에 수교한 훈령[47]에 잘 나타나 있다. 그 주요 내용은 다음과 같다.

① 광동에 머물지 말고 중국의 동부, 북부로 직행해 북경에서 황제를 알현할 것.

알현의 의식에 관한 사세한 문제로 중국 황제나 대신들의 혐오를 사면 안 된다. 영국 국왕의 명예를 손상시키거나 매카트니의 위엄을 손상시키지 않는다면 중국 궁정의 의례를 따를 것.

② 마카트니가 중앙정부와 교섭해야할 사항은 다음과 같다.
㉮ 차의 산지(북위 27도와 30도 사이)와 수입상품(모직물, 인도면화)의 소비지 근처 지방에 안전한 통상기지dépôt로 일정한 지역 또는 한, 두 섬을 양여 받아 영국이 자국민에 대해 경찰권과 사법권을 행사할 수 있도록 할 것.
㉯ 이것이 불가능할 경우 광동무역 제도의 개선을 요구할 것.
㉰ 상주외교사절의 교환을 구할 것.
㉱ 중국이 원하면 우호동맹조약을 체결할 것.

---

47 坂野正高(1975), pp. 312-315.

중국이 이런 요구를 수락할 리 없었다. 화신은 지연책으로 대응하고 중국으로서는 영국이 조공국으로 중국 황제를 알현했다는 사실 하나가 중요한 것이었다. 이에 매카트니는 자신이 받은 훈령의 범위를 훨씬 넘는 요구를 화신에 전달하고는 교섭을 중단한다. 1793년 10월 3일 그는 중국이 도저히 수락할 수 없는 6개 항목의 요구서를 화신에 전달하고[48] 10월 7일 북경을 떠난다.

매카트니 사절단의 요구에 대한 중국의 기본적인 대응은 두 번에 걸친 중국 황제의 상유上諭에 잘 나타나 있다. 첫째로 북경에 영국 사절의 주재를 요구한 매카트니 신임장의 내용에 대한 건륭의 상유이다. 이 상유는 1793년 10월 3일 매카트니에게 전달되었다. 한문으로 기초하고 이를 다시 만주문滿洲文과 라틴문으로 번역해 이들 세 가지 종류의 텍스트를 매카트니에 전달하였다. 라틴문은 야소회 프랑스 신부가 번역하였다.[49] "영국 국왕이 표장表章을 지닌 사절을 바다를 넘어 파견하고 짐(朕)이 그 표문을 보니 공손함을 표시하였다."라고 시작되는 건륭의 상유는 전형적인 중국의 중화사상에 입각해 조공국 사절에 대한 태도로 일관하고 있다.

두 번째 중국 황제의 상유는 매카트니가 화신에게 제시한 6개조 요구에 대한 회답의 성격을 지닌 것으로, 10월 7일에 전달되었다. 이 상유도 영국 요구들을 전면적으로 거부하면서 중화사상의 사고방식과 중국은

---

48 6개 항목은 다음과 같다. 1. 영국 상인이 주산(舟山), 영파(寧波), 천진(天津)에서 무역할 것. 2. 영국 상인이 러시아 인이 이전에 향유한 바와 같이 상품 매매를 위한 창고를 보유할 것. 3. 영국 상인이 주산 근처에 작은 섬을 보유해 상품 저장 창고로 사용토록 할 것. 4. 광동 근처에도 같은 특권을 영국 상인 갖도록 할 것. 5. 마카오와 광동 사이의 통과세를 폐지하던지 1782년 기준으로 인하할 것. 6. 중국 황제가 특허장diploma에서 정한 것 이상의 세금을 영국 상인에 부과치 말 것. 坂野正高(1975), pp. 130-131; Robbins(1908), p. 333.

49 坂野正高(1975), pp. 328-330에 전문이 번역되어 있다. 프랑스 신부들은 원문에 있는 중국적인 중화사상을 완화해 번역하였다.

땅이 넓고 물건이 많아[地大博物] 외국과의 무역이 필요하지 않으나 상대방을 위한 은혜로 무역을 하고 있을 뿐이라는 전형적인 사대질서의 관념을 표시하고 있을 뿐이다.

(3) 소통

영국 대표단으로서는 중국어 통역자 선정이 매우 어려운 일이었다. 영국 제국 내에서 유능한 사람을 발견하기가 불가능하였다. 동인도 회사의 관화인管貨人supercargo들은 몇 년 광동에서 근무 후 귀국해 중국어에 능통치 못한 실정이었다. 그리고 광동에 거주하는 중국인 중 유럽 언어를 아는 자들이 있으나 물품 판매에 관계된 언어의 구사에 국한되어 있어서 다른 문제들에 관해서는 통역을 담당할 수는 없었다.

따라서 고향인 중국을 떠난 중국인으로서 유럽 언어를 아는 자를 유럽 대륙에서 구하는 것이 최선이라고 판단하였다. 스턴튼Staunton이 1792년 1월 유럽으로 떠나 먼저 프랑스에서 구하려고 하였으나 실패하였다. 그는 다시 이탈리아로 발길을 옮겼다. "신앙전도회the Congregation for the Propagation of the Faith"의 안토넬리 추기경Cardinal Antonelli의 도움으로 "나폴리 중국서원의 원장"Curator of the Chinese College in Naples에게 보내는 소개장을 얻어 라틴어와 이탈리아 어에 능숙한 두 사람의 중국인을 구하게 되었다.[50]

이 서원은 1732년 중국인을 훈련해 선교사로 만드는 목적으로 설립되었는데 스턴튼은 Paolo Cho[한문 이름 미상]와 Jacobus Li(Mr. Plumb로 호

---

50 Robbins(1908), pp. 175-176; Staunton, I, pp. 45-47. 한편 중국측 통역은 천문감 A. Rodriguez, 천문감 부감이 담당하였다. Lo-shu Fu(1966), I, p. 326, "Westerners Who Serve as Interpreters Are Promoted."

칭. 李씨 임) 두 사람을 선정하였다. 스턴튼은 두 사람을 대동하고 1792년 5월 영국으로 돌아왔다.

그런데 이들 중국인은 영어를 몰라 매카트니는 이들과 라틴어와 이탈리아어로 대화하였다. Jacobus Li는 시종 충실한 통역의 임무를 수행하였으나 Paolo Cho는 중국에 도착한 이후 계속 선박에 머물러 있어서 통역자로서의 임무를 포기하였다.[51]

영국이 중국에 보내는 문서의 작성도 복잡한 문제였다. 먼저 영어의 원문을 스턴튼 아들의 가정교사로 동행한 휘트너J.C. Hüttner[52]가 라틴어로 번역한다. 중국인 통역자와 중국인 신도가 공문서 양식으로 다시 작성하고 이를 스턴튼의 12세 아들이 한문으로 청서淸書하였다.[53] 문서 청서를 중국인 통역자들이 거부한 까닭은 중국 당국이 문서 작성에 자신들이 관여한 것을 알까 두려워했기 때문이다. 어린 스턴튼이 청서한 초고를 중국인 신도가 확인하고는 파기한다. 청서한 한문 문서를 라틴어 문서를 첨부해 중국측에 교부하였다.[54]

---

51 坂野正高(1975), p. 318, 323.

52 인적 사항에 관해서는 Robbins(1908), p. 177, note 1.

53 이 소년의 자질에 관해서는 Robbins(1908), p. 177, note 2.

54 坂野正高(1975), p. 322.

제8장
저술과 논문 목록

나의 손을 거쳐 쓴 모든 글과 발표문을 집필이나 발표 시기 순서에 따라 적었다. 나를 평가하기 위한 자료라고 생각한다.

1967

「중당中堂 이홍장李鴻章」,『정경연구政經硏究』(한국정경연구소), 10월, pp. 106-110.

1968

「로일전쟁과 포츠머스 강화회담」,『한국일보』, 5월 18일

1969

「서평: 스탠리 호프만 저『"걸리버"의 고민 – 미국외교정책의 Setting』 (1968)」,『국제정치논총』(한국국제정치학회), 9집, pp. 207-212.

「서평: 레이몽 아롱 저『평화와 전쟁』」,『형성』(서울대학교 문리과대학 학생회), 봄호, pp. 129-133.

「미국의 세계정책결정과정; 대 중국 정책결정과정을 중심으로」,『월간 아세아』, 3월호

「민영익과 제2차 한아밀약사건 및 구미견사歐美遣使와의 관계에 관한 소고」,

11월 1일 국제정치학회 월례발표

이용희, 김용구 편, 부록, 「청광서조중일교섭사료清光緖朝中日交涉史料. 한국관계
　　보유韓國 關係補遺」,『국제정치논총』, pp. 102-107.

1970

「레이몽 아롱,『평화와 전쟁』」,『월간 중앙』, 신년호, 별책부록, pp. 29-36.

「한미 상호방위협력체제의 향방」,『정경연구』, 8월호, pp. 36-45.

「동남아 사태와 한국의 입장」,『중앙행정』(중앙행정협회), 6월. pp. 14-17.

1971

「일본소재 한국외교사관계 주요미간문서목록」,『국제정치논총』(한국국제정치
　　학회), 11집, pp. 59-84.

1972

『전쟁과 평화』, J. J. 루소 저, 번역, 194 pp. 을유문고 87, 서울: 을유문화사,
　　194 pp.

「한말의 정치적 상황」,『지성』, 2월호, pp. 38-57.

「서평: 이광린 저『개화당 연구』」,『역사학보』, 56집, pp. 97-100.

「서평: 레이몽 아롱 저『평화와 전쟁』」,『대학신문』(서울대학교), 4월 24일.

「"시론", 닉슨의 소련 방문」,『대학신문』(서울대학교), 5월 29일.

「좌담: "한국의 사상", 이광린, 김영모, 김용구 교수」,『한 국일보』, 7월 12일.

「경제공존의 현실화―일-중공수교회담의 배경」,『한국일보』, 9월 27일.

「창간 26돌 기념 김용구 교수 대담 홍이섭 교수―오늘의 상황, 한말 때 비슷」,
　　『경향신문』, 10월 6일.

1973

「평화공존원칙과 소련 국제법이론」,『논문집』(서울대학교 국제문제연구소), 창간
　　호, pp. 83-111. * 창간호는 1973년이 아니라 1975년에 발행되었다. 본문
　　에서 자세히 밝혀두었다.

「소련의 대對 아세아 외교亞細亞外交와 한반도韓半島」, 『국제문제』(극동문제연구
소), 8월. pp. 66-71.

「현대 소련 국제법 이론의 동향」, 『문학과 지성』, 가을호, pp. 521-542.

「관악캠퍼스에 기대한다. 중앙도서관」, 『대학신문』(서울대학교), 11월 5일.

1974

「한말 외교사 관계 연속 좌담」, 『서울평론』, ① 제41호, 8월 22일, 「개국외교」,
박준규, 이광린, 김용구, 신승권, ② 제45호, 9월 19일, 「구한말외교의 재평
가」, 박준규, 이관린, 김용구, 최창규, ③ 제57호, 12월 12일 「청일전쟁과 경
제관계의 다변화」, 박준규, 이광린, 김용구, 안병직, ④ 제62호, 1975년 1월
23일, 「한반도에서의 로일의 각축」, 박준규, 이관린, 김용구, 안병직, ⑤ 제66
호, 1975. 2. 20. 「로일전쟁과 한정의 종언」, 박준규, 이광린, 김용구, 안병직.

1975

「사회주의 국제주의와 소련 국제법 이론」, 『논문집』(서울대학교 국제문제연구소),
2호, pp. 37-65.

1976

「소련 국제법 이론과 중공 국제법 이론의 비교연구」, 학술재단 연구용역 결과
보고서

1977

「좌담: 르 몽드 주필 퐁텐씨가 보는 미래상. 파리에서 서울대 김용구 교수와
대담」, 『한국일보』, 10월 9일.

「미 대통령 검토각서 10호. 미국의 대한방위전략과 관련하여」, 『대학신문』(서
울대학교), 9월 19일.

"민족사의 이념 대학술대회", 국토통일원 주최, 토의 참여, 「종합토론 평가요
지」 작성. 11월 26일.

1978

「소련국제법이론-문헌목록」, 『논문집』(서울대 국제문제연구소), pp. 85-193.

「전통적 민족개념과 공산권 민족개념 비교연구」, 국토통일원 보고서, 40 pp.

「남북의 민족이념-이론-그 개념 설정을 위하여」, 국토통일원 학술회의 발표, 11월 1일.

「워싱턴 평양 관계와 3자회담」, 『대학신문』(서울대학교), 4월 24일.

『이질체제간의 협력가능성』, 국토통일원 정책보고서, 80 pp.

1979

『소련 국제법이론 연구』, 서울: 일지사, 183 pp.

『중소국제법이론 및 러시아·소련의 한말외교사연구-문헌목록』, 서울: 서울 대학교 출판부, 신국판, 347 pp.

「서평, 박태근」, 『경향신문』, 1980년 2월 13일.

「소련의 동북아 정책」, 『사회과학과 정책연구』(서울대학교 사회과학연구소), 1권 2호, pp. 61-68. *이르쿠츠크Irkuzk 대학의 보리스 팍Pak, Boris 교수가 『러 시아와 조선Rossiya i Koreya』저서를 발표하였다. 나는 곧 이 저서 번역에 착수 하였다. 대학 노트에 원 저서 pp. 5-175까지 상당 분량을 적어놓았으나 발 간에 이르지는 못하였다.

1980

「소련연구 자극할 반가운 자료, 김용구 1979년 저서 서평」, 박태근, 『경향신 문』, 2월 13일.

「신생제국의 국제법관-중공의 국제법체계 논쟁을 중심으로」, 『논문집』(서울 대학교 국제문제연구소), 6호, pp. 51-62.

「동북아 자원 문제의 성격-시베리아의 에너지를 중심으로」, 『논문집』(서울대 학교 국제문제연구소), 6호, pp. 119-128.

「정책연구」, 『조선일보』, 11월 4일.

「교수상」, 『조선일보』, 11월 12일.

「정신적 유행」, 『조선일보』, 11월 19일.

「교편과 교단」, 『조선일보』, 11월 28일.

1981

「소련의 동북아 정책」, 『사회과학과 정책연구』(서울대학교 사회과학연구소), III권
    3호, pp. 1-54.

「소련 태평양 함대의 현황」, 『사회과학과 정책연구』(서울대학교 사회과학연구소),
    3/2, pp. 77-102.

「소련 대내외 정책의 추이」, 『대학신문』(서울대학교), 3월 16일.

1982

『그라바르 러시아 국제법사』(번역), 서울: 박영사, 317 pp.

    1. 「화제의 책」, 『동아일보』, 11월 3일.

    2. 「소개」, 『조선일보』, 11월 9일.

「소련의 군사비 지출의 추세와 전망」, 『논문집』(서울대학교 국제문제연구소), 7호,
    pp. 243-257.

1983

「신입생에게 주는 글; 착각에서 벗어나라」, 『대학신문』(서울대학교), 3월 2일.

「소련연구에의 제언」, 『대학신문』(서울대학교), 10월 24일.

「소련의 외교 개념」, 서울대학교 사회과학대학 국제문제연구소 주최 "현대 외
    교 개념의 제문제諸問題" 세미나 발표논문 10월 27일~28일.

『일본의 군사연구－자위대 전력의 실증적 연구』. *하영선 교수와 공동집필.
    한국연구재단이 설립되면서 그 자료실에 비치할 도서 목록을 문교부의 요
    청으로 내가 작성하였다. 이에 문교부에서 연구비를 지급해 집필한 글이다.

1984

"The Introduction of Western International Law Theories to Korea,
    1876-1910," The Association of Korean Studies in Europe, Durham,
    England, 4월 12~17일 학술대회 발표논문

「공산권에 있어서의 외교 개념―소련의 외교 개념을 중심으로」,『논문집』(서울대학교 국제문제연구소), 8호, pp. 97-108.

「소련의 한국전쟁 해석」,『논문집』(서울대학교 국제문제연구소), 8호, pp. 143-153.

1985

「서양 선교사들이 본 한국 인상」, 국제문제연구소 주최 "국제화 시대의 민족의식 정립을 위한 연구" 워크숍 발표논문;『논문집』(서울대학교 국제문제연구소), 9호, pp. 35-49.

「자위대 전력의 역사적 고찰」,『논문집』(서울대학교 국제문제연구소), 9호, pp. 123-149.

1986

「냉전의 기원과 수정주의; 수정주의 주장의 비판적 검토」,『논문집』(서울대학교 국제문제연구소), 10호, pp. 69-88.

1987

「서평: 박준규 저『한반도 국제정치사론』(서울: 서울대학교출판부, 1986)」,『국제정치논총』(한국국제정치학회), 27집 2호, pp. 309-311.

1988

「시베리아 개발과 서방의 기술·자본도입 문제」,『사회과학과 정책연구』(서울대학교 사회과학연구소), 9집 3호, pp. 25-50.

1989

『세계외교사(상)―빈 회의에서 1차대전 전야까지』, 서울: 서울대학교출판부, 482 pp.

「국제관계 우리입장서 보고 싶었다. 국내책 너무 미美시각편중 가슴아파,『세계외교사』쓴 서울대 김용구 교수」,『동아일보』. 1989년 9월 11일.

「새 학회연도를 맞이하면서」, 한국국제정치학회『학회소식』, 3월 20일.

1990

『세계외교사(상 하)』, 서울: 서울대학교출판부.

  1. 최상용 서평「학적 훈련으로 쓴 본격 외교사, 소蘇자료 포함 방대한 사료
     수록」,『조선일보』, 7월 19일.

「중국 국제법 소고」,『정치학의 전통과 한국 정치. 인산 김영국 박사 화갑기념
   논문집』, 서울: 박영사, pp. 200-214.

1993

『세계외교사』(상) (하) 2책 합본, 서울: 서울대학교출판부.

「한국 전쟁과 소련」,『논문집』(서울대학교 국제문제연구소), 17호, pp. 31-41.

「서양 국제법 이론의 조선 전래에 관한 소고(1)」,『태동고전연구』(한림대학교 부
   설 태동고전연구소), 10집, pp. 499-522.

「황해시대를 이끄는 잡지가 되길」,『황해문화』, 새얼문화재단, 창간호(12월),
   pp. 22-23.

1994

『러시아 국제법』, 서울: 서울대학교출판부, 137 pp.

1995-1996

『한일외교미간극비사료총서』(편), 50책, 성남: 아세아문화사.

1.「강화조약-구한말 외교자료집 출간」,『조선일보』, 1995년 12월 29일.

1996

『러시아 국제법학의 전통』, 서울: 집문당, 167 pp.

『한국 외교사 연구. 기본 사료-문헌 해제』(공편), 파주: 나남, 646 pp.

1.「소개」,『조선일보』, 7월 12일.

「자료해제; 한일외교미간극비사료총서」,『동북아』(동북아문화연구원), 3집(봄, 여

름), pp. 277-301; 4집, pp. 289-296.

1997
『세계관 충돌의 국제정치학』, 파주: 나남, 332 pp.
1. 「100년전 동서충돌에서 배운다」, 『문화일보』, 12월 3일.
2. 「우리 관점서 국제법 적용 정당성 평가」, 『중앙일보』, 12월 14일.
3. 「서평, 이근관」, 『서울국제법연구』(서울국제법연구원), 1999, 6권 1호, pp.
   249-262.
『춤추는 회의. 비엔나 회의 외교』, 파주: 나남, 238 pp.
1. 「비교국제관계사 시리즈 첫 권」, 『조선일보』, 4월 2일.
2. 「춤추는 회의」, 『문화일보』, 4월 30일.
『세계외교사』, 전정판, 서울: 서울대학교출판부, 957 pp.
「중국 학계의 국제법 연구 동향」, 『논문집』(서울대학교 국제문제연구소), 21호, pp.
   1-54.
「동주 이용희선생님 영전에…동주학의 전통을 이으렵니다」, 『중앙일보』, 12월
   6일.
「동-서양 작가가 본 1587년」, 『조선일보』, 11월 22일.

1998
「조선에 있어서 만국공법의 수용과 적용, 1870년대~1910」, 일본 동아시아학
   회 제3회 대회, 와세다 대학 오노小野 강당에서 발표. 6월 20일.

1999
「조선에 있어서 만국공법의 수용과 적용」, 『논문집』(서울대학교 국제문제연구소),
   23호, pp. 1-25.
「朝鮮における萬國公法の受用と適用」, 『東アジア近代史』(日本東アジア近代史
   學會), 第2號, pp. 27-44.
「후배와의 서신 교환. 김형오: 김용구 선생님께, 한길로 가시는 선생님, 든든
   합니다. 김용구: 김형오 의원에게, 자네는 한국 정치의 자존심이네」, 『정

치-외교 동창회보』 48호, 9월 1일.

2000

「세계외교사를 왜 배우나」, 한국정치학회소식, 4월 25일, pp. 6-7.

「관악캠퍼스 25년」, 『대학신문』(서울대학교), 10월 2일.

「나를 바꾼 지知의 순간」, 『조선일보』, 10월 6일.

「도인에 이른 청명 선생님을 기리며」, 『학의 몸짓으로 높이 멀리. 청명 임창순
　　선생 추모집』, 파주: 한길사, pp. 137-141.

2001

『세계관 충돌과 한말외교사, 1866-1882』, 서울: 문학과지성사, 477 pp.

　　1. 「오해와 굴절로 점철된 근대 외교사의 진상」, 『출판저널』, 6월 5일.

　　2. 「한말외교사 펴낸 김용구 교수」, 『조선일보』, 5월 29일.

　　3. 「변경의 사고방식 극복이 한국 지성인의 과제」, 『교수신문』, 5월 28일.

　　4. 「열강들 문명 분석 한말정세 풀이」, 『문화일보』, 5월 16일.

　　5. 「우리의 대외인식태도, 오지사고방식이 지배」, 『한국일보』, 5월 18일.

　　6. 「우리의 입장에서 국제정치 보아야 할 필요성 호소」, 『정치, 외교학과 동
　　　　창회보』, 9월 1일.

『영구평화를 위한 외로운 산책자의 꿈. 루소와 국제정치』, 인천: 원, 206 pp.

　　1. 「전쟁과 인류에 대한 루소의 통찰력」, 『중앙일보』, 4월 7일.

　　2. 『조선일보』, 1월 27일.

　　3. 『대학신문』(서울대학교), 3월 5일.

The Five Years' Crisis, 1866-1871. Korea in the Maelstrom of Western
　　Imperialism, Incheon: Circle, 170 pp.

　　1. 『대학신문』(서울대학교), 12월 3일.

「(김용구 교수) 책 향기 가득한 서가에서, 에르므농 빌의 꿈을 이루다」, 『대학신
　　문』(서울대학교), 4월 30일.

「대외 인식의 역사적 질병」, 한림대학교 한림과학원 수요세미나, 9월 5일.

「국제법의 조선 전래에 관한 문제들」, 규슈九州 대학 주최 국제심포지엄 발표

논문, 12월 14일.

「19세기 유럽 공법의 동양 전파자들」, 규슈 국제법학회 논문 발표, 12월 16일

「학문의 길은 아직 멀다」, 『정치사상사학회보』(한국·동양정치사상사학회), pp. 15-17, 12월 1일.

「흥선대원군 청 유폐시절 친필쪽지」, 『고미술저널』 창간호, 7월 2일.

2002

"외교사란 무엇인가," 서울대학교 정년퇴임 강연, 서울대학교 박물관 강당, 8월 29일.

『외교사란 무엇인가』, 인천: 원, 185 pp.

   1. 「구미중심 역사기술은 가라. 우리 눈높이로 본 '외교사'」, 박상섭, 『동아일보』, 9월 28일.

   2. 『대학신문』(서울대학교), 10월 7일.

「번역의 국제정치 ― 19세기 한국 정치사의 주변적 성격」, AKSE 회의 참가 신청 논문, 8월 3일 작성

「국제법의 조선 전래에 관한 몇 가지 문제들」, 규수九州대학 학술대회 발표 논문 12월 14일, 야나기하라柳原正治, 『開港期 韓國における不平等條約の實態と朝鮮-大韓帝國の對應』, pp. 14-24.

「19세기 유럽 공법의 동양 전파자들」, 일본 구주 국제법학회 발표논문, 12월 16일.

「퇴임교수 인터뷰; 사회의 방향 제시할 지식인 돼야」, 『대학신문』(서울대학교), 8월 26일.

「퇴임 후 한국외교사 사전 만들 것」, 김용구 서울대 외교학과 교수 고별강연, 『조선일보』, 8월 30일.

「정년 교수를 대표한 답사」, 서울대학교 문화회관 정년퇴임식, 8월 30일.

「학문의 길은 나에게 무한한 행복이었다」, 『서울대학교 동창회보』, 9월 1일.

「학문엔 정년 없어 ― 한말외교사 완결할 것」, 『동아일보』, 9월 3일.

「지적 기반 확립이 학계의 과제」, 『교수신문』(서울대학교), 9월 16일.

「자주적인 외교사 정리가 가장 시급」, 『서울대학교 동창회보』, 10월 15일.

「권두기고: 새로운 외교사 연구를 위하여」, 『한국국제정치학회 학회 소식』, 10월 30일.

「외교사란 무엇인가?」 『서울고등학교 동창회보』, 11월 1일.

2003

「외교사 연구와 한국의 국제정치학」, 『대한민국학술원 통신』, 2003년 5월 1일, pp. 4-5.

「『만국공법』 초판본과 『공법신편』에 관하여」, 부산대학과 규슈대학 합동학술회의, 부산, 12월 6일.

「한국의 국제정치학사」, 『한국정치학회50년사』, 한국정치학회 편, pp. 279-308. 나의 이 논문 후편으로 박상섭 「국제관계 연구 10년」, 『한국정치학회 60년사』(증보분) 2003-2013이 있다.

「한국 국제정치학사」, 한국 정치학회 발표, 10월 17일.

「미국과 이라크」, 『대학신문』(서울대학교), 9월 29일.

「국제정치학 세대간의 만남」, 『중앙일보』 11월 6일.

2004

"국제정치와 오해," 한림대학교 한림의료원 소속 병원 순회강연, 3월.

「'창조'의 국제정치학 ─ 한국외교사의 새로운 방향을 위하여」, 한림대학교 한국학연구소 발표, 4월 28일.

『임오군란과 갑신정변 ─ 사대질서의 변형과 한국외교사』, 7월, 인천: 원, 347 pp.

　1. 「서평」, 박상섭, 『대한민국학술원 통신』, 9월 1일.

　2. 『동아일보』, 7월 10일.

　3. 「개항기 외교사 5부작 펴내는 김용구 교수」, 『조선일보』, 8월 2일.

　4. 『출판저널』 8월, p. 98,

『장 자크 루소와 국제정치』, 도서출판 원, 8월. 이 책은 2001년에 출간된 『영구평화를 위한 외로운 산책자의 꿈 ─ 루소와 국제정치』의 개정판이다.

　1. 『조선일보』, 10월 30일.

　2. 『동아일보』, 9월 18일.

"국제정치와 오해". 2월. 2003년에 한림대학교 특임교수로 부임하자 한림의
료원 소속 병원의을 순회하면서 특강을 시행하였다.

「나의 책(세계관 충돌과 한말 외교사)을 말한다」, 『한국사 시민강좌』(이기백, 책임편
집, 일조각), 34집, pp. 193-204.

「자주와 동맹은 보완관계」, 『조선일보』, 1월 17일.

「아시아의 장래는 있는가」, 신아연 춘계세미나 기조연설, 5월 28일, NARI,
pp. 4-5.

「나의 중심개념. 한국외교사의 새로운 연구를 위한 하나의 제언」, 성균관대학
교 한국철학연구소, 6월 26일.

「제문사답」, 서울대학교 외교학과 연구실에서, 8월 6일; 「제자, 스승에게 길
을 묻다」, 『조선일보』, 8월 31일. 『제자, 스승에게 길을 묻다』 서울: 민음사,
2006, pp. 278-295.

「신도성 회원(pp. 314-316), 신기석 회원(pp. 329-332), 이용희 회원(pp. 337-
341)」, 『앞서가신 회원의 발자취』 대한민국학술원.

2005

「거문도 점령과 유럽 공법」, 일본 규슈대학 발표, 2월 19일.

「신임교수에게」, 서울대 호암관에서 발표, 2월 24일.

「한국 역사철학 사전 만들겠다」, 『동아일보』, 5월 11일.

「한국학 메카로 자리 잡겠다」, 『강원일보』, 5월 5일.

「한림과학원장에 김용구 교수」, 『강원도민일보』, 5월 6일 한림과학원 발전계
획 발표. 5월 27일.

「한림과학원 발전계획 발표」, 김용구 한림과학원장 취임을 위한 한림대학교
특임교수 전체 회의. 안동에서 발표.

「대한민국학술원 주최 제32회 국제학술대회 기조연설, 국제질서와 동북아의
미래」, 『대한민국학술원 통신』, 11월 1일; 대한민국학술원, 『국제질서와 동
북아의 미래』, pp. 11-19.

2006

제1차 "개념사 사전" 편찬사업 워크숍, 2월 16일-17일.

『세계외교사』, 개정판, 5월. 크라운판, 서울: 서울대학교 출판부, 935 pp.

  1. 「국제분쟁 뒤에는 문명 충돌이 있다」, 『조선일보』, 6월 10일.

  2. 「외교는 문명간 파워게임, 자주보다 국익 우선해야」, 『동아일보』, 6월 19일

  3. 「서평」, 전재성, 『대한민국학술원 통신』.

Korea and Japan. The Clash of Worldviews, 1868-1876, Incheon: Circle,
  170 pp.

  1. 「문화브리핑」, 『동아일보』, 12월 13일.

「한국외교사 연구의 창조를 위하여」, 서울대학교 국제문제연구소 강연, 4월
  24일.

「한림대 한림과학원 수요세미나 200회. 학문에는 정년이 없다 '입증'」, 『강원
  일보』, 4월 24일.

「한림과학원 한국 개념사 사전 편찬」, 『강원일보』, 5월 16일.

「한국적 개념에 대한 고고학적 탐사 시작」, 『교수신문』, 5월 23일.

「개념사 연구. 김용구 한림과학원장」, 『연합뉴스』, 5월 25일.

"한국 인문-사회과학의 개념사 연구, 왜 필요한가", 개념사 사전 – 인식론과
  방법론을 찾아서 – 심포지엄 기조강연, 한림국제대학원대학교, 5월 26일.

「150년간 왜곡된 개념정리」, 『조선일보』, 6월 19일.

「'만국공법' 항목 집필 계획」, 개념사 워크숍, 춘천 두산 리조트, 8월 21일.

「동東과 서西의 갈등 – 우리는 어디에 서 있는가?」 『지식의 지평』, 창간호(12월)
  pp. 11-27.

김용구, 전재성. 「기술과 이념의 외교를 넘어 철학의 외교로 나아가자」. 『제자,
  스승에게 길을 묻다』(이선민, 최홍렬 엮음) pp. 278-295.

「외교학과와 나의 학문」, 『서울대학교 외교학과 50년사』

2007

「책을 내면서」, 『고병익·이기백의 학문과 역사 연구』, 한림과학원 엮음, pp.
  5-7.

「한. 중. 일 연구 허브 만들겠다」, 『강원도민일보』, 11월 20일.

「만국공법」, 워크숍, 12월 7일.

2008

「국제관계와 신뢰」, 김인영 외 지음 『동북아의 신뢰와 민주정치, 신뢰와 평화』,
　　pp. 183-210.

「번역의 국제정치학」, 『개념과 소통』, 여름, 창간호, pp. 5-23.

『만국공법』, 224 pp. 『한국개념사총서』 1, 서울: 소화.

　1. 「서구와 다른 '국경' 개념 알리면 독도 문제 설명도 한결 쉬워지죠」, 『동
　　아일보』, 9월 8일.

　2. 「공법에 밝은 자들이 어찌 거문도를 점령하는가」, 『조선일보』, 9월 13일

　3. 「만국공법의 비밀을 벗긴 책」, 김효전, 『대한민국학술원 통신』, 183호, 10월
　　1일.

　4. 「서평」, 한상희, 『서울국제법연구』, 2009년 1호, pp. 347-387.

　5. 2008년 이후 발간된 『한국개념사총서』의 발간사

초대석, 「국권침탈에 대한 세계의 시각 알 수 있을 것」, 『동아일보』, 11월 10일

「조선 망국 밝힐 외교문서」, 『한겨레신문』, 11월 13일.

외교문서회의 개회사, 외교문서편찬 사업의 의의,

　　　　, 조선·이질 문명권의 충돌(1866~1871)과 열강의 외교문서 : 중국, 일
　　본, 미국, 영국, 러시아. 11월 14일.

2009

『거문도와 블라디보스토크. 19세기 한반도의 파행적 세계화 과정』, 서울: 서
　　강대학교출판부, 4월 10일, 201 pp.

　1. 「1885년 거문도 사건의 진실은…」, 『동아일보』, 4월 18일.

　2. 「조선은 구경꾼이었던 '거문도 사건」, 『조선일보』, 4월 25일.

　3. 「거문도와 블라디보스토크: 19세기 한반도의 파행적 세계화 과정」, 이근
　　욱, 『대한민국학술원 통신』, 191호, 6월 1일.

『근대한국외교문서』 제1권 제너럴 셔먼호 사건·병인양요, 제2권 오페르트 사

건·신미양요. 동북아역사재단

제1권, 서문 pp. VI-VII, 제2권 서문 pp. VI-VII.

1. 「청淸, 열강 압력에 마지못해 조선개항 개입」, 『동아일보』, 11월 19일.

2. 「조선이 쓴 강화도조약」, 『경향신문』, 11월 18일.

3. 「근대한국외교문서 출간은 외교사 연구의 독립선언」, 『조선일보』, 11월 18일.

4. 「조선이 쓴 강화도 조약」, 『경향신문』, 11월 18일.

「베르사유 체제의 역사적 의의와 한반도」, 3.1운동 90주년 기념 동북아역사재단 주최 학술대회, 3월 9일.

「민족 개념사 역사적 고찰. 한국 인문학 새 지평 전개」, 『강원도민일보』, 2월 16일.

「세계외교사와 한국외교사의 접합과 괴리」, 서강대학교 강연, 12월 10일.

2010

「조선책략」, 한림대학교 한림과학원 편, 『동아시아 개념연구 기초문헌해제』, pp. 12-15.

「베르사유 체제의 역사적 의의와 한반도」, 『3·1운동과 1919년의 세계사적 의의』, pp. 207-241, 동북아역사재단. 12월.

〈용재상 수상 소감〉, 3월 9일 오후 4시

「용재상 상금, 대학에 기탁」, 『중앙일보』, 3월 31일, 『동아일보』 3월 31일, 『강원일보』, 3월 31일, 『강원도민일보』, 3월 31일, 『경향신문』, 3월 31일, 『한겨레신문』 3월 31일, 『매일경제신문』, 3월 31일, 『서울경제』 3월 31일, 『교수신문』 3월 30일, 『대학저널』 3월 30일, 『연합뉴스』 3월 31일.

「용재 백낙준 박사와 대외관계사」, 연세대학교 국학연구원 발표, 3월 25일.

2011

「유럽 외교 개념과 동북아 3국」 일본 규슈대학 법학부 특강, 7월 1일.

「"영국의 거문도 점령 재고"와 "영토개념 단상"」 일본 규슈대학 법학부 특강, 7월 2일.

「외교 개념 연구」, 『대한민국학술원논문집』, 인문·사회과학편, 50집 1호, pp. 245-274.

2012

「동아시아 근대의 기원과 형성 과정 추적」, 『교수신문』, 8월 27일.

인터뷰, 「개념지도로 세계학계에 충격줄 것」, 『교수신문』, 8월 27일.

『근대한국외교문서』, 제3권 조일수호조규, 제4권 조미수호통상조약, 제5권 조영수호통상조약, 12월 10일.

　제3권 서문, pp. VI-VIII.

　제4권 서문, pp. VI-VIII.

　제5권 서문, pp. VI-VIII.

2013

『약탈제국주의와 한반도. 세계외교사 흐름 속의 병인·신미양요』, 인천: 원, 3월.

　(1) 「병인·신미양요는 전쟁이 아닌 침략이었다」, 『강원일보』, 4월 13일

　(2) 「스스로 약자 취급한 '오지' 사고, 반미 시위 낳았다」, 『조선일보』, 4월 17일. * 이 기사는 내가 말하는 오지사고의 특징을 잘 요약해 주었다. ① 세계정치의 본질을 스스로 판단할 수 없어 남의 눈으로 대신하려는 타율성 ② 세계정치 중심지역의 문화만을 수용할 뿐 주변에 대한 인식 부족 ③ 외래 사상·제도가 실패할 때 그 책임을 수용자가 아니라 외부에 전가.

「동주 이용희의 생애와 업적」, 『서울대학교 대학원 동창회보』, 제19호, pp. 24-28.

『근대한국외교문서』 1~5책 대한민국학술원 우수도서 선정 기념 인터뷰, 『동북아역사재단 뉴스』, 8월호, pp. 616-819.

『世界觀衝突的國際政治學 —東洋之禮與西洋公法』, 金容九 著 權赫秀 譯, 中國社會科學出版社, 10월

『근대한국외교문서』 6, 7권. 임오군란, 서울: 서울대학교 출판문화원, 12월.

　제6권 간행사, pp. V-VI.

　제7권 간행사, pp. V-VI.

「길영희교장선생님, 제물포의 정신적 지주」, 『길영희 선생 추모 문집』, 제7정
　판(2013년 9월), pp. 257-259.

2014

직격 인터뷰 「송호근 묻고 김용구 답하다. 국가는 독주, 법은 안 먹히고…우리
　는 아직 중세국가」, 『중앙일보』, 6월 18일.
위 인터뷰 6월 5일 시행. 인터뷰를 위한 준비물.

2015

『近代韓國外交文書』 8~11, 갑신정변, 4책, 서울: 서울대학교출판문화원.
　제8권 간행사, pp. V-VII.
　제9권 간행사, pp. V-VII.
　제10권 간행사, pp. V-VII.
　제11권 간행사, pp. V-VII.

2016

발간사, 『일송 윤덕선 평전』, 서울: 민음사, pp. 5-8.

2017

「한국, 중국의 일부' 주장은 1880년대 형성된 역사적 질병」, 『조선일보』, 4월
　26일.

2018

『러시아의 만주·한반도 정책사, 17~19세기』. 서울: 푸른역사, 187 pp.
　1. 『교수신문』, 4월 30일
　2. 『한겨레』, 5월 31일
　3. 『연합뉴스』, 6월 1일
　4. 『아시아경제』, 6월 1일
　5. 『매일경제』, 6월 1일

6. 『중앙선데이』, 6월 2일

7. 『조선일보』, 6월 2일

8. 『레디앙』, 6월 3일

9. 『교수신문』, 6월 4일

10. 『조선일보』, 6월 8일

11. 『국제신문』, 6월 8일

12. 『동아일보』, 6월 9일

13. 「만국에 적용되지 않았던 '만국공법'. 전성원의 '길 위의 독서'」, 『한겨레』, 11월 16일.

2020
『잊혀진 동아시아 외교사 전문가들』, 서울: 푸른역사, 187 pp.

발표 일정 미상
「외교와 Diplomatie, Diplomacy. 19세기 국제정치 용어들의 충돌(20-21세기: 공산주의 개념, 이슬람 siyar)」

해제

담여 김용구 교수와 한국외교사

김종학(국립외교원 조교수)

1. 한국외교사 연구의 기원과 과제

외교사diplomatic history란 외교문서의 분석에 기초하여 조약, 전쟁, 교역 등 국가 간 관계의 역사를 연구하는 학문을 말한다. 국제관계에 관한 역사서술은 물론 『춘추春秋』나 『펠로폰네소스 전쟁사』와 같은 고대 역사서에서도 찾아볼 수 있지만, 외교사가 고유한 방법론을 가진 학문분과로 정립된 것은 19세기 후반 랑케Leopold von Ranke에 이르러서였다. 랑케의 주요한 공헌 중 하나는, 역사서술을 아마추어 교양인의 문필활동이 아니라 사료의 전문적 독해능력을 갖춘 역사학자들의 조직적 지식탐구 영역으로 바꾼 데 있었다. 또한 그는 역사의 주체를 국가와 민족으로 설정하고 경제·문화·종교 등 제반 사회영역에 대한 정치외교사의 상대적 우위를 주장하였다. 이에 따라 랑케와 그의 제자들은 역사의 진리가 국가 문서고에 감춰진 문서들에 있다고 믿고 그 발굴과 실증적 연구에 주력했다. 외교사학의 전통적인 특징, 즉 연구는 기본적으로 국가문서고 자료official archival material에 기초해야 한다는 인식은 이로부터 연유한 것이다.

이 회고록에서도 여러 차례 강조된 것처럼, 제1차 세계대전은 외교사 연구의 가장 기본적인 자료인 외교문서집이 대량으로 발간되는 계기를 제공했다. 1917년 볼셰비키 혁명으로 수립된 공산국가 소련이 그 체제 정당성을 입증하기 위해 제정 러시아 시대의 비밀조약과 외교문서를 공표한 것은 유럽 각국에 큰 충격을 주었다. 이어서 전후戰後 이른바 전쟁책임 문제와 관련하여 독일 정부의 외교문서가 공간되자 오스트리아, 터키와 같은 패전국은 물론이고 영국, 프랑스, 벨기에 등 전승국까지 대전 외교문서를 체계적으로 편찬, 간행하기 시작했다. 이러한 현상은 주요 정책결정자의 일기, 회고록, 서한 같은 사문서의 발간으로까지 확대됐다. 이처럼 과거에는 국가의 비밀 문서고에 비장秘藏되어 극소수의 정부 관계자만 열람할 수 있던 사료가 민간에도 풍부하게 제공되자, 외교사 연구 또한 아연 활기를 띠고 급속한 발전을 이룩한 것이다.

이러한 현상은 동아시아에도 파급되었다. 일본 외무성이 1930년대 들어 『구조약휘찬舊條約彙纂』과 메이지 시기 외교문서집인 『대일본외교문서大日本外交文書』의 발간에 착수한 것이 그 대표적 예다. 이와 함께 대학에서도 외교사 연구와 교육이 본격적으로 시작됐다. 예컨대 도쿄제국대학의 경우 법과대학에서 처음 외교사 강좌가 열린 것은 1904년이었지만, 그 내용은 조약과 국제제도 등 국제법에 치중되었다. 그러다가 1930년대 들어 다보하시 기요시田保橋潔를 필두로 와타나베 가쓰미渡邊勝美, 오사타케 다케키尾佐竹猛, 야노 진이치矢野仁一 등 신진학자가 외교문서의 실증적 분석에 기초하여 조일朝日, 중일中日 관계에 관한 새로운 연구 성과를 발표하기 시작했다. 또 같은 시기 중국에서도 장팅푸蔣廷黻를 시작으로 왕이성王芸生·샤오쑨쩡邵循正·왕신쭝王臣忠 등이 중일관계, 청불전쟁, 청일전쟁 등에 관한 외교사 연구 분야를 개척하였다.

그렇다면 한국에서의 외교사 연구는 어떠했는가? 일제 치하에서 한국인에 의한 한국외교사 연구가 사실상 어려웠을 것은 쉽게 상상할 수 있다. 1924년에 경성제국대학이 창설되고 1928년에 외교사 강좌가 설치되었지만, 이는 오쿠다이라 다케히코奧平武彦, 다나카 나오키치田中直吉 등 일본 관학자의 담당이었다.(伊藤信哉, 『近代日本の外交論壇と外交史學』, 東京: 日本經濟評論社, 2011) 또 경성제대 교수 다보하시 기요시가 조선사편수회의 촉탁으로 『조선사』 제6편(순조~고종)의 편수를 담당한 데서도 알 수 있듯이, 이들 일본 관학자들은 조선총독부의 행정력을 배경으로 조선 사료를 거의 독점하다시피 했다.

이들의 관심은 오직 일제의 한국 식민지 정책에 부응하여 한말 외교의 성격을 '일본화'하는 데 있었다. 규장각과 장서각 문고조차도 그 전유물이 되어, 한국인 연구자는 오직 일본인의 연구에서 인용한 것이나 일본 간행물에서 그 일단만을 엿볼 수 있을 뿐이었다. 한편, 영미 학계 및 선교사와 언론인 등에 의한 한국외교사 연구도 있었지만, 이는 자국의 자료에 전적으로 의존한 것으로 그 정부의 대한인식이 무조건 전제되었다.(이용희 편, 『근세한국외교문서 총목: 외국편』, 대한민국 국회도서관, 1966. 「서문」)

1945년의 해방은 한국인 연구자들에게 학문의 자유, 국내 자료의 접근, 새로운 문서의 발굴 가능성을 약속하는 것이었다. 해방 직후부터 서울대학교(1945~1946년 경성대학)를 비롯한 주요 대학에는 「외교사」·「조선외교사」·「국제조직론」·「식민론」·「동양외교사」·「서양외교사」·「국제법」 등 외교사 관련 강좌가 개설되었다.(손제석, 「국제정치학의 연구 및 대학교육경향」, 『한국국제정치학회보』 제2집, 1967) 그리고 문일평文一平·이기범李奇範·강덕수康德秀·민태원閔泰瑗·김상기金庠基·유자후柳子厚 등에 의해 한국외교사 연구서가, 신기석申基碩·박봉양朴鳳陽·강상운姜尙雲·박관숙朴觀淑 등에 의해 교재가 발표됐다. 이와 함께 매킨지Mckenzie, F.A.의 *Tragedy of Korea*(1908, 첫 번역서는 1946년 발간)를 비롯하여 한말 외교사에 관한 구미

서적이 다수 번역되기 시작했다.

그러나 곧이어 발발한 한국전쟁으로 인해 이후 10년간 한국외교사 연구는 답보 상태를 면하기 어려웠다. 무엇보다 외교사 연구는 다른 학문분과와 달리 방대한 외교사료가 정비된 여건하에서만 가능한 학문이지만, 당시 학계의 실정은 외국의 외교문서나 미간문서는 물론, 국내 사료조차도 제대로 정비되지 못한 상황이었다. 그러다 1960년대에 이르러 비로소 정부 기관의 용역으로 본격적인 사료 발굴과 정비가 이뤄지기 시작했다. 외무부가 편찬한 『구한말외교문서』(1960)와 고려대학교 아세아문제 연구소에서 간행한 『구한국외교문서』(1965~1969), 그리고 국사편찬위원회의 한국사료총서 시리즈가 그 대표적인 예다. 이러한 시대적 맥락에서 볼 때, 25,000여 건에 달하는 열강의 한국 관련 외교문서 목록을 정리한 『근세한국외교문서총목−외국편』(이용희 편, 1966)의 발간은 한국외교사 연구의 획기적인 성과였다.(『회고록』, pp. 38-45)

지금까지 근대 외교사학의 연혁과 한국외교사의 기원을 다소 장황하게 서술한 것은, 한국외교사 연구가 당면해 온 시대적 과제들을 제시함으로써 이 분야의 태두泰斗라고 할 수 있는 김용구 교수의 학문적 고민과 성취를 재조명하기 위해서이다. 해방 이후 한국 외교사학이 직면한 과제는 크게 세 가지로 나눠볼 수 있다고 생각한다. 첫 번째는 외교사 연구의 기반이 되는 국내외 외교문서, 특히 미간 문서의 발굴과 정리 작업이고, 두 번째는 그것에 기초한 주체적이고 실증적인 한국외교사 연구의 전통을 확립하는 것이었다. 세 번째는 1960년대 이후 세계학계에서 외교사 연구 자체에 제기된 비판과 관련된다. 즉, 역사학의 중심이 기존의 정치외교사로부터 사회사·경제사·문화사·지성사 등으로 옮겨짐에 따라 외교사학자들은 외교문서에 기초한 전통적 연구방법을 개량하는 한편, 외교사 연구의 존재 의미를 새로 정립해야만 했다.

그런데 이들 과제는 우리 외교사학의 일천日淺한 경력으로 인해 중첩된 형태로 제기되었다. 말하자면 외교사 연구의 초보적인 기반도 미처 마련하지 못한 상태에서 한국외교사 연구의 지적 전통을 수립하고, 다른 한편으로 세계학계에서의 외교사학 일반의 변화 추세에 부응하여 개성적이고 창조적인 학문적 발전을 모색해야 했던 것이다. 김용구 교수의 오랜 학문적 여정은, 범용한 연구자라면 어느 하나도 성과를 내기 어려운 이 중첩된 과제들을 자임하여 한국외교사 연구의 토대를 마련하고 더 나아가 세계적 수준의 연구성과를 도출하고자 한 고독하고도 험난한 투쟁의 연속이었다.

2. 외교문서의 발굴과 정리

외교사 연구의 본령이 외교문서의 분석에 있음은 이미 앞에서 언급했다. 따라서 한국외교사의 주체적 연구를 위해 가장 시급한 과제는 한말의 정치사회적 혼란과 일제 통치, 그리고 한국전쟁을 거치면서 일실逸失된 문헌의 소재를 파악하고 이를 수집, 정리하여 문서집의 형태로 간행하는 작업이었다.[1]

하지만 한국외교사 연구를 위해 수집해야 할 미간문서는 단순히 국

---

[1] 적어도 1970년대 중반까지 이러한 기초작업은 제대로 이뤄지지 않고 있었다. "우리에게 문제가 되는 것은 역사의 주도권을 한번도 잡아보지 못한 우리 민족사의 흐름에서 피치 못할 일이기는 하나 우리의 정치사나 외교사 연구도 외국의 자료에 상당히 의존하지 않으면 안 된다는 문제이다. 더욱이 기본적으로 외래의 학문인 정치학의 이해와 연구의 기반으로서의 정치사와 국제정치사도 그 대상이 외국의 것이 되는 경우이고 보면 더욱 기본자료의 확보라는 초보적인 문제에 부딪히고 있다." 박봉식, 「國際政治史 研究의 課題와 問題」, 『韓國 政治學 在北美 韓國人 政治學者會 合同 學術大會 論文集』, 1975. p. 393.

내 문헌에 그치지 않는다. 외국 문서고에 비장된 한국 관계 미간문서를 발굴하는 것은, 비단 일국사적 관점을 넘어 한반도의 역사적 경험을 세계사 또는 국제정치사적 관점에서 재해석하기 위해서만은 아니다. 약소국이란 외부의 세력이 내부의 정치변동 요인을 압도하는 국제정치의 주변지역을 의미한다. 따라서 한국 외교사, 더 나아가 한국사를 제대로 이해하려면 열강의 대한정책에 관한 면밀한 분석이 반드시 선행되어야 한다. 또 한말 외교의 특징 중 하나는 비공식적 교섭을 통해 이뤄지는 '비밀외교'에 있었다. 이 때문에 관찬사료나 규장각 문서 등만으로 당시 외교나 정치적 상황의 전모를 재구성하기란 사실상 어려우며, 그 공백은 외국 외교관들이 남긴 보고서와 기록으로 메울 수밖에 없다.(「連載座談 第1回 舊韓末 外交의 再評價」, 『서울평론』 제41호, 1974. 8. 22)

더욱이 한국 관계 미간문서는 열강의 외교문서집에서 누락되거나 문서고에 잘못 분류된 경우가 적지 않다. 이는 한국 연구자가 직접 문서고 작업archive research를 통해 발굴하거나 바로잡을 수밖에 없다. 이러한 점에서 김용구 교수가 일본 외무성 외교사료관에 소장된 『外務省記錄』과 제2차 세계대전 직후 미군정이 마이크로필름으로 복사한 외무성 문서를 대조한 결과, 한국 관련 문서가 대거 누락된 사실을 발견하고 『외무성기록外務省記錄』 가운데 『일본외교문서』와 미국 마이크로필름에 포함되지 않은 문서들을 다시 조사해서 복사한 일화는 매우 시사적이다.(『회고록』, pp. 50-51; 김용구 편, 『한일외교미간극비사료총서: 해제·목록』 「서문」, 1995)

『근세한국외교문서총목』을 비롯하여 『중소국제법이론 및 러시아·소련의 한말외교사연구: 문헌목록』(1979), 『한일외교미간극비사료총서』(전50책, 1995~1996) 등 김용구 교수가 편찬한 외교문서집 및 문서목록집의 편찬 경위에 관해서는 이미 이 회고록에 자세하므로 재론하지 않는다. 비록 문서집은 아니지만, 『세계외교사』에 수록된 세계 외교사학계의 1급 연구서와 1차 문헌에 관한 상세한 해제도 빠뜨릴 수 없는 귀중한 공헌이다. 다만 여기서는 김용구 교수가 연구책임을 맡은『근대한국외교문서』편찬사업과 관련하여 이 회고록에서 언급되지 않은 사실을 첨언하고자 한다.

이 사업의 목적은 근대 한국의 주요한 외교적 사건에 관한 조선 및 열강의 외교문서와 미간문서를 발굴하여 단일한 체제의 외교문서집을 편찬하는 데 있었다. 이 사업은 2007년부터 2015년까지 동북아역사재단과 한국연구재단 토대기초사업의 지원으로 이뤄졌으며,(『회고록』, pp. 98-106) 제너럴셔먼호사건·병인양요(제1권), 오페르트사건·신미양요(제2권), 조일수호조규(제3권), 조미수호통상조약(제4권), 조영수호통상조약(제5권), 임오군란(제6~7권), 갑신정변(제8~11권), 거문도사건(제12~13권) 등 총 13책의『근대한국외교문서』발간으로 결실을 맺었다. 이 방대한 문서집에 수록된 외교문서는 3,398건, 그 가운데 미간문서는 1,054건(31%)에 달한다. 그런데 이 작업을 진행하면서 외국 문서의 소재를 파악하는 데 기본 지침서의 역할을 한 것이 바로 김용구 교수가 전임강사 시절 제작에 참여한『근세한국외교문서총목』이었다. 그런 의미에서『근대한국외교문서』의 발간은『근세한국외교문서총목』의 후속 작업이자 그 완성의 성격을 갖는 것이었다.

이 편찬사업은 망외의 소득을 거두기도 했다. 그 하나는 외교사 분야 학문 후속세대의 양성이다. 당시 편찬위원회에는 국내 학계에서 손꼽히는 역사학, 외교사학, 국제정치학의 연구자가 망라되어 있었는데, 문서의 발굴·해독·정리·입력 작업은 이들 편찬위원이 2~3명의 대학원생을 이끌고 지도하는 일종의 랩lab 형태로 진행되었다. 이러한 작업 방식은 일반 대학원에서는 쉽지 않은 외교사 연구방법의 훈련과 지식 전수를 가능하게 했다. 그 결과, 이 편찬사업에 보조연구원으로 참여한 대학

원생 가운데 11명이 근대 한국외교사를 주제로 한 박사학위 논문을 제출하였다.[2]

『근대한국외교문서』의 대규모 편찬사업은 해외소재 한국관계 외교문서에 관한 학계의 주의를 환기하는 선구적 작업이었다. 이 사업을 계기로 한국연구재단과 한국학중앙연구원 등의 후원으로 해당 문서를 발굴·정리·번역하는 공동연구가 크게 늘었다. 그 대표적 성과로 인천대학교 인천학연구원 편, 『역주 구한국외교문서 청안淸案』(6책, 2017~현재), 고려대 독일어권문화연구소 편, 『독일외교문서 한국편』(15책, 2019~현재), 고려대학교 역사연구소·동국대학교 대외교류연구원 편, 『근대동아시아 외교문서』(27책, 2017), 성균관대학교 프랑스어권연구소 편, 『근대 한불 외교자료』(3책, 2018) 및 『한국전쟁 관련 프랑스 외무부자료』(6책, 2021) 등을 꼽을 수 있다. 이처럼 다양한 외교문서집과 자료집의 출간은 향후 한국외교사 연구의 토대를 확대하는 데 크게 이바지할 것으로 보인다.

---

2 그 명단과 논문 제목은 다음과 같다. 박준형, 「近代韓国における空間構造の再編と植民地雜居空間の成立: 清国人及び清国租界の法的地位を中心に」(日本 早稲田大, 2011); 민회수, 「한국 근대 開港場·開市場의 監理署 연구」(서울대, 2013); 김종학, 「개화당의 기원과 비밀외교, 1879~1884」(서울대, 2015); 한승훈, 「19세기 후반 朝鮮의 對英정책 연구(1874~1895): 조선의 均勢政策과 영국의 干涉政策의 관계 정립과 균열」(고려대, 2015); 박한민, 「朝日修好條規 체제의 성립과 운영 연구(1876~1894)」(고려대, 2017); 조국, 「居留地時代(一八五九~一八九九年)における「開国日本」の実態と「外国人」-在留清国人の地位, 管理問題を中心に-」(日本 早稲田大, 2017); 한보람, 「고종대 전반기 시무개혁 세력 연구」(서울대, 2019); 이경미, 「제국일본 속 식민지 조선의 민족담론: 비주권적 주체성의 전개 양상」(서울대, 2019); 진청, 「1880년대의 조선해관과 메릴H. F. Merrill의 개혁」(서울대, 2020); 조병식, 「清末 新政期 天津審判廳 研究」(서울대, 2021); 배민재, 「근대 전환기 서양의 한국 인식 : 18-20세기 전반 문헌 목록의 지식 분류를 중심으로」(서울대, 2021).

3. 주체적이고 실증적인 한국외교사 연구 전통의 수립

외교사 연구의 기반이 되는 미간문서의 발굴과 외교문서집의 발간 외에도, 김용구 교수는 독보적이라고 할 만큼 탁월한 연구업적을 다수 발표하였다. 여기에는 무수한 논문과 발표문 그리고 연구서가 포함되지만, 그중에서도 대표적인 업적은 이른바 '한국외교사 5부작'을 들 수 있다. 이는 『세계관 충돌과 한말외교사, 1866~1882』(2001), 『임오군란과 갑신정변-사대질서의 변형과 한국외교사』(2004), 『거문도와 블라디보스토크-19세기 한반도의 파행적 세계화 과정』(2009), 『약탈 제국주의와 한반도-세계외교사 흐름 속의 병인·신미양요』(2013) 등 근대 시기 주요한 외교적 사건에 관한 연구서 시리즈를 말한다. 본래는 청일전쟁과 러일전쟁이 한반도에 미친 영향을 분석하는 단행본으로 5부작을 매듭지을 예정이었으나, 여러 사정으로 『러시아의 만주·한반도 정책사, 17~19세기』(2018)가 먼저 발간되었다. 관견에 따르면 이처럼 연구자 개인이 근대 한국외교사 분야에서 5권이나 되는 전문서적을 차례로 낸 것 또한 공전절후空前絶後의 사건이지만, 그 대부분이 교수직에서 정년 퇴임한 이후에 발표되었다는 것은 이를 보는 이들에게 그 높은 학문적 경지와 지지 않는 연구열에 저절로 경외심을 품게 한다.

김용구 교수의 연구방법론의 특징은 우리나라를 비롯하여 중국·일본·미국·영국·러시아·독일·프랑스 등 주요 열강의 외교문서와 미간문서를 종횡으로 구사하는 방대한 사료의 인용과 그러면서도 특정 강대국의 시각에 매몰되지 않는 균형 있고 객관적인 서술에 있다. 여기서 주목할 것은, 그가 단순히 역사의 객관적 재구성이라는 실증사학의 대의大義를 추구하는 데 머물지 않고, 한 걸음 더 나아가 외교문서에 응축된 한 민족의 대외인식의 고유한 정신적 구조를 해명할 것을 주장한 사실이다. 김용구 교수는 한 인터뷰에서 외교사 연구의 목적을 다음과 같이 정의했다.

> 한국외교사의 기본 목적은 한반도의 역사적인 현주소를 밝혀내는 것입니다. 정신적인 현주소를 말입니다. 그런 정신적인 구조는 외교문서 속에 응축되어 있습니다. 외교사는 외교문서 속에 함축되어 있는 정신구조를 분석하는 학문분과입니다. 열강의 한반도에 대한 인식 태도는 그들 문서 속에, 그리고 우리의 인식구조는 우리의 문서 안에 응축되어 있습니다. 이때 정신구조, 세계관, 인식 태도란 대외문제에 대한 무의식적인 반응을 말합니다. 그런 무의식적인 반응은 오래된 믿음이나 두려움의 산물입니다. 논리의 문제라기보다는 표현될 수 없는 어떤 강박관념의 반응입니다. … 저는 우리의 인식 태도에는 여러 문제점이 있고 그런 문제점을 찾아내는 것이 한국외교사의 목적이라고 생각합니다.("제자, 스승에게 길을 묻다-스승 김용구 특임교수, 제자 전재성 교수", 『조선일보』 2004년 8월 30일)

말하자면 외교사 연구는 과거의 사실을 있는 그대로 재현하는 소박한 의미의 실증주의 – 역사가의 임무는 "그것이 본래 어떠했는가를 단지 보여주는 것bloss zeigen, wie es eigentlich gewesen"이라는 랑케의 유명한 금언이 보여주듯이 – 에 그쳐서는 안 되며, 외교문서에 담긴 그 민족의 대외 인식 태도를 적극적으로 해석하는 정치사상사적 문제의식을 포함해야 한다는 것이다. 이는 근대 외교사연구 방법론을 처음 한국에 이식移植한 일제시대 관학 연구자들이 실증주의의 외피에 숨어 사관史觀이나 역사가의 임무와 같은 현실적 문제에 직면하기를 회피한 것과는 명백히 구별되는 학문적 태도라고 할 수 있다.

아마도 이는 한국 학계의 경우 외교사 연구가 주로 정치외교학계에서 이뤄진 것과 무관하지 않을 것이다. 즉, 정치외교학 또는 국제정치학은 필연적으로 정책학적 성격을 가지는바, 외교사 연구자 또한 현실 외교 정책에 대한 기여 혹은 함의의 도출이라는 문제에 전연 무관심할 수 없는 것이다. 하지만 이것만으로 김용구 교수의 독창적인 외교사관外交史觀의 배경을 온전히 설명하기는 어렵다. 그것은 독자적인 외교문서집을 보유하지 못한 국제정치의 주변국에서 열강의 외교문서로 자국의 외교사를 재구성할 수밖에 없었던 외교사학자의 딜레마 또는 비애悲哀의 산물이었다고 생각된다.

외교문서집의 본격적인 발간이 제1차 세계대전 이후 전쟁의 책임을 다른 나라에 전가하려는 정치적 의도에서 비롯된 데서도 알 수 있듯이, 본래 국가기관에 의한 외교문서의 발간은 그 자체가 고도의 정치적 행위이다. 따라서 특정 국가의 공간公刊 외교문서집에 기초한 무비판적인 '실증적' 연구는—일제 관학 연구자들이 그러했듯이—그것이 발신하는 정치적 프로파간다propaganda를 재생산하는 결과로 이어진다. 한국외교사를 연구하기 위해 주요 열강의 외교문서를 모두 섭렵하지 않을 수 없었던 김용구 교수는 어느 학자보다도 외교문서와 외교문서집의 정치성을 예리하게 인식했을 것이다. 그리고 각국 외교문서를 비교, 대조하는 엄밀한 사료 비판의 과정을 통해 열강의 왜곡된 대한인식對韓認識의 구조를 확인하고, 그 역사적 형성 경위와 그것이 오늘날 한반도를 둘러싼 국제관계에 미치는 영향에까지 문제의식의 폭을 확장해 나간 것이 아니었을까.

김용구 교수의 한국외교사 연구에서 가장 독창적인 부분은 바로 여기서 찾을 수 있다. '한국외교사 5부작'을 통해 그가 끈질기게 천착한 문제 또한 우리의 외교문서와 구체적인 외교 행위로 구현된 고유한 대외인식의 구조와 그것이 남긴 역사적 유산을 해명하는 것이었다. 그는 이와 같은 대외인식의 태도나 정신구조는 수백 년 동안 지속되는 '역사의 질병'이라고 단언하였다. 그리고 우리 민족이 19세기 이래 앓아온 역사적 질병을 '오지사고奧地思考'라고 명명하였다.[3]

4. 비교문명권 시각에 기초한 새로운 외교사학의 모색

앞에서 언급한 것처럼, 1960년대 이후 역사학의 전반적 관심은 정치사로부터 사회사·경제사·문화사·지성사 등으로 점차 이행하기 시작했다. 외교사 연구에 대한 가장 격렬한 비판은 프랑스의 아날Annales 학파로부터 제기되었다. 이들은 외교사 연구를 단순히 우연에 의해 좌우되는 사건사histoire événementielle에 불과하다고 비판하면서 장기 지속longue durée의 관점에서 서서히 진화하는 구조적 변화에 주목할 것을 주장했다.(『회고록』, pp. 269-270) 이에 일부 외교사학자들은 사회사social history나 국제관계학international relations의 문제의식과 방법론을 수용하면서 외교정책 결정에 영향을 미치는 경제·사회·문화·군사적 요소들에 주목하기 시작하였다.

김용구 교수는 이러한 국제학계의 경향에 부응하여 비교문명권比較文明圈 시각에 기초한 독창적 외교사 방법론을 주창함으로써 한국 외교사학을 세계적 수준으로 끌어올렸다. 또한 그의 비교문명론적 관점은 세계외교사를 유럽 팽창의 역사와 동일시하여 이를 연대기적으로 서술하

---

3 김용구 교수에 따르면, '오지사고'는 1800년 정조正祖가 승하한 이후 형성되어 현재에까지 이어지고 있는 한반도의 낮은 수준의 세계인식 태도를 말한다. 그 특징은 첫째, 세계인식의 타율성으로 자신의 문화 수준에 기초하여 세계를 보지 못하고 다른 지역의 인식으로 안이하게 대신하려는 사고방식, 둘째, 중심문화 수용 일변도의 사고로서 다른 주변에 대한 인식 부족, 셋째, 국제정치에서 구조를 파악하지 못하고 형식적인 측면에 치중하는 것, 넷째, 책임 전가의 문제로서 외무 문화 수용의 실패를 모두 중심세력에 전가하는 것에 있다.

는 유럽중심주의를 극복하려는 문제의식의 소산으로서, 다닐레프스키 Nikolai Ya Danilevsky, 슈펭글러Oswald Spengler, 소로킨Pitirim A. Sorokin, 토인비 Arnold J. Toynbee 등의 영향을 받은 것이었다. 김용구 교수는 비교문명권적 외교사의 핵심 명제를 다음과 같이 요약한 바 있다.(「外交史 硏究와 韓國의 國際政治學」, 『학술원통신』 제118호, 2003. 5. 1)

① 역사적으로 여러 유형의 문명권 또는 국제사회들이 존재하였다.

② 이들 유형에는 그에 특유한 '정신구조'가 존재한다.

③ 같은 유형에 속하는 행위자들도 그들 사이에 개차個差가 있는 특유한 '정신구조'를 갖고 있다.

④ 외교문서는 그 행위자가 속하는 문명권의 '정신구조'와 함께 그에 특유한 '정신구조'를 표현한다.

⑤ 이런 '정신구조' 또는 세계관은 그 문명권이 몰락한 이후에도 오래 지속된다.

⑥ 19세기와 20세기는 문명의 공존이 아니라 그들 사이의 충돌의 시기였다.

⑦ 충돌은 물리적인 대결만을 의미하는 것이 아니다. 정신적인 '만남'을 의미한다. 이질 문명권들의 명분이 서로 만날 때 일어나는 마찰, 왜곡, 선택, 오해, 그리고 모방 전체를 뜻한다. 혹자는 이런 현상을 '혼성混成'이나 '잡종雜種'으로 호칭한다. 그러나 슈펭글러가 말하는 '가정假晶'의 개념이 더 적절할지 모른다.

⑧ 문명권의 충돌은 '폭력적'이다. 문명권 사이의 만남은 충돌이 아니라 공존이었다는 견해가 있으나 이것은 정치사의 입장에 선 것이 아니다. 정치사는 상대방을 지배하려는 폭력의 역사이기 때문이다. 폭력은 자기의 의사와 이익을 최고의 가치로 간주하고 다른 사람을 여기에 종

속시키려는 심리적 상태를 의미한다. 19세기와 20세기의 외교사가 폭력의 역사가 된 까닭은 유럽 문명권과 슬라브 문명권의 특징이 폭력이었기 때문이다.

비교문명권적 외교사는 또한 한반도 문제의 역사적 성격을 규명하는 데 필수적인 방법이기도 하였다. 김용구 교수에 따르면, 세계외교사란 곧 여러 유형의 국제사회(문명권)가 서로 충돌한 역사의 기록과 다르지 않다. 그 충돌은 폭력의 양상을 띠었는데, 이는 근대 이후 세계를 제패한 유럽 국제사회가 폭력을 위주로 하는 사회이기 때문이다. 19세기 이래 한반도 문제가 세계외교사에 접목되는 과정도 폭력을 매개로 이뤄졌다. 그 결과 한반도는 사대질서, 공법질서, 슬라브-공산주의 질서, 사대질서 밖의 일본이라는 세력, 그리고 공법질서 안에서 예외성을 강조하는 미국이라는 세력들 속에서 한반도는 3중, 4중의 충돌충衝突層의 역사적인 질병을 지니게 되었다는 것이다.(「세계외교사를 왜 배우나?」, 『한국 국제정치학회 소식』 제24권 2호, 2000. 4)

이 독창적 이론은 개항기 영국·러시아·일본·중국, 일제강점기, 냉전기 미국과 소련, 오늘날 미국과 중국 등 서로 다른 국제사회의 행위자들 간 충돌의 무대가 되어 온 한반도의 역사적 경험을 반영하는 것으로, 한국사를 국제정치사적 맥락에 연결할 수 있는 학문적 단서를 열었을 뿐 아니라 세계학계에서의 한국외교사 연구의 발전 방향을 제시한 것으로 높은 평가를 받아야 한다. 그 문제의식과 연구 성과는 『세계외교사』 개정판(2006년 발간)에 반영되어 있다.(『회고록』, pp. 63-98) 다만 아쉬운 것은, 국내외 외교문서와 미간문서를 수집·발굴하고, 그 의미를 해석할 수 있는 연구자가 극히 희소한 우리 학계의 형편상 김용구 교수가 한국외교사 연구에 매진하느라 본래 10부작으로 계획되어 있던 비교국제관계사 시리즈를 제1권 『춤추는 회의, 비엔나 회의 외교』(1997)에서 중단한 사실이다. 김용구 교수의 혜안慧眼과 선구적 문제의식을 계승하고 더욱 발전시키기 위해 후학의 맹성猛省과 분발을 촉구하지 않을 수 없다.

학문적 업적으로 보나 학계에서의 지위로 보나, 필자가 이 회고록에 글을 올리는 것은 처음부터 가당치 않은 일이었다. 그런데도 교수님께서 필자의 고사를 불고하시고 굳이 졸고의 제출을 명하신 것은, 국립외교원 등에서 한국외교사를 강의하는 필자에게 당신의 연구업적을 정리할 기회를 주신 깊은 배려일 것이다. 필자와 같은 천학비재淺學菲才가 교수님의 학문 세계를 논하는 것은 대롱을 통해 하늘을 엿보는 것과 조금도 다르지 않다. 교수님의 연구 분야는 이 글에서 다룬 외교사 외에도 러시아와 중국 국제법, 국제정치학, 그리고 2000년대 이후의 개념사 연구에 이르기까지 실로 광범위한 영역에 이른다. 하지만 필자의 능력으로는 그 일부인 외교사 연구를 정리하는 데도 실로 버거웠음을 고백하지 않을 수 없다. 이 조잡한 글이 행여라도 교수님의 학문적 업적에 관해 조금이라도 오해나 폄훼를 부르지는 않을까 송구할 뿐이다.

마지막으로 감히 부언하자면, 현재 정치외교학계의 분위기나 커리큘럼으로 볼 때 김용구 교수님 같은 대학자는 다시 나오기 어려울 것으로 보인다. 이와 함께 열강의 문서고에 비장秘藏된 미간 문서를 끈기 있게 발굴하고, 그 기반 위에서 우리의 정치외교사를 재해석하고 '일반 이론'을 가장한 강대국 중심 국제정치학의 허위성을 날카롭게 비판하는 단단한 실증적 학풍의 명맥도 점차 스러질 것이다. 교수님의 옛글들을 되새기면서, 또 이 글을 한 줄씩 써가는 동안 내내 비감을 금할 수 없었던 이유이다.

찾아보기

ㄱ

갑신일록 105, 106

갑신정변 4, 88, 89, 90, 99, 104, 105, 114, 236, 259, 264, 283, 297, 351, 356, 365, 367

거문도 4, 17, 18, 83, 85, 90, 91, 99, 106, 114~116, 169, 230, 274~277, 279, 281, 297, 327, 329~331, 351, 353~355, 365, 367

고토 쇼지로後藤象二郞 105

공법신편 134, 165, 166, 169, 170, 239~241, 256, 317, 322, 350

교린 80, 83~85, 101, 112, 113, 138, 142, 170, 179, 181~183, 222, 293, 325

구로다 기요다카黑田淸隆 175

국제법 4, 19, 25, 87, 90, 91, 93, 103, 106, 112, 113, 130~132, 134, 136, 140, 144~160, 162~169, 171, 173, 177~179, 207~218, 229, 239, 242, 243, 249, 250, 252, 253, 256, 257, 273, 275, 276, 284, 290, 323, 326, 341~344, 346, 347, 349, 353, 360, 364, 373

국제정치논총 39, 52, 53, 119, 120, 139, 340, 341

국제정치원론 13, 15

근대한국외교문서 4, 98, 99, 102, 104, 106, 107, 180, 297, 354~356, 365, 366

근세한국외교문서총목 18, 39, 40, 362, 364, 365

길영희吉瑛羲 33, 356

김기수 85, 137, 181, 183, 184, 325

김옥균 18, 49, 54, 55, 105

김홍집 85, 86, 276, 297

ㄴ

나폴레옹 64~70, 73, 77, 78, 92, 95, 98, 138, 208, 228

ㄷ

독일 12, 70~75, 81, 88, 92~94, 96~98,

108, 210, 214, 217, 218, 222, 224, 225, 228, 241, 242, 248, 260, 270, 274, 280, 292, 294, 295, 301, 315, 360, 366, 367

동문휘고 142, 221~223, 229, 260~262

동양문고 47~49, 125, 333

ㄹ

러시아 4, 12, 16, 18, 45, 60, 65, 66, 68~71, 73~75, 77, 78, 81~83, 85, 87~90, 98, 102~104, 106, 107, 110, 111, 113~117, 130, 138, 139, 148, 150, 151, 153~155, 228~230, 234, 235, 249, 259, 264, 276~278, 282, 285, 289, 296, 305~308, 312, 327~332, 337, 343, 344, 346, 347, 354, 357, 360, 364, 367, 372, 373

러시아의 만주·한반도 정책사, 17~19세기 4, 107, 116, 357, 367

루소, 장 자크 4, 6, 23, 26, 124~127, 341, 348, 351

ㅁ

마건충 133, 134, 277, 319~321

만국공법 4, 20, 71, 91, 101, 140, 158~160, 167~172, 174~179, 210, 211, 213, 239~241, 252, 253, 256, 319, 320, 347, 348, 350, 353, 357

매카트니 333~337, 339

미국 15, 17, 18, 24, 25, 31, 40, 46, 47, 51, 53, 57, 69~71, 82~87, 89, 90, 92, 95, 98, 100, 102, 106, 107, 113, 116, 119~122, 125, 138, 141, 147, 148, 153, 158, 161, 162, 165, 167, 169, 179, 210~212, 215,

216, 218, 228, 230, 232~234, 242, 245, 249~255, 258, 259, 262, 266~270, 272, 277, 279, 280, 281, 284~286, 288, 296, 301, 303~305, 308, 313, 315, 316, 329, 340, 342, 350, 354, 364, 367, 372

ㅂ

박영효 49

방휘제方暉濟 32

백낙준白樂濬, 용재庸齋 313, 355

베르사유 조약/체제 92, 93, 96, 354, 355

ㅅ

사대 4, 23, 60, 61, 79, 80, 83, 85~88, 90, 99, 101, 111, 113, 114, 132, 136, 139, 140, 142, 143, 162, 168, 170, 174, 179, 182, 222, 229, 248, 277, 283, 289~292, 294, 297, 318, 325, 330, 334, 338, 351, 367, 372

설복성 133, 321

성낙훈成樂薰, 방은放隱 30

세계관 충돌과 한말 외교사, 1866-1882 106, 108, 351

세계관 충돌의 국제정치학 139, 140, 347

세계외교사 4, 23, 56~64, 74, 77, 79, 82, 88, 94, 95~97, 107, 109, 110, 116, 147, 152, 223~225, 227, 346~348, 352, 354, 355, 365, 367, 372

소련 4, 25, 78, 93~98, 129~131, 141, 144~156, 227~229, 234, 235, 249, 258, 259, 262, 268, 270, 273, 306, 308, 341~346, 360, 372

신헌申櫶 176~177, 180~183

ㅇ

아롱, 레이몽 119~124, 340, 341
야마베 겐타로山邊健太郎 49, 236, 266
약탈제국주의와 한반도 4, 116, 355
양절체제 87, 329
영국 17, 18, 22, 23, 29, 35, 47, 59, 60, 65,
　66, 68~71, 74~77, 81~83, 85~90, 96,
　97, 99, 102, 106, 113~116, 133, 141,
　145, 146, 154~159, 165, 168, 169, 175,
　179, 211, 224, 230, 231, 234, 239, 242,
　259, 264, 266~269, 271, 272, 274~276,
　278~282, 296, 305, 307, 308, 319,
　327~330, 332~339, 354, 355, 360, 366,
　367, 372
오경석吳慶錫, 역매亦梅 11, 19, 179, 180
오세창吳世昌 위창葦滄 10, 11, 19, 20, 175
오지사고 112, 142, 171, 220, 348, 356, 370
유길준 294
이노우에 가오루井上馨 49, 105, 276, 283
이동인, 동인승 19, 181
이용희李用熙, 동주東洲 10, 11, 17, 21, 22,
　39, 40, 139, 141, 277, 341, 347, 351, 356,
　361, 362
이유원 137, 138, 318, 326
이한기李漢基, 기당箕堂 24
이해영李海英, 농석濃石 33, 36
이홍장 42~46, 133, 137, 138, 166, 169,
　240, 241, 299, 319, 326, 340
일반국제정치학 15
일본 11, 12, 18~20, 24, 25, 27~29, 31,

32, 36, 45, 47~53, 80~90, 92~95, 97,
　98, 100~102, 104~106, 108, 112, 116,
　125, 134~139, 144, 145, 147, 150, 158,
　161, 167~169, 171~185, 207, 222~224,
　229, 232, 233, 235~237, 240, 252, 255,
　257, 259, 260, 261, 265~268, 271~274,
　276, 279, 280, 283, 290, 293, 294, 296,
　297, 300~303, 305~308, 316~318, 320,
　322~327, 329~331, 333, 334, 341, 344,
　347, 349, 351, 355, 360, 361, 364, 366,
　372
일본 외무성 외교사료관 53, 364
일본외교문서 49, 51, 53, 136, 176, 301,
　302, 318, 324, 364
일본외교사료관 48~53, 303
임오군란 29, 86, 88~90, 102~104, 114,
　264, 351, 356, 365, 367
임창순任昌淳, 청명靑溟 25, 30, 159, 348
잊혀진 동아시아 외교사의 전문가들 117

ㅈ

장지동 5, 243
전광용全光鏞, 백사白史 36
정약용 11
제대신헌의 86
조미수호조약 101
조선책략 85, 101, 229, 283, 330, 354
조영수호조약 102
조일수호조규 86, 101, 173, 355, 365
주판이무시말 40, 41, 333
중국 12, 38, 40, 42, 44, 45, 47, 50, 52,
　54, 72, 74, 79~86, 88~90, 92, 95, 97,

101~105, 112, 113, 114, 116, 127,
132~140, 146, 150, 155~158, 161,
163~166, 168, 169, 173~175, 177, 179,
185, 210, 212, 221~223, 229, 230, 235,
236, 240~242, 246~248, 252, 253,
255, 260, 261, 266~268, 271, 275, 276,
279~282,289, 290, 293, 294, 296, 297,
302, 305, 307, 308, 313, 316~319, 321,
322, 326, 327, 329, 330, 332~340, 346,
347, 354, 357, 360, 367, 372, 373
중일교섭사료 38, 41, 341
지석영 138, 318
쩡지쩌曾紀澤 72, 103, 114, 282

ㅌ
태동고전연구소 27, 167, 346

ㅍ
프랑스 5, 6, 20, 35, 37, 57, 63~70, 73~75,
77, 82, 83, 88~90, 94, 100, 104, 105, 107,
108, 110, 114, 116, 119, 120, 122~124,
126, 135, 136, 145~147, 163, 166, 178,
211, 218, 222, 230, 235, 236, 241, 242,
260, 261, 269, 273~275, 285, 293, 323,
335~338, 360, 366, 367, 370

ㅎ
한일외교미간극비사료총서 51, 56, 320,
346, 347, 364
헌정자료실 49, 54, 237
호프만, 스탠리 119~121, 254, 340
홍대용 142, 221, 246~248, 260
히틀러 73, 95~98, 228